中青年法律科学文库

明代市廛法制研究

Mingdai Shichan
Fazhi Yanjiu

汪思薇　著

华中科技大学出版社
http://press.hust.edu.cn
中国·武汉

图书在版编目(CIP)数据

明代市廛法制研究/汪思薇著.—武汉:华中科技大学出版社,2022.11
ISBN 978-7-5680-8164-1

Ⅰ.① 明… Ⅱ.① 汪… Ⅲ.① 市场经济-经济法-法制史-研究-中国-明代
Ⅳ.① D922.290.2

中国版本图书馆 CIP 数据核字(2022)第 057809 号

明代市廛法制研究　　　　　　　　　　　　　　　　　　　汪思薇　著
Mingdai Shichan Fazhi Yanjiu

策划编辑:郭善珊
责任编辑:蒋文云
封面设计:傅瑞学
责任校对:阮　敏
责任监印:朱　玢
出版发行:华中科技大学出版社(中国·武汉)　　　电话:(027)81321913
　　　　　武汉市东湖新技术开发区华工科技园　　　邮编:430223
录　　排:华中科技大学出版社美编室
印　　刷:北京富泰印刷有限责任公司
开　　本:710mm×1000mm　1/16
印　　张:16.25
字　　数:220 千字
版　　次:2022 年 11 月第 1 版第 1 次印刷
定　　价:69.00 元

目　　录

引　言

一、问题的提出

从社会性质上看，明代中后期尽管在经济上有着越来越明显的专业化分工和生产结构的突破，却仍然没有脱离传统社会的范畴。对于明代经济与社会问题的探讨，大多着眼于十六世纪以后并没有出现如西方社会的工业革命等相关变化。因而，这种经济生产和法律制度层面基本没有引发根本性变化的制度变革，似乎并没有值得研究之处。

然而，明代中后期的经济发展是一个引人注目的现象，学界对此讨论不休。无论是"资本主义萌芽"的见解，还是"斯密式增长"的见解，都对明中后期经济增长的现象给以理论上的关切。尽管没有发生类似西欧工业革命和近代资本主义性质的经济增长模式，十六世纪以后的中国仍然出现了一系列有意义的经济变迁。其中，远距离贸易和区域分工是这场经济变迁的最主要力量。[①] 全国性市场的兴起，使区域的分工与专业化程度加深，进而提高了社会生产总量。

对明代中后期经济领域的发展变化所做的具体考察，往往要与同时期的西方进行对照。黄仁宇认为，明代中后期尽管商业化程度随着经济的发展而有所加深，且商业交换的速度加快，但明代仍旧是一个"以农业组织作为国家基干，凡事注重维持旧有的

---

① 邱澎生：《当法律遇上经济：明清中国的商业法律》，杭州：浙江大学出版社，2017年，第 7 页。

均衡"① 的"大农村"②。

黄仁宇以"对历史的技术性解释"③ 为视角，分析明代在制度层面未能完成质的变化的原因在于明代的财政一直未能形成有效的数目字管理。制度层面未能形成有效的架构，民间社会层面的商业活动便无法进行加速交换，从而也不能发展出经济组织上的分工合作、法律体系上的权利义务分割归并、道德观念上的私人财产权不可侵犯，而这三项恰恰能够催生出"数目字管理"的国家社会架构。明初的"洪武型财政"体现了王朝政府致力于维持旧有秩序的均衡，统治的目的在于维持秩序和汲取税收。对人口和财产的高度管制型治理模式，导致政府所制定的经济类管理法规并不具备随经济活动的复杂化而适当地调整的功能。

彭慕兰在对比欧洲与亚洲地区尤其是中国的经济发展路径上，有着独到的见解。他提出一种"非欧洲中心化"的双向比较策略，认为学者们普遍主张的，近代早期出现于欧洲、更有利于经济发展的产权制度及其对资本利用率、劳动力、技术创新等因素的考量，促使欧洲在经济、政治、军事上领先于世界的观点并不能成立。近代早期欧洲的快速发展以及东西方在经济发展、政治制度上的差异具有高度的偶然性。"与其说欧洲在获得海外资源挹注与英格兰在运用地下蕴藏能源上的突破性进展（部分拜地利之赐），这两项因素的加持之前，正处于'起飞'的前夕，不如说欧洲内部也正同样因为人口增长和生态效应而面临非常接近于中国的险

---

① 邱澎生：《当经济遇上法律：明清中国的市场演化》，新北市：联经出版事业股份有限公司，2018，第 12 页。

② ［美］黄仁宇：《中国大历史》，北京：生活·读书·新知三联书店，2016 年，第 197 页。

③ ［美］黄仁宇：《万历十五年》，北京：中华书局，2007 年，第 268 页。

境。"① 事实上，欧洲与亚洲在近代的发展也存在着相似之处。

内在驱动力在欧洲的成长中起着关键作用。在东亚也存在着经济发展、制度变迁的内在驱动力。以制度的优劣来解释东西方近代的不同发展路径有失偏颇。这种观察本身就施加了一种不必要的价值判断。制度变革、经济发展的终极取向并不一定是资本主义，同时，制度变迁中所出现的一系列理性化倾向也并不必然使制度导向欧洲式的资本主义。从这种反向观察的视角出发，对明代中后期经济、制度变迁的讨论，便可以跳出非此即彼的循环论证，使明代国家与社会互动中的市场演化、权力变迁这些"内在驱动力"的研究显现出一定的理论意义。

明代政府对经济活动的管理以及民间社会的经济组织，并没有在商业的诱导下发展出类似于西方的商人法。受特殊的财政观念、政治结构和法律文化观念所支配的明代政府，在与民间市场的持续互动中，呈现出独特的法律形式与法律内容的演变。官府对民众的人身控制减轻，更加注重牙行调节市场的功能，甚至赋予牙行代理征税的权力。

与经济的飞速发展相适应，明代中后期的商业法律也随着经济关系的复杂而出现变化。经济活动的规定不仅仅包括用于处理市场交易、商事纠纷与商业契约的律例条文，也包括市场机制在权力所限定的制度框架内的自我调节所形成的自发规则。民间市场主体发展出一种理性趋向的计算方式，用以衡量经济活动中的成本收益及风险问题。从明初到明末，高度管制的政府对民间社会的管理逐渐松散。明代的财政税收形态，从初期的实物赋役形态，到中后期转变为以白银这类通行货币缴纳赋税，民众向朝廷承担的力役也以货币形式折纳。

---

① [美]彭慕兰：《大分流：中国、欧洲与现代世界经济的形成》，黄中宪译，北京：北京日报出版社，2021年，第12页。

因此，明代中后期在经济领域并没有发展出对既有体制产生极大冲击力的商业法律，政治体制并没有发生重大转变。但这场持续的经济变革在法律制度、权力结构、文化观念等多重因素中裹挟前进、互相影响，呈现出前现代国家的正式制度在内在驱动力的影响下的变迁轨迹。

二、明代经济法制研究综述

《大明律》"市廛篇"的几条律文沿袭自前代。尽管唐宋时期已经有针对市场管理的具体条文，而单列一个篇章进行专门规定的首见于《大明律》。明代统治者在正律条文中首次开立"市廛"篇，作为对市场交易行为的概括性规定。明中叶以后经济结构复杂化，突破了传统农业社会的秩序，不断扩大的经济规模需要有与之相适应的信用机制、保险制度、交付机制等相关的商业规则。明政府通过新增例文来管理商业活动中不同种类的经济关系。以市场管理制度为对象，现有的研究有对市廛法制静态观察的规范分析和对商事纠纷判牍案例归纳整理的经验分析两方面。

（一）明代市场管理法研究

以明清市廛法制为研究对象，通过对中央政府颁布的律例条文进行梳理，还原明清政府市场管理的变迁，进而研究法律与市场互动的有效性问题。学界对此研究已有的少数研究多立足于对规范的静态分析，研究的对象多集中在清代。

邱澎生《由市廛律例演变看政府对市场的法律规范》[①]与《比较视野下的明清市场演化史》[②]这两篇文章是近年来研究明代经济

---

① 邱澎生：《当法律遇上经济：明清中国的商业法律》，杭州：浙江大学出版社，2017年，第12—68页。

② 邱澎生：《当经济遇上法律：明清中国的市场演化》，新北：联经出版事业股份有限公司，2018年，第7—38页。

管理管制变迁的代表性作品。《由市廛律例演变看政府对市场的法律规范》一文以明清政府颁布的正律条文及新增的例文这两类规范文本为研究素材，通过分析从明至清官方颁布的法律文本在内容上发生的变化，提炼其演变的主要线索，进而阐明在法条内容变化背后所反映的明清之际法律与市场关系的制度性变迁。《比较视野下的明清市场演化史》一文以黄仁宇对明政府缺乏"数目字管理"的观点为切入点，提出对明清时期经济增长过程中的社会变革研究应当"保留黄仁宇有关经济组织、法律体系、文化观念等考察国家社会架构的三项基本元素，进而援用高斯提出'交易成本'与'社会耗费'两个相互影响的一组分析概念，以及诺斯提议'制度变迁'的一套研究视野，借以检视明清长程贸易扩展等经济现象究竟如何影响当时中国的社会与国家互动关系。"① 这两篇文章分析明清市廛律例演变的大致路径，简单勾勒出明清市场演变与国家互动的基本框架。在这两篇文章中，作者以《大明律》中的"市廛"五条以及成化、弘治、嘉靖年间的十余则条例作为分析明代经济法制演变的主要文本，但并未涉及明代与市廛法相关的众多条例、诏令。本书延续邱澎生考察明代以市廛法为代表的经济法制演变的研究方向，以此作为考察明代国家与市场互动的视角，并通过对明代与市廛有关的经济立法的梳理，使法律文本更加丰富翔实，并加入判牍案例的分析，以展现出明代经济法制的基本内容。

童光政《明律"私充牙行埠头"条的创立及其适用》（载于《法学研究》，2004 年第 2 期）、杨晓波的论文《明朝海上贸易管理法制研究》、郭婕的论文《明代商事法研究》、魏志静的论文《明代茶法研究》、杨松《试论明清时期市场法的特点与功能》（载于《社会学辑刊》，1998 年 02 期，第 3—5 页）、朱德贵《试论明代市场管理制度》（载于《哈尔滨商业大学学报（社会科学版）》，

---

① 邱澎生：《当经济遇上法律：明清中国的市场演化》，新北市：联经出版事业股份有限公司，2018 年，第 36—38 页。

2005 年第 5 期，第 95—99 页）分别就明代管理牙行埠头的律条、海上贸易法制、明代商事法律、明代的茶法等方面进行了较为全面的梳理。

黄东海的论文《传统中国商业法制的一段秘史——制度变迁视角下的牙人牙行制度》（载于《中西法律传统》，2009 年）、《明清商牙纠纷与商业社会控制》（载于《河南省政法管理干部学院学报》，2008 年第 2 期），虽然以制度经济学的两种制度变迁路径为视角，但其分析所依据的材料仍旧未脱离规范的范畴，且对明代的研究被覆盖在清代市廛法制变迁的论述中，并未对明代做详细深入的探讨。以上研究内容虽各有侧重，但都是对法律制度做静态的描述，对制度、体系的动态运转及实践着墨较少，对于揭示制度何以产生与变迁、变迁的规律等方面仍有继续探讨与深化的空间。

市廛法在明代的律典中首次设立专章，这蕴含明朝政府对管理市场交易秩序立场的转变。上述研究更多的是立足于规范的分析，并未揭示出制度变迁背后的历史演进逻辑。正律条文及修订的条例不足以反映明代市场经济的发展与政府治理目标的冲突，也不能体现制度变迁的实际过程。随着经济发展及商业化程度的加深，社会中出现了一系列明朝统治者必须加以重视的现象，如经济发展的空前活跃、商人力量的增强、社会风气的转变、观念层面的包容、阶层流动的可能性等等，无一不是对传统农业社会秩序的冲击与撼动。考察《大明律》市廛章及市场管理制度的变迁，应当注意到当时的社会生活水平、伦理观念、经济发展模式、产销结构、白银货币化、中央地方冲突、立法权限下移、民间契约等等因素的汇合、交叉演进，促成了明代市廛法制在立法观念、法律内容、法律形式上所呈现的变化，以及制度变革之后继续发挥的指引、规训作用。明代市廛法制的变迁是地方官员对传统儒家伦理秩序与市场秩序博弈的调适。

对经验性的判牍、案例的整理归纳是解释法律制度实施效果的主要依据。现有的对明代商事纠纷判牍案例的研究著作并不多，以范金民《明清时期商事纠纷与商业诉讼》、童光政《明代民事判牍》两本著作为代表。前书在明清时期商事纠纷的判牍案例方面有极高的史料价值，但使用的材料以清代居多，对商帮、商会、行会的关注也以清代为重点，明代的判牍案例零星出现，且未能反映明代商业纠纷案件处理的全貌，因此仍有对史料的考据、义理进行深入挖掘的空间。范金民通过对明清时期大量判牍的考察，发现地方官员裁决案件时，并非随心所欲，而是严格依照法律规定。与之相反，童光政以明代民事判牍为分析材料，认为明代官员依法断案的情形并不多见，且不应夸大其咎，这与当时的民事法律制定不完善有关，也是政治话语权处于强势支配地位的体现。该书对珍稀司法档案的梳理是对明代民商事法律关系的重要揭示，但对市廛法的有关研究相对缺乏。

明朝时期大量出现的商事案件、经济纠纷表现出日益复杂的市场交易活动对法律制度的冲击。明朝官员处理牙行与商人、商人与商人、牙行与牙行等的纠纷，体现了市廛法律规范在实践中的效力。地方官员在裁决这些纠纷时所凭借的法律条款与道德依据，以及对案件事实的关注、对产权的确认与维护，反映出传统农业秩序与商业逻辑在明代的冲突与调和。对大量案例判牍的研究有助于梳理市廛法制的变迁轨迹。

（二）牙行的相关研究

经济史对明代牙行的研究主要集中在对牙行功能、牙行性质、牙行分类等方面的关注，且讨论较为深入。有学者认为牙行对经济的发展、降低交易成本具有积极的促进作用。

对牙行称谓及业务的梳理，侧重于对经济史中的中介性组织的演变及其功能变化的纵向探讨。

周中云、曹君乾的论文《明代牙行法律制度考评》（《晋中学院学报》，2008 年 01 期）分析了明代牙行产生与运转的基本情况以及牙行在明代经济结构中占有重要地位的原因。文章从禁止性规范与包容性规范两个方面，对明代牙行法律制度进行了细致的考察，文章对明政府调整经济管理法律制度持积极态度，认为明代的牙行制度对现代民法领域的居间合同的相关法律条款具有借鉴意义。

值得注意的是钱晟所著《论明末北京牙商的分布与经济地位——以买办、税收机构的相关史料为中心》（《历史地理》，第 36 辑，146—168）一文，以《度支奏议》为材料，分析明后期至嘉靖年间牙行在政府的金商征派中扮演的重要角色。明末时期的牙行不仅是买卖活动重要的中间性机构，也因其在市场上的优势性地位，代理政府履行向铺户商人征税的职责。

牙行是古代经济社会发展过程中自发形成的现象，具有浓厚的中国特色。牙行产生的机制及其功能性变迁与政府管理市场经济活动的法律规定密切相关。牙行的变化顺应了市场机制的发展与复杂化所产生的对降低交易成本、增加交易信用的需要，同时牙行本身在市场交易中所发挥的功能使得平等交易主体与政府都需要凭借牙行的正常运转保证秩序的稳定。学界对牙行功能、经营模式、利弊等的研究虽比较全面，但大多数的研究，无论是史料的运用还是关注的视角都更偏重于揭示清代牙行所呈现出的变迁，对明代的研究并不充分，也忽视了明代这一制度变迁节点的重要性。

三、材料、创新与结构

（一）研究材料

明史的资料浩如烟海，对经济活动的管理因对民间自由市场和政府主导的权力经济领域的史料较为零散。《明史》、《明实录》、《明实录经济史料选编》、《天一阁藏明代方志选刊》、《明经世文编》、《大明会典》、《大明律》、《大明律集解附例》《诸司职掌》、《国朝典汇》、《典故纪闻》、《皇明疏钞》、《皇明祖训》、《度支奏议》、《明会要》、《皇明经世文编》、《明史纪事本末》、北京图书馆古籍珍本丛刊《万历会计录》等所保留的文本是研究明代经济管理法制的重要史料。中国社会科学院刘海年、杨一凡先生点校、整理的《历代判例判牍》、《中国珍稀法律典籍集成》、《历代珍稀司法文献》等文献为法律史研究者提供了丰富的史料。明人文集也是了解明代经济社会发展与市场演变的一个重要途径,如《松窗梦语》、《宛署杂记》、《读律琐言》、《盟水斋存牍》、《醒世恒言》、《东西洋考》、《客座赘语》等。

(二) 创新之处

第一,本书结合法律史学者杨一凡对明代法律体例及渊源的研究,在"典令法律体系"与"典例法律体系"的指引下,对明代与市廛法有关的经济立法进行尽可能丰富、翔实、全面的梳理。对明代市廛法制的考察,并未局限于《大明律》中户律的"市廛篇",而是将视角延伸到户律之外的"工律"、"刑律"、"兵律"、"吏律"。同时,对法律文本的考察范围扩展到《大明律》以外的其他典章制度。除此之外,还引入明代与经济行为相关的判牍案例,观察明代的经济立法与法律文本的司法实践,作为研究明代以市廛法制的演变为主要内容的经济法制的变迁路径,进而阐明明代国家与市场的互动关系。

第二,本书借鉴法社会学与法经济学对法律制度演变中诸多因素的研究,将市廛法制的演变放入明代的政治制度、经济环境、文化观念中,而非孤立地研究法律形式与内容本身的变化。在考察法律制度变迁的历史进路时,新制度经济学家们试图建构出一种结合习惯、习俗、惯例为内容的"非正式约束"，和正式制度，以及社会传统、伦理规范、宗教信仰、意识形态以及民族ethos，[①]等等因素综合考虑的制度变迁模式。如哈耶克所理解的那样，以制度规则为基础形成、建立或维系了某种社会秩序，这种由制度调规着的秩序会使有着这种秩序的组织呈现出某种结构（structure）或构型（configuration）；而这种由规则调控着的秩序，又自然投射在组织结构和构型上，从而使该组织（包括社会）成为一种"建制"。[②]

伴随着市场自发力量和秩序中的内生性因素，资源配置方式中的市场力量不断增加。过去那种服务于统治集团的资源配置形式和种种具体的制度逐渐地解构或自发地弥散[③]，必然导致社会内部出现经济秩序和道德规范的失衡、紊乱和无序，这是制度变迁所必须支付的成本。明代的经济法制变迁与政府经济管理职能的变化，也体现了这一渐进性改革的进路。

明初，统治集团为了降低治理费用，实现对秩序的控制，维持王朝治理所必需的财政税收汲取能力，建立起了一套权力集中、严格管制的制度模式。统治者及其制度代理人，通过对基层社会从人身到思想上的严格控制，使社会秩序的基本形态趋向于单一，降低治理的成本，并在财政上以高度中央集权的财政体系来保证对社会的控制。经济增长被政治性目的所压制。官僚系统内部利用信息获取的优势，以寻租的方式获取非正式资金；地方政府在财政税收的存留与起运上存在较少的话语，使得地方治理与中央

[①] "ethos"一词，经济学家韦森将其解释为一种"精神气质"或"精神特质"。韦森：《社会制序的经济分析导论》，上海：上海三联书店，2020年，第41页。

[②] 韦森：《社会制序的经济分析导论》，上海：上海三联书店，2020年，第25—26页。

[③] 韦森：《社会制序的经济分析导论》，上海：上海三联书店，2020年，第46—47页。

在事实上展开税收利益的争夺。农民负担加重、商税增加、财政分权、官员腐败等等问题，使这样的高度管制型政府在实际运转中费用叠加，抑制了社会产出。

统治集团对税收的依赖，以及治理费用的庞大支出，使其不得不通过权力的下放以维持秩序的稳定并降低成本。统治者对成本的控制和对税收的追求，影响了社会产权结构的变化及制度的变迁。

（三）全书结构

本书沿着以下逻辑组织：明代市廛法制的法律渊源；明初市廛法制的基本内容；明中后期由经济环境的变化、文官系统内部的寻租腐败、明廷财政困境、民间商业性组织的规范性力量等等因素所导致的市廛条例的增修；明代判牍以及民间商业规范对经济行为的影响。

第一章，明代市廛的主要渊源。本部分主要梳理从明初到明中后期，明廷所颁布的各类典章制书、榜文、大诰、条例、诏令等组成的正式制度，对社会经济活动的调整。在法律形式上，市廛法所代表的明代法律形式，从明初到明后期经历了从"典令法律体系"到"典例法律体系"的演变。在法律内容上，市廛法制从明初到明末，内容更加丰富具体，体现了明廷对经济活动的积极干预，规范市场秩序，引导市场发展的方向。

第二章，明初市廛法的主要内容，以及与市廛法密切相关的其他经济立法。洪武三十年颁行的《大明律》是明代的重要立法，《大明律》户律市廛"私立牙行埠头"确立了"官牙制"作为明廷管理市场的基础。在此之前，民间存在已久的牙行成为市场上重要的中间性组织，在财货流转中具有不可替代的作用。洪武年间，牙行先后经历了禁止设立到允许设立的过程，并最终得以合法化。以"官牙制"为基础，市廛篇中的其余四条"市司评物价"、"把持行市"、"私造斛斗秤尺"、"器用绢布不如法"初步勾勒出明廷市场管理的框架。《大明律》在户律中首次设立"市廛"篇，是明廷重视经济立法的体现。对上述市廛篇五条的考察，可以发现市廛篇虽然为明廷经济立法体系化的初步尝试，但不管在法律内容还是在法律形式上，都不足以完整地反映明廷经济立法的全貌。因此，尽管部分律令未列入市廛篇中，但散见于其他篇目中，与市廛篇的五条属于性质相同、内容互补的律令，仍然应将其放入考察的范围，如朝贡法令、海禁法令、田宅物权流转法令、禁榷法令、货币政策等相关的经济立法。

第三章，明中后期市廛例令的增修所见明廷对经济活动的调整。伴随着明中后期经济环境的变化，和文官系统的权力更迭，以市廛法为代表的经济立法，在法律形式与法律内容上，与明初相比都有了较大的变化。明廷通过一系列条例的颁布，着重规范市场上的牙行，约束势豪、权豪对市场的扰害，积极保护商人的产权。明廷调整朝贡与海禁法令，并在禁榷领域灵活调整政策，放松了禁令对商人的约束，提升商人参与的积极性，维持市场秩序。

第四章，明代判牍案例与民间商帮这类经济性组织的商业规范，对市场主体的约束作用。明代的经济纠纷判牍中，州县官员对纠纷的处理，体现了明廷对民间契约的重视，对产权的积极保护以及在商业纠纷中情理法与经济伦理的兼顾。商帮这类经济组织，是民间自发产生、为了降低交易成本、维护商业信用、维持市场秩序而形成的民间规范性力量。商帮、会馆这类民间商业组织在执行契约、内部整合、重整市场等方面，在相关的法律制度缺位的情况下，发挥着重要的作用。在法律制度的引导下，民间资本发展出一种较为理性的计算方式，这是经济增长的必然结果。

第一章　明代市廛法的法律渊源

明代法律体系经历了重大的创新。传统的律令法律体系经过明朝立法者的发展，成为一套"以典为纲、以例为目"的新法律体系。从明初至明末，统治者因时势而颁布的一系列律条、大诰、告谕、榜文、则例、事例等诸多形式的法律文书也经历了从"典令体例"到"典例体例"的演变。[①]

第一节　明初律令体例下的市廛法渊源

明初统治者除了着力于恢复华夏正统王朝的政治架构、传统礼制的传承、传统伦理秩序等方面外，更着力于法律制度的建设。明初的典章制度，无论是法律体系的形式，还是法律制度的实质内容，都力图重建唐宋时期的律令体系。

对于明代的法律形式一般从"常经之法"与"权宜之法"这两个路径考察其演变。从这个意义上来说，为了适应社会的发展、维持法律的权威性和王朝统治的正当性，从明初开始，统治者就极为重视法律制度的灵活性。洪武年间，朱元璋命令群臣数次编修《大明律》，作为"常经之法"，确立了明代法律的基本框架。

---

① 杨一凡：《明代典例法律体系的确立与令的变迁——"律例法律体例"说、"无令"说修正》，载于《华东政法大学学报》，2017 年第 1 期，第 5—19 页。

在《大明律》之外，洪武年间的法律文本还有《大明令》、《御制大诰》、《御制大诰续编》、《御制大诰三编》、《大诰武臣》、《教民榜文》等。这些令、告、榜文在洪武初期具有与《大明律》相同的法律效力，甚至在法律适用上比《大明律》优先。朱元璋对《大明律》的基本定位是使其成为一部能够行用于千秋万世的基本法典，为后世子孙所遵循，并且不允许对《大明律》做任何变动，以彰显君主的权威。后世的立法多集中于增加条例，辅律而行，甚至突破了律的限制，优先于律而适用。

一、明初立法的基本原则

(一)"绳顽"、"安民"的礼法精神

明王朝建立之初，境内的军事纷争尚未完全平息。使经历了元末连年战火的百姓，期待尽快恢复被战争破坏的社会秩序、经济秩序和纲常伦理秩序。明代政权合法性的基础在于恢复以唐宋为代表的正统华夏文明。公元 1367 年，明太祖朱元璋在应天府发布《奉天讨元北伐檄文》，檄文中提出了"驱逐胡虏，恢复中华，立纲陈纪，救济斯民"的口号。

经历元末战乱的朱元璋，除了总结历史的经验教训，并意识到元末在政治昏暗，纲常不立的局面下，社会秩序混乱，从而导致政权被颠覆。为此，如何使乱世尽快恢复社会经济秩序，走向民安固本的太平盛世，是统治者极为重视的问题。朱元璋意识到，应当注重法律制度的构建，只有严密完备的法律制度，才是调整各种社会矛盾、重建社会经济秩序的根本所在："纪纲法度为治之

本"，"丧乱之后，法度纵弛，当在更张"①。他认为，法律条文的制定，既要适应当时的时势发展，又要符合长远发展的需要；律例条文应当尽量简易，使人知晓，从而发挥指引的功能；法律不应朝令夕改，而是应当保持体例与内容的稳定，从而维持律典的权威；乱世应以重典治国，方能起到威慑作用。

正是因为元末纲纪不立，毁坏伦理纲常，使朝野内外君臣各自为私利，作威作福，法度不行，人心涣散，才导致天下大乱。"朕有天下，仿古为治，明礼以导民，定律以绳顽。"② 从兵荒马乱中走出来的朱元璋，认识到同他一起争夺天下的军阀功臣们，因目无礼法，恣意犯上，对统治的安全形成威胁。因此，需要一套严密的法律，重整纲纪，使上下等级有别，恢复礼法社会中的等级秩序，臣民各安其职，以实现社会秩序的安定。

"绳顽"这一立法思想的主要表现是明初以大诰形式颁布的一系列皇帝文告。大诰以重于《大明律》的刑罚处罚和更为严密的法网，惩治犯罪官吏，力图实现对官僚群体的震慑，是朱元璋"治乱世用重典"思想的体现。除了以严刑峻法这种消极的社会评价来警戒臣民，朱元璋还通过发布榜文、谕告等形式，从正面引导臣民。重惩奸恶不是刑罚的目的，通过刑罚手段教化民众，使其遵礼知法，才是明初立法者的目的。明初统治者强调礼法并重，使臣民对统治者顺服遵从，应发自他们内心的真实确信，而不是一味依靠酷刑威吓，如此便可实现社会的安定，不致走前朝覆亡的道路。

---

① 《明太祖实录》卷十九。转引自杨一凡：《明代典例法律体系的确立与令的变迁——"律例法律体系"说、"无令"说修正》，载于《华东政法大学学报》，2017 年第 1 期，第 5—19 页。

② 《明太祖实录》卷二百五十三，洪武三十年五月甲寅，台北：中研院历史语言研究所，1964 年，第 3647 页。

（二）法网严密

与唐律相比，《大明律》的一大特点在于言简意赅，措辞更为简洁，使民众易于理解。明律摒弃唐律中所采用的华丽辞藻，使法律条文的表述贴近日常生活，利于普通民众了解学习，从而发挥法律的指引与约束功能。在起草《大明律》时，朱元璋解释道："立法贵在简当，使言直理明，人人易晓。"若法律条文的具体内容只为特定的人所知晓，则会导致官吏在司法裁判中可轻可重，恣意玩法。只有删繁就简，使法律尽量为民众所知悉，减少官吏从中舞弊弄法的可能性，法律才能真正发挥"绳顽安民"的作用。

明初权臣舞弊被革职抄家甚至籍没的情形，尽管给官僚群体带来极大的震慑，仍然无法对官吏贪污腐败的现象禁绝。出于对官员的警惕，朱元璋制定了《御制大诰》、《教民榜文》、《诸司职掌》、《大明令》等法律，与《大明律》一道，成为惩治官僚群体舞权弄法的重要法律依据。大诰用刑更甚于《大明律》，通过法外加刑、增加罪名、增加酷刑的适用、更广的株连范围，使法禁更严，彰显了朱元璋对贪腐官吏的打击力度。对此，朱元璋解释说："特令法外加刑，意在使人知警惧，不敢轻易犯法。"

曾有朝臣向朱元璋建言法律适用过度，恐对民众带来相反的治理效果，朱元璋以药之于治病救人来比拟严密法网用以治世的必要性。其主要思想是："用法如用药，药本以救人，不以害人。如果用药错误，必会害人。法本以保护人，不是杀人，用之太过，必然伤物。百姓自战乱以来，起初是家离子散，如今归附我朝，正当予以安抚。其间有一时误犯的，不可尽是用法。一般说来，惩治囚犯以宽厚为本，少失宽厚则至于苛刻，'所谓治新国用轻典，刑得其当，则民无冤抑。'"①

---

① 林金树：《明太祖的法制思想：止循〈律〉与〈大诰〉》，载于《明史研究论丛》，2004 年，第 320—330 页。

朱元璋意识到，仅仅依靠严刑峻法和频繁的立法，尚不足以对社会进行有效的治理，获得臣民的内心服从。司法上的情理法并重、刑罚适中，与审慎的立法过程同样重要。汉代政治家陆贾曾言："事愈繁，天下愈乱；法愈滋，而奸愈炽；兵马益设，而敌人愈多。"① 朝臣也曾因法网严密向其建言，朱元璋认为，国家立法，贵在简当，立法仍然需要通过司法的适用来彰显权力，因而刑罚的轻重适中显得尤为重要，他时常提到"今之立法，正欲得中"，"国家立法，贵得中道"，"贵宽而不贵急，务简而不务烦"②。

明初统治者认为，从长远来看，刑罚轻重适宜，才可使民众服从，使典律传至后世。用威严的刑罚治理民众，也需要以正面的教导感化人心，使民众知信义，有廉耻，这样才能获得民众的拥护。他说："天道好生，人情恶死，朕御天下，夙夜靡宁，常惧刑罚失中，以乖天道。"如果官员执法不平，不仅不能为民申冤，反致冤屈更深。因此，严密的法网可以使臣民知法，训导教化可以使臣民获得内心的确信与认同，如此才是明律"绳顽安民"之用意所在。

二、作为"常经之法"的《大明律》中的市廛法渊源

《大明律》的制定从吴元年就已开始，中间经历群臣的数次议定与修改，最终在洪武三十年形成定制。通行于后世的《大明律》即为洪武三十年所修订，在充分吸收借鉴唐律的基础上，成为明清两朝的基本法典。《大明律》共四百六十条，在编纂体例上，改变了唐代十二律的格式，按照中央六部的职责分门别类，共有七部分，体现了明代统治者因时革宜的立法水平。《大明律》修成

① ［汉］陆贾：《新语》卷上，无为第四，四库备书·子部，上海中华书局据明刻本，第 6 页。

② 《明太祖宝训》卷五，恤刑。转引自林金树：《明太祖的法制思想——止循〈律〉与〈大诰〉》，载于《明史研究论丛》，2004 年，第 320—330 页。

后，朱元璋曾言："令子孙守之，群臣有稍议更改，即坐以变乱祖制之罪。"以致后代君臣不敢稍有更改，其变通之道，只能由诏令、条例、谕告、榜文等方式进行。

日本学者桑原骘藏对《大明律》给以相当高的评价，认为明律虽然因袭自唐律，受唐律影响颇为深远，但《大明律》不管是从形式上还是从内容上，可独立于唐律。

明律将总则性质的"名例律"置于律首，其后为"吏律"、"户律"、"礼律"、"刑律"、"兵律"、"工律"六个部分，形成了《大明律》的基本框架。明律在"户律"中首次创立"市廛"篇，足见明初立法者对经济类立法的重视程度超过前代。"市廛"篇下有五条律文，分别是"私充牙行埠头"、"市司评物价"、"把持行市"、"私造斛斗秤尺"、"器用绢布不如法"。这五条律文涉及经济活动中的价格机制、度量衡器的标准、商品质量、市场准入等方面。

《说文解字注》对"廛"的解释为："廛，二亩半也。一家之凥。二各本作一。凥各本作居。"廛，即为城市民众之居所，具有物理上的意义。明律"市廛"篇是专门规范城市内的商户经商、交换物货的场所的法规，这是对市廛较为狭义的理解。而从更广义的层次出发，市廛代表着抽象的市场交易行为，这一解释可以超越物理意义的限制，使市廛具备一般意义上的经济交往属性。本书对"市廛"的解读，是一种广义的理解，即市廛包括抽象的经济活动。从这个定义出发，明代以"市廛"为代表的经济立法，就不再局限于"市廛"篇的上述五条，而是包括规范市场秩序的钱债、田宅买卖、违禁取利、造作、仓库斗秤、卫禁等等与市廛法有关的，散布于户律、刑律、工律、兵律诸律，与市廛法关系密切甚至属性相同的其他经济立法。

以"户律"中的经济立法为例。"户役"、"田宅"、"仓库"、"课程"、"钞法"、"钱法"、"盐法"、"市廛"，前四类涉及对抽象的交易行为的法律规制。律文规定交易主体既包括市场活动中的买卖双方，也包括征招税收赋役的明廷。钱物交易、物物交易的媒介为实物还是货币，折价比率如何规定，成色如何等等，是任何交易行为所必需的标准及尺度。最后一类"市廛"则是将抽象的交易活动具体化，既有物理意义上的具体化，也有以牙行为中介，参与单次交易行为的买卖双方所应当遵循的交易准则，如买卖时不许不当竞争，以相惑乱，买物不以贵为贱，卖物不以贱为贵等。

明廷管理经济活动的法律，既有抽象化的交易行为所应当遵循的禁止性规定，也有具体化为物理空间上的区域性市场中的法律规定。市场交易活动的有序进行有赖于政府的税收制度、贡赋制度、货币制度等。市场并非凭空出现在民间，市场的产生依赖于资源不足，民间自发进行的为满足日用所需的经济活动，一定程度上弥补了资源的不足与浪费，是生产力发展的必然产物。明代的市场，是在国家财政税收、贡赋制度、货币制度等因素的共同催生下发展起来的，脱离国家制度这样一个错综复杂的大背景，市场也无从实现。

为了使法律便于民众知晓，洪武年间修订的《律条直引》采用案例式分析，逐条解释律条的违法构成要件、处罚的刑种以及量刑的幅度。市廛篇下的五项条文分别以案例的方式逐条解释，方便民众理解。如"私充牙行埠头"条："一、赵甲依城市、乡村诸色牙行、船埠头私充者律，杖六十。钱乙依官牙行、埠头容隐者律，笞五十。俱有大诰减等，赵甲笞五十，钱乙笞四十。系军民，有力纳米等项，无力的决。私官并革去所得牙钱入官。"①

"市司评物价"条："一、赵甲依诸色行人评估物价不平者，

---

① 《律条直引》，杨一凡，曲英杰，宋国范点校：《洪武法律典籍》，《中国珍稀法律典籍集成》，乙编第二册，北京：科学出版社，1994年，第722—724页。

计所增减之价，坐赃论，一百贯律，杖六十，徒一年。钱乙依诸色行人评估物价不平，计所增减之价入己者，准窃盗论，免刺，四十贯律，杖一百。孙丙依为罪人估赃不实，致罪有轻重者以故出入人罪论，坐所增、减，笞五十。俱要大诰减等，赵甲杖一百，钱乙杖六十，孙丙笞四十。系铺户行头，有力纳米等项，无力的决宁家。所估增减之价追给本主。"①

"把持行市"条："一、赵甲依贩鬻之徒通同牙行共为奸计，卖物以贱为贵，买物以贵为贱，己得利物者律；钱乙依见人有所买卖，在旁高下比价，以相惑乱而取利者，计赃重，准窃盗论，免刺，八十贯律，各杖九十徒二年半。孙丙依买卖诸物两不和同，把持行市，专取其利者律；李丁依贩鬻之徒通同牙行共为奸计，卖物以贱为贵、买物以贵为贱者律，各杖八十。周戊依见人有所买卖，在旁高下比价，以相惑乱而取利者律，笞四十。俱有大诰减等。赵甲、钱乙各杖八十，徒二年。孙丙、李丁各杖七十。周戊笞三十。系军民，有力纳米等项；无力，赵甲、钱乙照例免杖充徒哨瞭，孙丙、李丁的决着伍宁家。增减之价追给本主收领。"②

"私造斛斗秤尺"条："一、赵甲、钱乙俱依仓库官、吏私自增减官降斛、斗、秤、尺收、支官物因而得物入己者，以监守自盗论，不分首从，并赃四十贯者律，各斩，系杂犯。孙丙依监临官吏知而不举者，与赵甲同罪，至死减等，罪止律，杖一百，流三千里。李丁、周戊俱依仓库官、吏私自增、减官降斛、斗、秤、尺收、支官物，以所增、减物重者坐赃论，各三百贯律；吴己依监临官知而不举，与同罪律，各杖八十，徒二年。郑庚依监临官

① 《律条直引》，杨一凡，曲英杰，宋国范点校：《洪武法律典籍》，《中国珍稀法律典籍集成》，乙编第二册，北京：科学出版社，1994 年，第 722—724 页。

② 《律条直引》，杨一凡，曲英杰，宋国范点校：《洪武法律典籍》，《中国珍稀法律典籍集成》，乙编第二册，北京：科学出版社，1994 年，第 722—724 页。

失觉察者，减三等罪止律；王辛、冯壬俱依仓库官、吏私自增、
减官降斛、斗、秤、尺收、支官物而不平者律；陈癸依监临官知
而不举者，与同罪律，各杖一百。褚子依工匠，杖八十。卫丑依
监临官失觉察者，减辛罪三等律，杖七十。俱有大诰减等，孙丙
杖一百，徒三年。李丁、周戊、吴己各杖七十，徒一年半。郑庚、
王辛、冯壬、陈癸各杖九十。褚子杖七十。卫丑杖六十。褚子系
匠作，无力的决，孙丙等俱官吏，与赵甲、钱乙各纳米等项，完
日，孙丙、李丁、周戊、吴己、郑庚、王辛、冯壬、陈癸、卫丑
各还职役。赵甲、钱乙系有赃官吏，罢职役为民。侵欺粮数追收
入官。"①

"器用绢布不如法"条："一、赵甲依造器用之物不牢固、真
实，布绢之属纰薄、短狭而卖者律，笞五十。有大诰减等，笞四
十。系军民，无力的决，纳米等项完日宁家。器物布绢入官。"②

《律条直引》通过对律条的逐条列举分析，明确法律主体的权
利义务关系，并针对不同的行为内容进行展开说明，使律条适用
更加精确具体，力求情、理、法兼顾，既保证民众知晓法律，也
有利于监督官吏舞权弄法。

三、典令中的市廛法渊源

中国古代的立法传统，重视律与令的相辅相成关系。律作为
一种正式约束，起着制裁的功能，令则注重正面引导，发挥着规
范教导的作用，辅律而行。明初立法者力图恢复唐代法制的辉煌，

---

① 《律条直引》，杨一凡，曲英杰，宋国范点校：《洪武法律典籍》，《中国
珍稀法律典籍集成》，乙编第二册，北京：科学出版社，1994 年，第 722—
724 页。
② 《律条直引》，杨一凡，曲英杰，宋国范点校：《洪武法律典籍》，《中国
珍稀法律典籍集成》，乙编第二册，北京：科学出版社，1994 年，第 722—
724 页。

不仅在法律的内容上继承唐律的礼法精神，在法律形式的编纂上，也效法唐代的律令格式，在正律之外编订令典，并与大诰、榜文一起，成为与《大明律》具有相同效力的法律文本。明代法制史学者杨一凡教授称明代的法律形式形成了一种"典例体例"的基本格局，即"典为纲，例为目"的"典例法律体系"①。

明代法律体系对唐代律令形式的继承，明人丘浚在《大学衍义补》中对此有过一番论述："按唐有律，律之外又有令、格、式。宋初因之。至神宗更其目曰：令、格、式。所谓者兼唐之律也。洪武元年即为大明令，颁行天下，盖与汉高祖初入关约法三章，唐高祖入京师约法十二条同一意也。"

《大明令》中与市廛有关的经济立法主要有"户令"中的"田宅契本"、"店历"、"较勘斛斗秤尺"，"工令"中的"织造缎疋"等项。如"店历"条，在洪武三十年《大明律》确立"官牙制"之前，民间禁设官牙、私牙，官府要求"凡客店，每月置店历一扇，在内付兵马司，在外付有司，署押讫，逐日附写到店客商姓名、人数、起程月日，月终各赴所司查照。如有客商病死，所遗财物，别无家人亲属者，告官为见数，行移招召父兄子弟或已故之人嫡妻，识认给还。一年后无识认者，入官。"② 再如"较勘斛斗秤尺"条规定："凡斛斗秤尺，司农司照依中书省原降铁斗、铁升较定则样制造，发直隶府、州及呈中书省，将发行省依样制造，较勘相同，发下所属府、州。各府正官提调依法制造较勘，付与各州、县仓库收支行用。其牙行市铺之家，须要赴官印烙。乡村人民所用斛斗秤尺，与官降相同，许令行使。"③

---

① 杨一凡：《明代典例法律体系的确立与令的变迁——"律例法律体系"说、"无令"说修正》，载于《华东政法大学学报》，2017 年第 1 期，第 5—19 页。

② 《大明令》，杨一凡，曲英杰，宋国范点校，《洪武法律典籍》，《中国珍稀法律典籍集成》，乙编第一册，北京：科学出版社，1994 年，第 11 页。

③ 《大明令》，杨一凡，曲英杰，宋国范点校，《洪武法律典籍》，《中国珍稀法律典籍集成》，乙编第一册，北京：科学出版社，1994 年，第 13 页。

　　明初的立法活动较为频繁，法律文本除了《大明律》与《大明令》，还包括《御制大诰》、《教民榜文》、《诸司职掌》等等其他辅律而行，甚至超越《大明律》的法律文本。明初作为朱元璋治理臣民核心思想的《御制大诰》，是朱元璋亲自参与编纂的一部特别刑法典，由《御制大诰》、《御制大诰续编》、《御制大诰三编》、《大诰武臣》四部分组成。在法律效力上并不低于作为国之正典的《大明律》。《御制大诰》既惩治贪官污吏，也训导民众。所表达的基本精神是法外用刑与重典治吏，通过严峻的刑罚与道德伦理的教化，使臣民安分守己，从而达到"治乱世用重典"的效果。大诰试图消除臣民反抗自己统治的隐患，从而维护自己的统治。

　　朱元璋对四篇大诰有极高的重视，在宣传层面，可谓大造声势。大诰颁行以后，朱元璋要求每户都持有一本，臣民获罪后，凭对大诰内容的掌握，可在原有量刑基础上减轻刑罚。基层乡里，"置塾师教之"[1]。天下有来京讲读《大诰》的师生，朱元璋均"赐钞以还"。这诚然可以视为朱元璋重视法律宣传与普及，但同样可以视为朱元璋期望以此将皇权独尊的观念尽可能推广到乡里民间，以尽可能巩固朱明王朝在基层的统治基础。[2]

　　杨一凡教授通过梳理明大诰几个版本所开列的罪名与案件性质，将大诰所涉及的所有犯罪进行综合归类。四编《大诰》中所列罪名，涉及当时法律中的受赃、职制、公式、户役、田宅、婚姻、仓库、课程、钱债、市廛、祭祀、仪制、军政、关津、厩牧、邮释、贼盗、人命、斗殴、诉讼、诈伪、犯奸、杂犯、捕亡、断

---

　　① 高其迈：《明史·刑法志注释》，北京：法律出版社，1987 年，第 28 页。

　　② 余洪波：《明朝〈大诰〉颁行动机新议》，载于《河南社会科学》，2001 年第 2 期，第 92—94 页。

狱、营造等各个方面。① 至于具体罪名，更是五花八门，当时社会生活中的各种犯罪现象大都涉及了。

《御制大诰》中有关市廛的经济立法为"伪钞第四十八"，具体内容为针对两浙、江苏等处伪造宝钞，使民交易不便的严厉处罚："宝钞通行天下，便民交易。其两浙、江东西，民有伪造者甚，惟句容县。……捕获到官，自京至于句容，其途九十里，所枭之尸相望，其刑甚矣哉。朕想绝无复犯者，岂期不逾年，本县村民亦为伪造宝钞，甚焉邻里互知而密行，死而后已。"②

《御制大诰续编》中与市廛有关的经济立法主要有"验商引物第五"、"匿奸卖引第三十八"、"诸司进商税第五十一"、"钱钞贯文第五十八"、"关隘骗民第六十五"、"庆节和买第七十六"、"造作买办第七十七"、"牙行第八十二"；《御制大诰三编》中有"私牙骗民第二十六"。在洪武年间，大诰与明律具有相同的法律地位。洪武之后，大诰便不再行用，官员断法都以明律为准。

颁行于洪武二十六年的《诸司职掌》，是明初立法中的另一个重要的法律渊源。作为一部官方制书，朱元璋谕令群臣仿效《唐六典》，制成一部明朝官员的典章政书。"以诸司职有崇卑，政有大小，无方册以著成法，恐后之莅官者，罔知职任政事施设之详，乃命吏部同翰林儒臣，仿《唐六典》之制，自五府、六部、都察院以下诸司，凡其设官分职之务，类编为书。"③ 正如明武宗对《诸司职掌》的评价："我太祖高皇帝指古创制，分任六卿，着为

---

① 杨一凡：《明〈大诰〉的颁行时间、条目和诰文渊源考释》，载于《中国法学》，1989 年第 1 期，第 114—119 页。

② 《御制大诰》，伪钞第四十八，杨一凡，曲英杰，宋国范点校：《洪武法律典籍》，《中国珍稀法律典籍集成》，乙编第一册，北京：科学出版社，1994年，第 78 页。

③ 《明太祖实录》，转引自柏桦，李倩：《论明代〈诸司职掌〉》，载于《西南大学学报（社会科学版）》，2014 年第 4 期，第 153—160 页。

《诸司职掌》，提契纲领，布列条贯，诚可为亿万年之大法也。"
《诸司职掌》的编纂，以朝廷的吏、户、礼、兵、刑、工六部以及
三法司都察院、通政司、大理寺，还有五军都督府分类，分别为
这几类朝廷的重要部门编排各部门的具体职责。其中"户部门"，
下有"民科"、"度支科"、"金科、仓科"。"民科"下有州县、户
口、会计；度支科下有经费、廪禄；金科下有库藏、权量；仓科
下有征收、仓庾。

第二节　成化、弘治以后律例体例下的市廛法渊源

　　明代的法律渊源从明初开始就呈现出律、令、典章并行的法
律体系。朱元璋试图创立一套万世不易的法典，使子孙后代、臣
民都严格遵守祖宗成法。如明武宗所言，"虽官署名职，间有更
易，列圣相承，时随与事，因革损益，代各不同……然岁月既积，
簿籍愈繁，分亶列署，或不能遍观尽识，下至遐方僻壤、闾阎草
野之民，盖有由之而不知者。"明初以严刑峻法惩治奸顽的《御制
大诰》，在洪武之后，便不再沿用。永乐、洪熙、宣德、正统、景
泰年间皇帝登基之初，都曾发布诏书，令法司断罪，依《大明律》
为准，从而使法律的适用归于一统："建文年间上书陈言，有干犯
之词者，悉皆勿论所出，一应榜文条例，普皆除毁。"①"今后一应
罪悉依《大明律》科断，法司不许深刻，妄引榜文及诸条例
比拟。"②

　　英宗复辟之后，朝臣请令重修《诸司职掌》，英宗令群臣将本
衙门"委官数员，仍照旧式，类编为书，完备进呈，官为刻印。"③

---

①　《皇明诏令》卷四，成祖文皇帝上，明刻增修本。
②　《皇明诏令》卷八，宣宗章皇帝上，明刻增修本。
③　《馆阁漫录》卷四，明不二斋刻本。

明人沈德符认为，朝臣重修《诸司职掌》是《大明会典》编纂的缘由："太祖初著《诸司职掌》，至英宗复辟，复命词臣纂修《条格》，以续《职掌》之后。盖《会典》已权与于此，但未及成帙耳。"①

一、《大明会典》中的市廛法渊源

法律史学界对明代法律体系的变化有不同的解读，如杨一凡认为明代的法律体系呈现出一种从"典令体系"到"典例体系"的变化②；刘笃才认为明代中期大量增修的条例，是明代之所以成为"律例体系"③ 的重要原因。不管是"典例法律体系"还是"律例法律体系"，都以明代中期开始大量增修的条例成为正式的法律渊源，具有与《大明律》相同的法律效力。囿于朱元璋严禁子孙变乱祖制，修改成法，后续皇帝便通过增修条例，调整不断变动中的社会关系。增修的条例及皇帝诏令，在法律内容上，增加了调整社会经济秩序的单行条例，在法律形式上，并未破律，仍旧尊《大明律》为经世不易的根本法。

明代中期增修的条例、诏令、榜禁，以及朝臣进呈的上谕，在正德年间，通过编纂进《大明会典》的方式，对此时所有行用的法律渊源进行整理、筛选、删减、汇编。明代法制史学者认为，明代的法律体系到了正德年间，以《大明会典》为界，

---

① 柏桦，李倩：《论明代〈诸司职掌〉》，载于《西南大学学报（社会科学版）》，2014 年第 1 期，第 153—160 页。

② 杨一凡：《明代典例法律体系的确立与令的变迁——"律例法律体系"说、"无令"说修正》，载于《华东政法大学学报》，2017 年第 1 期，第 5—19 页。杨一凡：《论事例在完善明代典例法律体系中的功能》，载于《暨南大学学报（哲学社会科学版）》，2019 年第 4 期，第 107—119 页。

③ 刘笃才：《律令法体系向律例法体系的转换》，载于《法学研究》，2012 年第 6 期，第 178—187 页。刘笃才：《明代事例的演变与律例法体系的确立》，《盛京法律评论》第一辑，第 1—20 页。

前后的法律形式和内容上都产生了变化。在《大明会典》以前，明代的法律渊源包括《大明律》、《大明令》、《诸司职掌》、《御制大诰》、《教民榜文》、《大明集礼》、《皇明祖训》等一系列典章制度所形成的"典令体系"。洪武之后，后世君主以《大明律》为主要的法律渊源，原本在洪武时期具有极高的法律效力的大诰、榜禁、诏令等，皆被废止不用。为解决立法与社会发展不相适应的难题，各朝广颁事例，以例补法，致使事例浩瀚，"一事三四其例者有之，随意更张每年再变其例者有之"。① 因事例过多，前例与后例的内容往往有冲突之处，人难遵守。"事例冗琐难行"，成为这一时期法制建设的重要弊端。累朝制定的条例，在正德年间通过统一编纂进《大明会典》，使法律形式逐渐统一，解决了法律位阶上的效力冲突问题。明初统治者变革传统律令法律体系的实践，所创立的"常经之法"与"权宜之法"并行的法律体系，在正德年间的《大明会典》中得以延续，继续以"典例体系"存在。及至明末，《大明会典》所代表的国家的典章制度框架都没有经历重大的变化，只是在一些具体的条例方面进行扩充与增修。

《大明会典》将明初到正德年间的典章制书进行综合汇编，到了嘉靖、万历年间又经历了两次编修，体例庞大。万历年间编修的《大明会典》中，与市廛相关的经济立法主要有"户部"卷三十一"库藏二"之"钞法"、"钱法"条；"户部"卷三十二至三十四"课程"中的"盐法"条；"户部"卷三十五"商税"条；"户部"卷三十六"权量"、"时估"条；"刑部"卷一百六十四之"律例五"中"仓库"、"钞法"、"钱法"、"课程"、"钱债"、"市廛"

---

① 杨一凡：《明代典例法律体系的确立与令的变迁——"律例法律体系"说、"无令"说修正》，载于《华东政法大学学报》，2017 年第 1 期，第 5—19 页。

等条；"刑部"卷一百七十九"计赃时估"条；"工部"卷二百○一之"织造缎疋"、"器用"、"斛斗秤尺"、"天平砝码"条等。

《大明会典》中分布于不同部门的市廛法令，勾勒出明代市场管理的权责分布概况。作为主管民生的户部，其对经济活动的调整具有整体性与全局性，户部所管理的市场，涵盖民众生活的方方面面；工部负责市场通行的度量衡器的制造与校准，并负责商品质量的监督；都察院监督市司官吏；刑部则通过刑罚，作为经济活动的最后调整手段，以维持经济秩序。

二、明中后期条例中的市廛法渊源

（一）明中后期的重要条例

明代发展到弘治时期，君臣之间经过一百余年的立法实践，已形成一套相当成熟的律例关系理论。"依律以定例，定例以辅律"，被确立为制例的基本指导原则。[①]《中国珍稀法律典籍集成》乙编第二册《明代条例》中收录了宣德朝之后累朝所制定的重要条例和其他法律文献，共十二种，分别为"军政条例"、"宪纲事类"、"吏部条例"、"皇明成化二十三年条例"、"皇明弘治六年条例"、"弘治问刑条例"、"嘉靖重修问刑条例"、"大明律直引所附问刑条例和比附律条"、"大明律疏附例所载续例附考及新例"、"嘉靖新例和嘉隆新例"、"宗藩条例"、"真犯死罪充军为民例"。对明中后期重要条例的梳理，从中提炼出市廛法制演变的基本轮廓，可以作为考察明代中后期国家与社会互动的线索。

---

① 《明代条例》，杨一凡，曲英杰主编：《中国珍稀法律典籍集成》乙编第二册，北京：科学出版社，1994年，第1页。

明代制定和颁行的则例名类甚多，主要有赋役则例、开中则例、商税则例、捐纳则例、赎罪则例、宗藩则例、军士供给给赏和优给则例、官吏考核则例、官员俸禄处罚则例、减免则例、钱法则例、钞法则例、漕运则例、救荒则例等。① 《明代条例》与《皇明条法事类纂》中收录的条例名类繁多，并且历代条例并没有按照朝廷内部各部门的职责与管理事务的种类进行性质上的划分、归类与汇总。明中后期用于调整经济秩序、规范市场行为的条例散见于浩如烟海的条例中。

（二）立法及修改较频繁的几类法律关系

通过约束买卖关系中的主体资格，减少市场中的强者对弱者的侵夺，维持买卖双方的均势地位，这是明廷在后期立法中较多着力的地方。对买卖关系等法律关系的调整在明中后期增修的条例中较为常见。

对买卖关系的调整。如明代官府以和买的形式采办物料，这项制度的初衷在于使官府作为平等的市场主体，参与经济活动中的公平交易。而在实践中，地方官府吏员在和买中常常倚势压价，或是以和买之名强取于铺户，致使铺商赔累无还。《皇明成化二十三年条例》中针对官府和买采取强制性约束，以避免有司对铺户的扰害："一、朝廷悯念小民，凡事减省。今后不轻差人出外买办采办物件，有司不许仍前指以均徭公用为由，科敛银两，罚取财物，因而剋落入己。司府州县官员亦不许额外多金皂隶侵渔小民。但有违者，巡抚、巡按官体访，参奏拿问。"②

---

① 杨一凡：《明代则例的编纂及其对调整社会经济秩序的作用》，《中国古代法制与秩序国际学术研讨会文集》，2011 年 10 月。

② 《皇明成化二十三年条例》，九月·尊号诏条，杨一凡，曲英杰主编：《明代条例》，《中国珍稀法律典籍集成》乙编第二册，北京：科学出版社，1994年，第 124 页。

《宗藩条例》中对宗室买办不给对价同样进行了限制："一、查得正德三年十一月，秦简王妃廖氏奏称，本府食茶，欲于汉中府金州地方收买。本部题行镇、巡等官察勘等因。该本部覆题……王府奏往他处买物，虽各自备脚力，而所差之人不免乘机生事，妄肆扰害，殊非政体。况罗缎等物、食用等项，自有商贾贸迁，在处非乏，但于本地收买，何患不敷。今后各府不许渎奏收买及擅自差人贸易，因而侵牟肆扰。违者事发，将本爵罚住粮米，承委人员从重问罪。"[①]

对商货承运关系的调整。长程贸易的兴盛，吸引客商争相逐利，衍生出脚夫这种出卖人力以获取工钱的职业。《重修问刑条例》中针对长程贸易的兴起，约束商货承运中的不规范现象，保障客商利益："一、杨村、蔡村、河西务等处，如有用强拦截民运粮船，在家包雇车辆，逼勒多出脚钱者，问追给主，仍发边卫充军。"[②] 此条针对的是商货运输中，包雇的脚夫在搬运货物中的临时加价行为。外地客商往往需要经由本地牙行的活动，来收购或发卖商货。本地牙行往往凭借信息获取上的优势，胁迫外地客商，侵吞财利。牙行、权势把持行市、操纵市场、勒掯客商成为一种较为普遍的现象，条例中针对牙行的约束较多见。"各处客商辐辏去处，若牙行及无籍之徒，用强邀截客货者，不论有无诓赖货物，问罪，俱枷号一个月。"[③]

借贷法律关系（《重修问刑条例》第470页）。"凡势豪举放私债，交通运粮官，挟势擅拿官军，绑打凌辱，强将官粮准还私债者，问罪。属军卫者，发边卫充军；属有司者，发口外为民。运

① 《宗藩条例卷下》，收买物件，杨一凡，曲英杰主编：《明代条例》，《中国珍稀法律典籍集成》乙编第二册，北京：科学出版社，1994年，第587页。

② 《重修问刑条例》，杨一凡，曲英杰主编：《明代条例》，《中国珍稀法律典籍集成》，乙编第二册，北京：科学出版社，1994年，第472页。

③ 《重修问刑条例》，杨一凡，曲英杰主编：《明代条例》，《中国珍稀法律典籍集成》，乙编第二册，北京：科学出版社，1994年，第472页。

粮官参究治罪。听选官吏监生人等借债，与债主同赴任所取偿，至五十两以上者，连债主俱问，发口外充军。凡举放钱债，买嘱各卫委官，擅将欠债军官军人俸粮银物领去者，问拟诓诈；委官问拟受财听嘱罪名……内外放债之家，不分文约久近，系在京住坐军匠人等揭借者，止许于原借之人名下索取，不许赴原籍逼扰。如有执当印信关单勘合等项公文者，提问。原债不追。凡负欠私债，两京不赴法司，而赴别衙门；在外不赴军卫有司，而越赴巡抚、巡按、三司官处，各告理，及辄具本状奏诉者，俱问罪。立案不行。若两京别衙门听从施行者，一体参究，私债不追。"① 根据韩大成、刘秋根、赵毅等学者的研究，明代的放债者以及开典当者主要有两种人，一是富商巨贾，二是权贵势要和地主。"至于一般官绅富民之家，放债开当者也比比皆是。"② 无论是典当业还是放私债，放债获利在明后期的商业经营中较为普遍，一方面在于风险小，另一方面在于能稳定地获利，因此这些行业吸引越来越多的有资产者投入其中。

田宅流转法律关系。如弘治十三年的《问刑条例》规定民间田土买卖必须依双方真实的意思表示，严禁强卖强买："一、凡用强占屯田者，问罪，官调边卫带俸差操。旗军军丁人等发边卫充军，民发口外为民。管屯等官不行用心清查者，纠奏治罪。"③ "一、军民人等，将争竞不明并卖过及民间起科，僧道将寺观、各田地，朦胧投献王府及内外官豪势要之家，捏控典卖者，投献之

<hr>

① 《重修问刑条例》，杨一凡，曲英杰主编：《明代条例》，《中国珍稀法律典籍集成》，乙编第二册，北京：科学出版社，1994 年，第 470 页。

② 韩大成：《明代社会经济初探》，北京：人民出版社，1986 年。刘秋根：《明代高利贷者的社会构成》，载于《河北大学学报（哲学社会科学版）》，2001 年第 1 期。赵毅：《明代豪民私债论纲》，载于《东北师大学报（哲学社会科学版）》，1996 年第 5 期。

③ 《问刑条例》（弘治十三年），杨一凡，曲英杰主编：《明代条例》，《中国珍稀法律典籍集成》，乙编第二册，北京：科学出版社，1994 年，第 230 页。

人问发边卫永远充军，田地给还寺观及应得之人管业。其受投献家长并管庄人，参究治罪。山东、河南、北直隶各处空闲地土，祖宗朝俱听民尽力开垦，永不起科。若有占夺投献者，悉照前例问发。"① 小民及寺观僧道将土地投献于王府，目的在于规避官府的赋役征派。这部分土地名义上是官田，但实际上为王公贵族所有，在国家的赋役负担之外。民间越来越多的人以这种方式逃避朝廷的征派，致使国库有亏，朝廷自然需要通过不断增修的条例来禁止这类现象。

对外贸易法律关系。嘉靖初年对私人参与对外贸易并未一概禁止，而是在货物种类和数量上进行限制。"一、嘉靖三年四月刑部议奏：今后但有夷人贡船，未曾报官盘验，先行接买番货者，比照探听下海之人，番货到来，私下收买贩卖，若苏木、胡椒至一千斤以上者事例，问发边卫充军。其交结夷人，互市买卖借贷，诓骗财物，引惹边衅，及教诱为乱者，比照广、川、云、贵、陕西等处事例，问发边卫，永远充军。其代替夷人收买违禁货物，比照会同馆内外军民事例问罪，枷号一个月，问发边卫充军。若私下包揽打造违式海船，卖与夷人图利者，比照私将应禁军器出境，因而走泄事情者律，各斩，为首者，枭首示众。其累犯不悛者，止将正犯问罪。奉圣旨：是。这禁治交通夷人，私自买卖等项事情，既比拟律例，开具明白，都依拟行。钦此。"②

从这则条例可知，明中期针对私出外境、违禁下海的法律适用较为灵活，法网日趋严密。未经官府盘验，走私货物者，适用的律条为"探听下海之人"；私自交结夷人，在边境买卖借贷，引

---

① 《问刑条例》（弘治十三年），杨一凡、曲英杰主编：《明代条例》，《中国珍稀法律典籍集成》，乙编第二册，北京：科学出版社，1994 年，第 230 页。

② 《大明律疏附例所载续例附考及新例》，新例·私出外境及违海禁下海，杨一凡、曲英杰主编：《明代条例》，《中国珍稀法律典籍集成》，乙编第二册，北京：科学出版社，1994 年，第 346 页。

发边境危机，适用专门的边境律条，即"广、川、云、贵、陕西等处事例"；违令收买违禁货物，适用的条例为"会同馆内外军民事例"；私自打造海船出卖者，适用"私将应禁军器出境，因而走泄事情者律"。上述条例中较为频繁的比附律例，扩大了朝廷对民间走私的执法力度。在律无正条的情形下，通过对旧例、地方性条例的比附援引，灵活处理海禁政策在实际执行中存在的合法性问题。

第二章　明初市廛法的基本框架

受传统士商观念的长期影响，由文官集团组成的明廷制定的典例政策，从整体来看，其着力点并不在于建立起一套为经济增长提供有力支撑的法律体系，而是更多地着力于维持社会秩序的稳定以及维持明廷财政汲取的能力。原因在于，在前现代的技术条件下，农业生产是社会的主要生产方式，因此田土税是国家财政的主要部分。明代统治者设计一套严密控制人口与财产的治理模式，以使绝大多数人回归土地，进行农业生产，这既有利于降低维持秩序的成本，也能保证税收的充足供应。明廷对经济活动的直接管理在赋役制度、货币政策、人口管制、权力经济等制度框架下展开，这些政策互相作用，体现出中央集权、超经济的政治控制等特征。

现代社会的法制体系与法制建设经验较为成熟，国家对经济活动的干预与调整，主要表现在部门法中的经济法领域。无论是经济学理论还是经济法领域，国家对经济活动的积极干预都有利于弥补市场失灵。而纵观明代社会，因当时高度的中央集权，政府对社会经济进行超经济的政治干预，前现代技术条件下制度的内生性成本和本身的缺陷，使明廷对经济活动的调整较为有限。在法律制度层面，明廷设计出一套以"市廛"为基本框架的市场管理法。明律中的市廛篇，只是明廷管理经济活动的一个组成部分。要考察明廷对经济活动的管理，则需要扩展"市廛"的外延，将与经济活动相关的律例令都一并考察，才能接近明代经济法制的全貌。

第一节　作为明初经济秩序基础的官牙制

一、明初设立官牙制的立法背景

市场交易活动中，由中间人参与买卖活动，从中斡旋，沟通从而促成交易。中间人在历代的称谓有所不同。唐以前多用"驵侩"来称呼这种贸易中间人，唐代以"牙"、"牙侩"称之，到了宋代又发展出"牙保"、"引领"、"经纪"等。在陆地市场上进行买卖中介的人多以"牙人"称之，在水陆交通码头活动的买卖中间人，则以"埠头"称之。① 宋代的民间市场已较为活跃，牙人、牙保这类买卖中间人较多介入民间自由市场的买卖活动。牙行不仅仅为交易双方提供相应的市场信息，也提供一定的担保。宋元时期，牙行介入民间的买卖活动，已经成为一种较为普遍的商业习惯。② 历史形成的市场交易过程中的中介习惯和传统以及在此基础上部分地区实施的"官牙制"，是《大明律》"私充牙行埠头"条创立的历史基础。

明初统治者创立"官牙制"作为市场的基础，是中唐以来在"市制"解体之后，统治集团与民间社会对降低成本的共同需求。"坊市"是唐代城市经济发展的主要形态。商业活动集中在政府所划定的特定区域内，以军事机构维持市场秩序。坊内所设置的市，遵循着固定的启闭时间，经济活动在"市"内进行。唐初严格封闭式的坊市制体现为，时间上，政府管理市场与里坊一体，严格

---

① 童光政，《明律"私充牙行埠头"条的创立及其适用》，《法学研究》，2004 年 02 期。

② 童光政，《明律"私充牙行埠头"条的创立及其适用》，《法学研究》，2004 年 02 期。

遵循坊门城门定时开启关闭的规定，严禁夜晚在街市行走，违者以"犯夜"入刑；非法定时间出入坊市需持本府发放的文牒，符合法定事由才准许开启通行，违者，主管官司连带受刑。空间上，各里坊之间相互独立；非三品以上官员及"坊内三绝"禁向街开门，严禁侵占巷街阻碍交通，各类活动只允许在坊内进行。

唐代的坊市布局依时局需要而成定式。沿袭北魏军事色彩的李唐政权经历了战火的洗礼，在城市建制上表达出统治者对稳定秩序的需求。而在治理成本有限性的情况下，通过将人群限制在特定场所，严格控制，可以快速达到这一治理目的。城市物理空间上的坊市布局，严禁任何人在非法定时间以非法定理由出入，特定活动限于特定场所进行，皇权通过这种方式渗透到民间，以实现对民众的规训。朱熹对唐代的坊市制大为称赞："宫殿制度正当甚好，居民在墙内，官街皆用墙，民出入处皆有坊门，坊中甚安。"① 到中后期，城市布局未变动，经商的便利性及可期待性，使得大量人口不断涌入城市，布局被严格限制的封闭坊市，难以满足在经济发展及人口增加对城市提出的更大的承载力的要求，因此对坊市布局的突破是唐代经济发展的必然。

到了宋代，民间社会的商业发展日渐繁荣，城市内的市民生活更加丰富，坊市格局被打破。城内商业区依地利而兴，与居住区交错林立，互相渗透，极大丰富了市民生活。坊在此时仅具有行政管理上划分为不同片区的意义，坊内活动的时间与空间限制较为宽松。坊市制随着经济活动的发展趋于解体。以政治手段管理经济秩序的市制，在经济活动不再集中于特定区域和特定时间的情况下，主管官员管理市场秩序如物价变动、市籍登录的难度增加，原有的规范难以执行。为了减小治理的成本、维持秩序的稳定、减少商业纠纷，应市场交易而兴的民间牙人为统治集团所

---

① ［宋］黎靖德：《朱子语类》，卷一百三十八，明成化九年陈炜刻本。

承认，逐渐建立起"官牙制"。①

洪武年间，朱元璋曾发布谕令禁止民间设立牙行。《御制大诰续编》中严令民间禁设一切牙行："天下、州、县、镇店去处，不许有官牙、私牙。一切客商应有货物，照例投税之后，听从发卖。敢有称系官牙、私牙，许邻里坊厢拿获赴京，以凭迁徙化外。若系官牙，其该吏全家迁徙。敢有为官牙、私牙，两邻不首，罪同。巡拦敢有刁蹬多取客货者，许客商拿赴京来。不应税而税者，且如海南民有娶新妇者，其县官将下礼牲口并新妇俱要税钱，已行拿赴京师，治以死罪。今山东胶水县丞欧阳祥可，不鉴前非，又将家人下礼牲口索要税钱，诈取财物，自取之罪，安可逃乎？所以罪同海南县官者，为其蹈恶也。"② 明初禁官牙，朱元璋为防止官吏从中中饱私囊，因而禁止设立牙行，以绝永患。

《御制大诰三编》中，朱元璋重申了对民间设立牙行的禁令："军民有违令而不从教者，莫甚于应天府上元、江宁两县民刘二等，军丁王九儿等一十四名。先为天下府、州、县及人烟辏集村店、马头去处，客商人等贩卖物货，多被官私牙行等高抬低估，刁蹬留难，使客商不得其便。商有强者，本利无亏。有淳良者，皆被牙行所制，本利俱伤，亦且留难迟滞。所以续诰颁行，明彰禁治。其刘二等暗出京师百里，地名边湖，称为牙行，恃强阻客，以致拿缚赴京，常枷号令，至死而后已，家迁化外。此诰一出，所在人民，观此以为自戒。倘不奉命，罪同刘二等。"③ 私牙骗民，

———————————

　① 邱澎生，《由市廛律例演变看政府对市场的法律规范》，《当法律遇上经济：明清中国的商业法律》，杭州，浙江大学出版社，2017年，第33页。

　② 《御制大诰续编》，牙行第八十二。《洪武法律典籍》上，《中国珍稀法律典籍集成》，乙编第一册，杨一凡，曲英杰，宋国范点校，北京：科学出版社，1994年，第160—161页。

　③ 《御制大诰三编》，私牙骗民第二十六。《洪武法律典籍》上，《中国珍稀法律典籍集成》，乙编第一册，杨一凡，曲英杰，宋国范点校，北京：科学出版社，1994年，第230页。

致使客商留难，本利无归。可见，官府并不能使禁绝牙行，只能通过对牙行严格的限制来维持经济秩序。而明政府规范市场秩序、管理牙行的方式便是设立"官牙制"。

在正律条文中对牙行的法律地位予以确认，是明代的首创。《大明律》中的《户律》"市廛"篇，创设了"私充牙行埠头"条，明确了民间市场的运转以"官牙制"作为基础。市场中的买卖活动，需要经由牙行。牙行成为城镇经济的中枢，是直接反映市场行情的风向标。牙行并不单独存在，以"行"来称谓，在于其是某种在业务范围和功能上具备同类属性，共同形成的行业组织，而非以单个商人或铺户的形式出现。

二、明初牙行的功能与民间属性

经济活动本就以资源的分配不均以及一定的产权规则所引发。正是因为资源的分配不均衡，才有了交换的需求，经济活动由此展开。交易活动在一定的物理场所进行，买卖双方要负担除了商品价值本身的额外价格，并形成一定的市场规则。这套规则随着经济活动范围的扩大，脱离原有的人际关系网络，产生了适应非熟人社会的交易规则。买卖双方基于价格机制，进行相应的商品或劳动力的交换，并遵循一定的规则或法令，即市场制度。市场制度既包括权力指引下的规则形态，也包括民间社会自下而上所自发形成的习惯和约定俗成的规则。

任何的市场交易都需要一套相应的市场制度，才能使市场价格机制顺利运作。① 而在市场交易过程中，除了商品本身的价值，参与者还需要面临着诸如"信息、测量、谈判、监督、执行"等一系列的交易成本，这使得实际的支付内容要高于商品价值本身。

---

① 邱澎生，《由市廛律例演变看政府对市场的法律规范》，《当法律遇上经济：明清中国的商业法律》，杭州，浙江大学出版社，2017年，第10页。

稳定的市场制度旨在降低这些额外的、不必要的交易成本，以使市场机制有效运转。牙行在市场交易活动中的存在，本身就体现了经济行为参与者对降低成本的需求。

牙行在市场上的位置，使其较之于买卖双方而言，更具有信息获取的优势地位。这在便利了客商的买卖活动的同时，也极可能操纵市场、扰害正常的市场秩序。《大明律》正式确认了"官牙制"作为全国通行的制度，同时也对牙行的业务进行限制，使其规范化。明律中有关牙行的律条共有三条：

（一）私充牙行埠头

凡城市乡村，诸色牙行，及船埠头，并选有抵业人户充应。官给印信文簿，附写客商船户，住贯姓名，路引字号，物货数目，每月赴官查照。私充者，杖六十，所得牙钱入官。官牙埠头容隐者，笞五十，革去。

（二）市司评物价

凡诸物行人评估物价，或贵或贱，令价不平者，计所增减之价，坐赃论。入己者，准窃盗论，免刺。其为罪人估赃不实，致罪有轻重者，以故出入人罪论。受财者，计赃以枉法从重论。

（三）把持行市

凡买卖诸物，两不和同，而把持行市，专取其利，及贩鬻之徒，通同牙行，共为奸计，卖物以贱为贵，买物以贵为贱者，杖八十。若见人有所买卖，在旁高下比价，以相惑乱而取利者，笞四十，若已得利物，计赃重者，准窃盗论，免刺。[①]

以这三条的内容来看，牙行的业务范围包括登录客商、财货

---

① ［明］雷梦麟撰，怀效锋，李俊点校：《读律琐言》，北京：法律出版社，2000 年，第 201—205 页。

信息，定期赴官府查照，作为官府管理市场、征收商税的凭证；协助市司评估物价，反映市场行情；为客商货物提供仓储、住宿，兼营买卖活动。明政府将牙行作为评估市场上物价的参与者，主要目的在于规范政府的"和买"政策。"和买"是官府作为买卖活动的参与方，以平等的地位参与到交易活动中，采购宫廷所需的物资，并遵循一定的价格机制，不强夺民利，不欺害于民间市场。

值得注意的是，有研究者所称牙行的征税功能，在明初并不存在。明初的牙行更多是作为一种协助政府直接管理市场的工具，反映市场行情，本质上仍然是民间组织，并不是一种官方机构。

第二节　《大明律》市廛篇调整具体交易行为的法律规定

明代的经济管理法规，是在继承前朝既有规则的基础之上，结合现有经济形态的需要和王朝的统治安全而新增的律文，形成了明政府的市廛律条、钱钞法、专卖法、朝贡制度等较为分散的篇目。与前代相比，市场管理的法律条文更趋翔实丰富，管理的范围有所扩展。有关经济管理的法律规定，并不仅仅见于作为王朝基本法典的《大明律》，《明会典》、《明大诰》中也有政府管理经济活动制度的相关条文。就即时的买卖交易活动而言，明代法律确立的基本原则有：两平交易、买卖无欺、双方自愿和同，在具体的市场管理律条中体现为"把持行市"。明初的经济活动较为简单，且政府立法重在对秩序的基本维持，而非促进社会生产和经济总量的增加，因此，明代市场管理法规，是一种框架式的基础性条款，政府设定市场活动的基本框架和准入门槛，法律规定对于市场活动而言，存在着大量的留白空间，使市场机制在政府监管不及之处可以自行运作，弥补制度的不足。

明代经济管理活动较为精简，仅设定几条框架性条款，大致勾勒出政府管理经济活动的职责与权限。这些基础的市场准入性规定包括产品质量、度量衡、物价管理，以及最为核心的官牙制。除了《市廛篇》中对具体、即时的经济交易行为做了详细的规定，辅助政府进行经济活动的管理制度，还有钱法、钞法、借贷、专卖法、朝贡法、海禁政策、违禁取利等等具体的条文。这些与民间经济活动有关的政策条文，并没有形成一个体系，而是分散在不同的篇目中。明政府也无意于将其归纳成篇，使之体系化。

一、度量衡管理

经济交往活动中常常需要衡量双方用来交换的商品的价值，而度量衡作为裁定商品价值的重要尺度，是公平交易的重要保障。同时，王朝政府统一度量衡，使各区域、各行业的不同标准有了相对准确的衡量尺度也是权威的体现。作为公平交易的前提条件，明朝政府对度量衡的统一也极为重视，专列条文，且设专职机构校准、制作度量衡器，定期勘察流通市场中的度量衡，对违法行为处以严厉的刑罚。

同时，度量衡作为权威的体现，早在洪武初年，就为统治者所重视。洪武元年，为树立新建王朝的权威，朱元璋下令铸造新的度量衡器如铁斛、铁升等，作为统一使用的标准。《续文献通考》记载洪武二年，朝廷下令："凡斛斗秤尺，司农司照依中书省原降铁斗铁升，较定则样制造，发直隶府州及呈中书省转发行省，依样制造，较勘相同，发下所属府州，各府正官提调依法制造，较勘付与各州县仓收支行用。其牙行、市铺之家，须要赴官印烙。乡村人民所用斛斗秤尺与官降相同，许令行使。"[①]

---

① ［明］王圻撰：《续文献通考》，卷三十一，《市糴考》，明万历三十年松江府刻本。

洪武三十年颁布《大明律》中的"私造斛斗秤尺"条，承袭自唐律："凡私造斛斗秤尺不平，在市行使，及将官降斛斗秤尺，作弊增减者，杖六十，工匠同罪。若官降不如法者，杖七十。提调官失于较勘者，减一等，知情与同罪。其在市行使斛斗秤尺虽平，而不经官司校勘印烙者，笞四十。若仓库官吏，私自增减官降斛斗秤尺，收支官物而不平者，杖一百。以所增减物计赃重者，坐赃论；因而得物入己者，以监守自盗论。工匠杖八十。监临官知而不举者，与犯人同罪；失觉察者，减三等，罪止杖一百。"对度量衡器的监管、制造的限制，并非铁板一块。官制、民制的斛斗秤尺，须经有司查勘印烙，方准入市使用。度量衡器不符合官府所定的标准，提调官员知情者，与私造者同样坐罪，不知情者减一等处罚。制作衡器不如法，无论官造或民造，视情节对工匠处以同样的刑罚。

明代的度量衡器，官方司局与民间符合官府标准的斛斗秤尺，具有衡量尺度的功能。对于制作的过程较难管理，官府只能着眼于流通过程中衡器的标准问题进行监管。明初，由司农司进行斛斗秤度的较勘核验，确定一个统一适用的标准，各地方依照司农司确定的标准，依样制造。民间牙行、铺商所自行制造的度量衡器，赴官烙印之后具有合法的度量衡功能。

明代的度量衡器，每隔一段时间，便由朝廷重新勘定标准。如洪熙元年（1425）、正统元年（1436）、景泰二年（1451）、成化五年（1469）、嘉靖二十七年（1545）等，朝廷分别就度量衡器的精确度和标准进行重新勘核。司农司对市场上流通的度量衡器的制造与监管职能，后被工部所取代。《明史稿》记载"凡度量衡，（工部）谨其校勘而颁之，悬式于市，而罪其不中度者"。[①] 工部掌建造工程诸事，同时对斛斗秤度的制作更为精熟，在取材上也更

---

① ［清］王鸿绪撰：《明史稿》，卷七十三，《职官志一》，清雍正元年敬慎堂刻本。

加便利。根据朝廷核定的标准，将样式标准下发至各地方依样制造。《六合县志》记载"立平准，悬于市肆，谕贸易之人，有大小低昂，听其较量"。

各府州县对朝廷下发的度量衡器，征派指定的工匠进行生产制作。据明人的记载，至明中叶，度量衡器已相当精密，秤度"锤儿无捅移，杆干要正直，量数儿须匀密。世人个个讨便宜，赖你成平易。铺面营生，出人一例，好名头从此起。轻重在眼里，权衡在手里，切不可差毫厘"。[①]

官府对斛斗秤度的监管较为严格，工部负责生产环节的度量衡监管。市场流通环节，在具体的商品买卖交易行为中，由兵马司负责商品流通中的度量衡监管。根据律文所载，兵马指挥司每隔二日至三日，需要赴市场进行度量衡器的较勘，以防止市侩奸人偷斤短两，买卖作弊。兵马指挥司属于军事部门，负责城市内部的治安保卫工作，在明代，同时负责对市场交易行为进行管理。

官府对度量衡器违制的处罚，并不局限于《大明律》中的笞杖刑，在一些地方，发现度量衡不合法，严重的则"重责枷示不贷"。流通中的斛斗秤度经过官府的较勘与印烙、核查之后，才具有衡量尺度的功能，官府的许可也是对经济活动进行管理。就参与市场交易的买卖双方而言，经官府核验认可后的度量衡，具有稳定的衡量尺度功能，同时为双方的两平交易提供了某种信用和法律的确认，形成较为正常的市场秩序。如山东济南府莱芜县的十七个集市，因"斛斗秤尺，官为之谨，又有牙役以分之，集头以总之，故贸易平而争者鲜少矣"。[②]

二、物价管理

物价是供需两端在市场上的直接反映，平稳的物价，不仅需

---

① ［明］陈铎：《坐隐先生精订滑稽余韵》，《等秤铺》。
② 《嘉靖莱芜县志》卷二，《集市》。

要稳定的市场秩序、畅通的商品流转渠道、供需关系稳定，反过来也有利于市场机制的完善。对物价的合理监管，从更大范围、更长远利益来看，有利于国家的安定，并不仅仅是维持经济领域内的秩序，也关乎政治秩序的稳定。尽管物价的变动是一种市场规律，但从整体来看，物价的形成因素，受到权力和市场机制的双重影响。尽管明代政府具有高度管制的特点，但在经济活动的管理中其仅仅作为物价的监管方，并不制定物价，而是将这部分功能交给市场自由发挥。在物价高昂时，对于某些关系到基本生产和生存的商品，例如粮食，官府则介入更多，使民间社会不至于引发粮荒进而危及政治秩序。

洪武元年，大局初定，物价波动较大，针对这种情况，朱元璋令京城和派驻地方的兵马指挥司每隔两三日对物价进行评估，"时其物价"，由官府评估市场物价，向民间公示，作为商品买卖时可以依凭的一个重要参考。因其具有的官方权威性，这一评估成为稳定市场物价的重要手段。

洪武二年，为了进一步确保市场秩序的稳定，朝廷仿效宋代，确立了"时估制"，将官府定期勘定物价立法化，形成制度性规定，引导市场的正常发展。明初的时估，由地方府州县，"务要每月初旬取勘诸物时估，逐一核实，依期开报，毋致高抬少估，亏官损民"。① 如果"物货价直高下不一，官司与民贸易，随时估计"。时估是官府对民间市场的买卖活动进行的积极指导与干预，是政府行使直接的经济管理职能的体现。官府采买自民间，也须按时价支付相应的价格，因之，时估并非仅仅针对民间的自由买卖，也发生在官府采买的领域。如此一来，官府对物价的评定更加准确，而不脱离实际。

洪武二十六年（1393），朱元璋下令，民间市场上铺户商店买

---

① 《大明会典》卷三十七，《课堂·时估》。

卖物品的价格，每月必须如实申报到地方衙门。洪武三十年修订的《大明律》市廛篇中规定，"凡诸物行人评估物价，或贵或贱，令价不平者，计所增减之价，坐赃论。入己者，准窃盗论，免刺。其为罪人估赃不实，致罪有轻重者，以故出入人罪论。受财者，计赃以枉法从重论。"[①] 物价由市场机制自发形成，因此，政府对市场活动进行某种程度的监管与干预，从现实的因素来看是必要的。值得注意的是，参与市场物价评估的除了市司衙门，还包括身份属性为民间组织的行人。因此，物价的变动并非仅仅属于经济领域供需双方出于经济利益最大化的互动，本身也必然包含着权力因素的介入。

影响物价波动的最主要因素在于商品的供给与需求在市场上的具体反映，明政府对此极为重视。宣德六年，朝廷颁布禁令，对于囤积居奇、哄抬物价的行为处以罚钞。

三、具体交易行为的禁止性条款

明律对于把持行市、扰乱正常市场秩序、破坏两平交易的行为，也给以具体的列举式规定。诚然，对于旨在维护简易的农业社会秩序的王朝政府而言，当时的市场形态也较原朴，法律更多地表现为经济交往活动中的基础性、门槛性规定。政府不可能对所有的经济交往行为进行实时的干预与调整，具体的交易行为呈现出超越时空局限性的普遍化特征，这就使得规模化调整所带来的法律条文的概括性成为可能。这也就不难解释缘何明初的经济管理法规相对简易。官牙制是明代市场运转的基础，牙行的存在，使得政府得以借助牙行在市场上的中间地位，直接掌握经济活动的规模与发展动向。经官府许可的牙行方具备合法参与市场竞争

---

① ［明］雷梦麟撰，怀效锋，李俊点校：《读律琐言》，北京：法律出版社，2000 年，第 201 页。

的资格，这包括定期赴官府领取执照、牙帖，如实记录来往客商、船户的详细信息，如姓名、路引、货物种类、数量、商人籍贯等等，每月赴官府查照。官府通过管理牙行，使其在民间市场的运作更加规范化。在技术条件和治理能力有限的情况下，明廷便可以实现对市场的直接管理。若是有私充牙行者，不仅尽行革去，防止奸牙扰乱市场秩序，还视情况将其所得没官，并处以杖刑。

以官牙制作为基础，市场活动仍然处在官府的控制之下，市场机制并未脱离权力的运转。而针对具体发生的交易行为，法律层面则有禁止"把持行市"这种具体的规定："凡买卖诸物，两不和同，而把持行市，专取其利，及贩鬻之徒，通同牙行，共为奸计，卖物以贱为贵，买物以贵为贱者，杖八十"；"若见人有所买卖，在旁高下比价，以相惑乱而取利者，笞四十"；"若已得物利，计赃，重者准窃盗论，免刺"。①

据《续文献通考》的记载，嘉靖二年，朝廷面对市场管理日渐松弛的局面，为了维持秩序的稳定，重申市易之法：牙行、埠头的充任必须经由官方的认定，并拥有相当的产业以作为从业资格。牙行因其在市场上的优势地位，可以获取经济行情的第一手信息，与物价的波动直接相关，因之，牙行参与评估物价不实，致使价格不平，扰害于市场，要承担相应的刑罚。买卖行为必须在双方达成合意的情况下方受到法律的保护。由政府选任活跃于民间市场的牙行与埠头，而首先，有一定的产业者才有资格充任。市司对市场上主要商品价格的登记与评估，也需承担致使物价不平、信息不实的法律责任。交易行为的达成需在交易主体双方之间达成合意，严禁把持市场、串通牙行、操纵市价、佯买哄价等不正当的交易行为。此外，各地方还建立起"每月朔望，各集经纪，谨较斗秤，备访物价"的制度，政府的积极管控，以减少地

---

① 怀效锋点校：《大明律》，北京：法律出版社，1998 年，第 84—86 页。

方上的牙行、经纪等操纵市场，扰乱正常的交易秩序，为己渔利。政府尤其注意管控粮食的价格，粮食价格直接影响着国计民生。明政府通过在各地建立预备仓这种积极的国家干预行为，掌控着平抑物价的主动权。以收籴、平粜的方式，维持粮食市场的稳定。

明代朝廷所需物货，存在着大量的需求，也通过市场进行给价采买，称之为"和买"。明初朱元璋下令官府一应买办物资，须即时给价，毋得拖欠款项。严令收得一时之成效，后和买名存而实亡，官府所需物资，逐渐变为民间无偿提供，官府并不支付相应的对价。这样一来，本是双方公平交易的市场行为，变成权力支配下具有依附性的赋役关系。

为了使民间市场的交换行为在两和交易、对双方公平、降低成本的基础上达成，明律对官府采买、和买所需物资供应及交易主体以平等的身份参与民间市场的交易秩序时，规定"凡监临官吏挟势及豪强之人……若将自己物货散于部民及低价买物多取价利者，并计余利准不枉法论，强者，准枉法论，物货价钱并入官给主。若于所部内买物不即支价有借衣服器玩之属，各经一月不还者，并坐赃论。"[①]

明代统治者为了使权力更加集中、降低维持秩序的成本，经济活动的内容被限定在政府对民众管制的政治秩序之内。在这种高度管制模式之下，法律对经济增长并未进行过多的着墨，仅在于维持基本秩序的稳定。法律规定更多表现为一种框架性设定，从反向来看，正式法律规定的缺失和留白，给市场的自行运转带来的更大的空间，使得市场机制在权力最低限度保障的情况下得以不断调整和完善其功能，进而对经济的发展起到促进作用。

---

① 怀效锋点校：《大明律》，卷二十三，刑律六·受赃·在官求索借贷人财物，北京：法律出版社，1998 年，第 188 页。

四、商品质量管理

尽量降低成本，获取最大限度的经济利益，是商人从事商业活动的必然逻辑。前现代时期，在技术条件有限的情况下，政府对商品质量出现的瑕疵责任做出基础性规定，而生产环节和流通环节的商品质量问题，更多地由各个行业的商品经营者自行监督。

到了明代，由于权力的高度集中和管制型政府对物资的大量需求，不仅有官手工业和内府的相关制作部门供应朝廷和宫廷所需物资，官府对民间手工业制品同样需求甚大。对手工业产品的质量规定，明代的法律较唐律更为详细。造作祭祀礼教所需器物不如法者，笞四十；制造织物如缎疋等，质量粗糙不精良且不符合相应标准的，笞五十。若所造器物不能投入使用，则需要返工再造，并将误工损失如财务损失、所费工钱等算入费用，其数额较重者，以坐赃罪论处。若所造器物为御前、宫廷所用，则在平人基础上罪加二等，参与制造不合格产品的工匠以及主管官吏也不能免责。

丝织缎疋等织造物，随着生产工艺的提升，逐渐从上层权贵的消费品变为普通民众也可以接触到的商品。明律规定，绢布之属纸薄、短狭而卖者，各笞五十，其物入官。① 货物"不牢固"，纺织品"纸薄"、"短狭"，均属次、劣商品；"不真实"，则是指冒牌、假伪或者以次充好者；"短狭"，也指尺寸不合格，数量不足的商品。实际上，这是规定了销售伪劣商品的销售者、生产者的责任。这类法规虽然数量少，仍它体现了政府对民间手工业品质量的重视。

明政府制定的平抑物价、商品质量管理、市场准入规则，对

---

① 怀效锋点校：《大明律》卷十，户律·市廛，北京：法律出版社，1998年，第84—86页。

市场的运行起过积极的作用。制度所指向的对象，总会生发出对管制与规则相应的规避。即，规则对不同的交易主体所提供的行为激励，因参与对象的不同而存在着差异。经济活动中占据市场优势地位的交易者高抬物价、弄虚作假、欺诈行骗的情形屡见不鲜。到了明中叶，商人与权豪、贪官污吏的勾结使参与市场的普通商户承担着更大的风险，同时也负担了更高的成本。在权豪的把持下，早期政府颁布的管控物价、市场秩序的法律如同虚设。正德年间，流传民间的一首俗曲描述道，生药铺里"高价空青，值钱片脑，罕见牛黄。等盘上不依斤两，纸色中那管炎凉。病至危亡，加倍还偿。以假充真，有药无方"。香铺内"有香名色无香味，俄喉喷鼻。一团烟气，多半是榆皮"，① 可见当时的市场乱象。

另外，明政府对于民间市场禁止生产和限制流通的商品种类也有着详细规定。如民间市场上禁止流通带有龙凤图案的纺织品，违者杖一百，生产者与销售者同罪。除作为皇族专属的龙凤图案属违禁品，带有蟒、飞鱼、斗牛等具有专属意义的图案也禁止民间使用。原因在于不同的图案代表着不同的身份与等级，皇帝、官民的房屋、服饰、器物各有等级之分，严禁僭越，这既是等级观念的体现，也是彰显权力、垄断权力的一种手段。

第三节 明初与市廛法相关的其他经济法令

明初，百废待兴。历经了战火的侵扰与局势的波动，明初统治者试图构建一种尽可能较少地干预民间百姓的生产生活，同时又维持明廷运转、保持对社会实现有效控制的治理模式。在权力结构上，明初高度的中央集权，将权力最大限度地集中到皇帝手中，避免权力分散引发统治危机。经济上，维持已有的生产水平

---

① ［明］陈铎：《坐隐先生精门滑稽余韵》，《生药铺、香铺》。

与生产方式，对民间工商业的发展不进行过多的干预。明廷对经济活动的管理更接近一种"无为"的治理模式。明代法律的制定、编写及条文的体例、内容，均大幅度沿用唐律的规定，以期与唐代相媲美。

明代中央集权的政治特色，体现了统治者鲜明的个人风格。出身于底层的朱元璋深知下层民众生活的艰难，同时对官员腐败深恶痛绝。他试图构建一套可以长久运行的制度，人民通过教化、劝诫甚至惩罚，各安其业，实现秩序的长久稳定；对官员严格管理，杜绝贪腐，以严厉、有失体面的刑罚作为管理的工具，以实现官僚队伍的服从；通过里甲制度，将所有民众尽可能登记在官方的户籍账户上，控制人口流动，实现对所辖领域内人口与资源的双重控制。

一、明初的货币政策

货币是一个国家内部的经济关系与社会关系的指示器，它能够影响到国家与社会的方方面面。中国古代的货币发展到明代出现了一个引人注目的现象，即明代中后期的白银货币化。

明朝建立后，朱元璋企图建立一个万事不易、形态稳定的货币体系。然而明初的货币政策由于时改时易，官方认可和发布的货币形态比较不稳定。流通于市面的其他货币形态，由于长期以来的支付习惯，已具有相对稳定的兑换功能。为了保证这套纸钞货币体系的运行，明初实施了一系列强制性措施，如发布金银禁令，以暴力惩罚为后盾，禁止其他种类的货币在市场上流通等。

由于明初的宝钞货币体系在印制与发行上存在制度性的缺陷，与经济规律相违背，这些政策和措施并没有在现实经济世界里取得相应的效果，宝钞发生严重贬值，最终退出流通领域。以大明宝钞为中心的货币体系，纸币的印制与发行并没有与之相适应的准备金，完全成为统治者敛财的工具。

此外，宝钞的印制与发行并未充分考察市场的容载量，在资源有限的情况下，不考虑市场规律，大量投放超过流通中商品总价值的宝钞，影响物价的正常波动。而金银的比价相对来说较为稳定，具有宝钞无法具备的优势。最终，以具有优势地位的政治强权推行的宝钞，不断贬值，被市场淘汰。自唐宋以来已得到社会承认且具有一定货币功能的白银逐渐成为主导货币，这使王朝政府的财政税收对白银的依赖日益加重，最终在法律上承认了白银的法定货币地位。

(一) 明初的货币形态

明代的货币种类繁多，前代出现过的货币形态明代依旧保存下来，并在市场上流通。在明代，最重要、流通最广泛的主要是大明宝钞、铜钱和白银三种货币。

大明宝钞自洪武八年发行，在此之前，流行于市面上的货币有铜钱、白银、元钞，尤其铜钱的使用最为广泛。王朝建立以前，朱元璋已经在其根据地应天府下令铸造大中通宝："（辛丑二月）己亥置宝源局，铸'大中通宝'钱。先是，中书省议，以国家新立，钱法未定，民以米麦与钱相贸易，每米一石，官直钱千，而民间私易，加至三千，然钱货低昂岂能久而不变？今请置宝源局于应天府，铸'大中通宝'钱，使与历代钱兼行，以四百为一贯，四十为一两，四文为一钱。其物货价直，一从民便，设官以主其事。上从之。"[①]

洪武元年，朱元璋下令铸造"洪武通宝"作为新王朝的权威性象征。"辛未，命户部及行省鼓铸'洪武通宝'。其制凡五等：当十钱重一两，当五钱重五钱，当三钱重三钱，当二钱重二钱，

---

① 《明太祖实录》卷三十，洪武元年二月，台北：中研院历史语言研究所，1962 年，第 509 页。

小钱重一钱。"① 洪武通宝发行，之前的大中通宝并未被废止，而是允许继续在市面上流通，洪武四年对大中通宝进行改铸，才结束了大中通宝的流通。

白银在经济流通领域始终占有一席之地。在明代发行大明宝钞，颁布金银禁令以前，已经有使用银的记载。洪武元年，明太祖诏中书省："自今新除府州县官给赐白金一十两、布六疋。"② 洪武五年，因北平、山西两地运粮艰难，"命以银易米供给军卫"。③ 洪武七年，明太祖下令："以白金棉布易米麦七万九千五百余石，充平凉、巩昌、临洮军饷；又以白金六万六千八百九十两易米一十六万七千二百余石，充广州军饷。"④ 白银在明代历史上，被作为贵重金属进行赏赐的记载屡见不鲜。《大明律》中与金银相关的法律条文多达十四、五条。如"户律四·仓库·起解金银足色"一款规定："凡收受诸色课程，变卖物货，起解金银，须要足色。如成色不及分数，提调官吏、人匠，各笞四十，着落均赔还官。"

《大明律》"礼律二·仪制·服舍违式"条款规定：官民房舍、车服、器物之类，各有等第，凡僭越违制者，皆论罪判罚有差，"首告者，官给赏银五十两。若工匠能自首者，免罪，一体给赏"。《大明律》规定的诈伪罪下"伪造印信历日等"、"私铸铜钱"两条，对于告发者，按照规定一律给予银五十两、三十两的赏赐。

对于人命案中的烧埋银、斗殴案件中的赡养费用，也以白银

① 《明太祖实录》卷三十一，洪武元年三月，台北：中研院历史语言研究所，1962年，第543页。

② 《明太祖实录》卷三十，洪武元年二月，台北：中研院历史语言研究所，1962年，第512页。

③ 《明太祖实录》卷七十五，洪武五年八月，台北：中研院历史语言研究所，1962年，第1388页。

④ 《明太祖实录》卷八十七，洪武七年正月，台北：中研院历史语言研究所，1962年，第1550页。

来计量。《大明律》中有这样几条律文。

"刑律二·人命·威逼人致死"条：凡因事威逼人致死者，杖一百。若官、吏、公使人等，非因公务而威逼平民致死者，罪同，并追埋葬银一十两。若是因车马、窝弓而杀伤人命："致死者，杖一百，并追埋葬银一十两。"①

对于有司官吏审理案件不如法者，《大明律》规定笞四十，如果因违法审判致死者，审理案件的官员杖一百，并追埋葬银一十两。②

此外，在斗殴罪下，如果子孙殴打祖父母、父母，除了按律判刑论处，反之，若子孙违反教令，《大明律》规定："而祖父母、父母非礼殴杀者，杖一百。故杀者，杖六十，徒一年。嫡、继、慈、养母杀人者，各加一等。致令绝嗣者，绞。若非礼殴子孙之妇，及乞养异姓子孙，致令废疾者，杖八十。笃疾者，加一等。并令归宗。子孙之妇，追还嫁妆，仍给赡养银一十两。"③

《大明律》对民间私家收藏违禁书籍与私习天文历法，论以严刑峻法，还同时判以十两白银的罚款，给付告发人作为奖励。④

（二）明初推行的宝钞政策

洪武八年（公元 1375 年），明朝廷颁布金银禁令，发行大明宝钞。此前作为合法货币的金银从此沦为非法货币，结束了白银、铜钱、纸钞三种货币并行的局面，演变为纸钞与铜钱流行于市面

---

① 怀效锋点校：《大明律》卷十九，刑律二·人命·车马杀伤人，窝弓杀伤人，北京：法律出版社，1998 年，第 155—156 页。

② 怀效锋点校：《大明律》卷二十八，刑律十一·断狱·决罚不如法，北京：法律出版社，1998 年，第 220 页。

③ 怀效锋点校：《大明律》卷二十，刑律三·斗殴·殴祖父母父母，北京：法律出版社，1998 年，第 167 页。

④ 怀效锋点校：《大明律》卷十二，礼律二·仪制·收藏禁书及私习天文，北京：法律出版社，1998 年，第 91 页。

上，宝钞为主、铜钱为辅币的货币体系。

"诏造大明宝钞。时中书省及在外各行省皆置局以鼓铸铜钱，有司责民出铜，民间皆毁器物以输官鼓铸，甚劳，而奸民复多盗铸者。又商贾转易，钱重道远，不能多致，颇不便。上以宋有交会法，而元时亦尝造交钞及中统、至元宝钞，其法省便，易于流转，可以去鼓铸之害。遂诏中书省造之。"①

由史料可知，明太祖发行宝钞的主要原因在于，在铜料资源有限的情况下，民间私自盗铸铜钱的现象屡禁不止，且在实际的支付行为中给商贾带来不便，在宋元时已经有期发行过纸币的历史。并且，王朝建立初期，国库空虚，贵重金属储备缺乏，发行纸币形式的宝钞，可以很大程度上缓解财政问题。而更为重要的是，对于刚建立的王朝来说，发行统一使用的货币，将铸币权总握在统治者手中，是政治上正当性和合法性的重要体现。

为了保证大明宝钞的合法货币地位和参与市场的流通，政府颁布金银禁令："民间不得以金银物货交易，违者治其罪。"② 洪武三十年，朝廷重申了金银禁令："民间无以金银交易"。③ 永乐时期，金银禁令更趋严格。永乐元年（1403 年），以钞法不通，"令民间有用金银交易者，以奸恶论。有能捕首者以所交易金银充赏"，④ 而民间造首饰器皿等不在此禁令中。永乐二年，对于民间以金银相交易的行为，刑罚更为严格："免死徙家兴州屯戍"。⑤ 永乐十七年，对

---

① 《明太祖实录》卷九十八，洪武八年三月，台北：中研院历史语言研究所，1962 年，第 1673 页。

② 《明太祖实录》卷九十八，洪武八年三月，台北：中研院历史语言研究所，1962 年，第 1673 页。

③ 《明太祖实录》卷二百五十一，洪武三十年三月，台北：中研院历史语言研究所，1962 年，第 3634 页。

④ ［明］何乔远：《名山藏·钱法记》。转引自黄阿明：《明代货币白银化与国家制度变革研究》，扬州：广陵书社，2017 年，第 35 页。

⑤ 《明太宗实录》卷二十六，永乐二年正月，台北：中研院历史语言研究所，1962 年，第 487 页。

金银交易之禁，刑罚稍微减轻，改死罪为流放充军刑。

　　明代国家印制和发行货币的最高机构是宝钞提举司，其隶属于户部，初设于洪武七年。洪武八年发行大明宝钞之时，国家规定了宝钞与铜钱、银、金之间的兑换比率，《大明会典》记载："每钞一贯折铜钱一千文，银一两，其余皆以是为差……每钞四贯，易赤金一两。"①对此，《明史》也有记载："每钞一贯，准钱千文、银一两，四贯准黄金一两。"

　　对于伪造宝钞的行为，在大明宝钞的钞面上，印造有"伪造者，斩"的字样。《大明律》对伪造宝钞的行为有明确的规定："凡伪造宝钞，不分首从，及窝主若知情行使者，皆斩。财产并入官。告捕者，官给赏银二百五十两，仍给犯人财产。里长知而不首者，杖一百；不知者，不坐。其巡捕、守把官军，知情故纵者，与同罪。若搜获伪钞，隐匿入己，不解官者，杖一百，流三千里。失于巡捕，及透漏者，杖八十；仍依强盗，责限跟捕。若将宝钞挑剜、补辏、描改，以真作伪者，杖一百，流三千里。为从及知情行使者，杖一百，徒三年。其同情伪造人，有能悔过，捕获同伴首告者，与免本罪，亦依常人一体给赏。"②

　　对于私铸铜钱的行为，《大明律》规定："凡私铸铜钱者，绞。匠人罪同。为从及知情买使者，各减一等。告捕者，官给赏银五十两。里长知而不首者，杖一百。不知者，不坐。若将时用铜钱剪错薄小，取铜以求利，杖一百。若伪造金银者，杖一百，徒三年。为从及知情买使者，各减一等。"③

　　明朝统治者为了维护大明宝钞的中心货币地位，发布金银禁

---

　　①　[明]申时行等：《大明会典》卷三十一，《钞法》。

　　②　怀效锋点校：《大明律》卷二十四，伪造宝钞，北京：法律出版社，1998年，第193页。

　　③　怀效锋点校：《大明律》卷二十四，私铸铜钱，北京：法律出版社，1998年，第193页。

令以确保宝钞的流通，同时规定货币兑换比率和防伪政策，以最严酷的刑罚打击破坏宝钞流通秩序的行为。

（三）明初货币政策的制度性缺陷

首先，宝钞的发行制度不完善。大明宝钞发行与流通是以国家强权甚至是暴力为后盾，宝钞本身并无价值，在发行中没有任何准备金制度相辅而行。并且，宝钞只放不收，大量印制，导致市面上流通的宝钞数量大大超出市场的容载量，加上纸币在流通中的耗损，宝钞极易贬值。

其次，王朝的货币政策自相矛盾。洪武初年发布金银禁令，以确保作为货币体系核心的宝钞的流通畅通无阻。政府禁止在市场交易活动中以金银交换，但金银作为贵金属，不仅在民间的商品市场上具有重要的衡量价值和交换价值，也在官方层面，作为具有贵重价值的物品进行赏赐。此外，官府明令禁止民间市场的交易活动中使用金银，违者告赏，而给予告发者的奖赏却是白银。因此，政府颁行的货币政策本身在规范上自相矛盾。无论是民间还是官方，对于白银都有很大的需求，明代中期以后，王朝的财政收支对白银产生了巨大的依赖，使得白银取代其他货币，成为合法货币，并完成了白银货币化的重要历史转变。

大明宝钞的印制与发行，本质是王朝政府敛财的手段。政府以政治强权推行的货币政策，逆经济规律而行，本质上并不利于民生经济，而是以最大限度榨取民间资源，以使利益、资源流向中央。这种统治方式可以在短期内汲取大量资源，满足统治者对权力的追求，但并不能实现长期有效的治理。

明代中后期的货币白银化，既是市场的选择，也是国家体制在不断的发展中，与市场相互影响，共同促成的结果。明初的宝钞政策，既彰显了新王朝的权力表象，也在客观上为国家财政带来了双倍增益。大明宝钞作为官方认定的合法货币，其印制和发行几乎并不耗费成本，国家权力是其流通的重要保证。民户为缴纳赋税，需要将产品投放到市场，以获取官方所认可的宝钞，并将宝钞上交给朝廷。明廷将所获取的宝钞，作为俸禄发放给各级官员并将其中一部分作为公共开支，如工程建设、水利交通等。这些官府发放的宝钞，最终又回到市场，用以购买当初被民户以实物缴纳的产品。如此便形成了以财政为推动力的市场循环，是贡赋体制下，权利影响市场结构的一个方面。

二、民间田宅物权流转与民间借贷的相关律令

中国古代的立法与司法活动，主要以平息争讼、道德教化为主要任务。因此，以刑事立法为主要倾向的法制实践，无论是在实体法规范还是程序性规定方面，都呈现出一种"无讼"的取向。对于田宅纠纷、民间借贷这类民间争讼，古代社会将其视为"细故"，对这类纠纷的重视程度要轻于刑事命案。因此，这类纠纷的处理，一般采取基层里老先行调解，调解不成才允许争讼双方赴官府告诉。在明代，正式律令中同样有这样的规定。如洪武年间颁行的《教民榜文》中就有朱元璋谕令百姓遵从的争讼依据："民间户婚、田土、斗殴相争一切小事，不许辄便告官，务要经由本管里甲、老人理断。若不经由者，不问虚实，先将告人杖断六十，仍发回里甲、老人理断。"①

明代的里甲，是一种半官方、半行政式的基层治理组织，是役法的主干。具体规定为，地域上相连接的一百一十户为一里，一里之中，按照户中人口及地产最多的十户为长，名曰里长。其余一百户分为十甲，每甲十户，每甲之内，各有一名甲首。每年由里长一名、甲首一名率领各自的责任户应役。如此一来，每一

---

① 《教民榜文》，《中国珍稀法律典籍集成》，乙编，第一册，科学出版社1994年8月第1版，第635页。

里中的所有人户，每十年都能轮流服役。法律规定，十年以后，各里甲查算各自的丁粮变化，仍旧按照人口与资产的多寡，轮流服役。里甲所服之役，是管理所辖区域、人户的事务，如催办税粮，追摄公事。凡里甲人户，皆开载于赋役黄册内，每甲编为一册。遇有差役，凭黄册征发。因此，明代的里甲组织，既是官府向民户征派赋役的依据，也是明代统治者管理基层社会的组织。

老人、里甲可以管理的诉讼范围包括："户婚、田土、斗殴、争占、失火、窃盗、骂詈、钱债、赌博、擅食田园瓜果等，私宰耕牛、弃毁器物稼穑等，畜产咬杀人、卑幼私擅用财、亵渎神明、子孙违犯教令、师巫邪术、六畜践食禾稼等，均分水利。"① 明廷要求基层里甲来消化民间地方上除命案、谋反谋叛等破坏乡土社会秩序、宗族关系、危害政权等纠纷，既有利于基层乡邻关系的修整，也减轻了地方官府的诉讼负担。

（一）田宅产业物权流转的律令文本与民间契约

明初天下既定，战火平息。民众得以回归故里，生活逐渐安定。朱元璋奖励农耕，鼓励民众积极开辟荒野，从事农业耕种，以恢复民间的生产秩序。民众开垦田地山塘，土地的流转逐渐增加。同时，朱元璋对地方官员的考核，以农事兴、田野辟为风尚："凡各处府、州、县官员，任内以户口增、田野辟为尚。所行事绩，从监察御史、按察司考覆明白，开坐实绩申闻，以凭黜陟。"②

同时，朱元璋劝谕民间，四民相安，各自为业，目的在于维持乡土社会的秩序稳定。"先王之教，其业有四，曰士、农、工、商。昔民从教，专守四业，人民大安。异四业而外乎其事，未有

---

① 《教民榜文》，《中国珍稀法律典籍集成》，乙编，第一册，科学出版社1994年8月第1版，第636页。

② 《大明令》，吏令，《中国珍稀法律典籍集成》乙编，第一册，《洪武法律典籍》上，杨一凡，曲英杰，宋国范点校，科学出版社，1994年，第8页。

不堕刑宪者也。朕本无才，申先王之教，与民约告。诰出，凡民邻里，互相知丁，互知务业，具在里甲，县、州、府务必周知。市村绝不许有逸夫，若或异四业而从释道者，户下除名。凡有夫丁，除公占外，余皆四业，必然有效。若或不遵朕教，或顽民丁多，及单丁不务生理，捏巧于公私，以构患民之祸，许邻里亲戚诸人等拘拿赴京，以凭罪责。若一里之间，百户之内，见诰仍有逸夫，里甲坐视，邻里亲戚不拿，其逸夫者，或于公门中，或在市间里，有犯非为，捕获到官，逸民处死；里甲四邻，化外之迁，的不虚示。"① 朱元璋通过严厉的刑罚和严密的里甲制度，控制乡村民户，以维持秩序的安定。而民间诉讼莫如户婚田土斗殴，其中田土乃民人生存之本，其争产多为争田土，且各人皆为一己之利而缠讼不休。

1. 田宅买卖的主体限制

明律禁止官吏作为交易主体参与田宅买卖。《大明律》设有专门的条文对官吏买卖土地进行规制，即"凡有司官吏，不得于见任处所置买田宅，违者，笞五十，解任，田宅入官。"② 官员在任其内，除朝廷赏赐、拨置的田土之外，不得在其现任处所置办田产。同时功臣之家获得皇帝赏赐之后，也不许在官府造册登记的产业之外，自行购置田产："凡功臣之家，除拨赐公田外，但有田土，从管庄人尽数报官，入籍纳粮当差。违者，一亩至三亩，杖六十，每三亩加一等，罪止杖一百，徒三年。罪坐管庄之人，其田入官，所隐税粮，依数征纳。若里长及有司官吏，踏勘不实及

---

① 《御制大诰续编》，互知丁业第三，《中国珍稀法律典籍集成》乙编，第一册，《洪武法律典籍》上，杨一凡，曲英杰，宋国范点校，科学出版社，1994年，第104页。

② 怀效锋点校：《大明律》卷五，户律二·田宅·任所置买田宅，北京：法律出版社，1998年，第55页。

知而不举者，与同罪。不知者，不坐。"① 朝廷拨赐一定数量的产业，本是为了安抚功臣之家。同时为了严格限制官员与功臣贵族的权力，以连坐之法打击官僚贵族的土地兼并，防止他们利用权势侵吞农民的田地，谋取私利。"凡盗卖……及侵占他人田宅者，田一亩，屋一间以下，笞五十，每田五亩屋三间，加一等，罪止杖八十，徒二年，系官者，各加二等。"②

明律禁止卑幼擅自买卖田宅。明代家族中尊长在订立土地买卖契约过程中占有重要的地位，不经过尊长同意就买卖土地的行为十分恶劣，会受到法律的惩罚。明代大体上承袭了元代关于土地买卖须在尊长同意下进行的规定，《元典章》记载"凡典卖田宅，须从尊长书押，给据立账"，《大明律》进一步详细规定："凡同居卑幼不由尊长，私擅用本家财务者，二十贯笞二十；每二十贯加一等，罪止杖一百"，并且在《大明律集解附例》中对此进行了注释："弟辈曰卑，子辈曰幼，父辈曰尊，兄辈曰长。财虽为公共之物，但卑得用之不得而自擅也，尊长得掌之不得而自私也。若卑幼不禀命而私用，是谓专擅。"所以若是家中卑幼擅自出卖土地，没有经过家中尊长同意，卑幼欺瞒家长进行土地买卖的行为会受到处罚。

明代法律对土地买卖主体资格进行的限制，主要目的就是防止一部分官吏，或者是拥有特权的阶层运用手中的权势欺压民众，让本来在平等环境下的土地买卖变得不平等，破坏了社会经济原本运行的稳定秩序。

2. 田宅买卖标的的法律限制

明律限制官田买卖。明初允许进入市场流转的土地为民田，

---

① 怀效锋点校：《大明律》卷五，户律二·田宅·功臣田土，北京：法律出版社，1998 年，第 54 页。

② 怀效锋点校：《大明律》卷五，户律二·田宅·盗卖田宅，北京：法律出版社，1998 年，第 55 页。

官田绝对不允许买卖。《明史》记载明代的"官田皆宋、元时入官田地。厥后有还官田，没官田，断入官田，学田，皇庄牧场，城壕苜蓿地，牲地，园陵坟地，公占隙地，诸王、公主、勋戚、大臣、内监、寺观赐乞庄田，百官职田，边臣养廉田，军民屯田，通谓之'官田'。"从权属上看，官田包括皇族所有土地、官僚贵族所有土地、国有土地①。从明代的法律规定来看，规定民田是"民所自占，得买卖之田"，但没有规定官田可以自由买卖。此外，还由于官田自身的属性，"官田，官之田也，国家之所有"，禁止官吏擅用职权侵吞国用。

而民田的获取，则可以通过基层、开垦、赏赐、买卖等方式取得地权。明初，为了恢复社会秩序，发展农业生产，明廷鼓励没有产业的农民开垦荒地。荒地开垦并持续耕种达到一定年限，由地方官府发放地权凭证，土地即可归开垦者所有，并由其自行处分。同时，为了边境的安全，减轻财政压力，保证军粮供应，明廷推行军屯、民屯政策。允许军户在驻扎地垦田辟荒，这部分土地由军户自行所有。

明代法律规定不允许买卖寺观、僧道的土地，《大明会典》（卷十七）有"凡勋戚寺观田土。洪武十五年，令天下僧道常住田土，不许典卖。"明代之所以禁止寺观、僧道所有的田土进入市场流通，目的在于规范土地流转市场。从国家赋税的角度来看，禁止寺观僧道所有的土地进行买卖，有利于防止土地所有者将田土以施舍为借口，隐匿田产，从而逃避国家赋役。

3. 田宅买卖的程序性规定

田宅买卖须赴官府纳税。明政府为了保证土地买卖税的征收，用严格的法律规定买卖土地必须缴纳契税，禁止匿税。对于买卖

---

① 王均：《地权的困境：明代史个案研究》，载于《人大法律评论》，2001年第一辑，246—263页。

土地不税契者，《大明律》规定："凡典买田宅不税契者，笞五十，仍追田宅价钱一半入官。"① 明政府对于不缴纳税契的情况十分重视，对其处理也参照制裁一般偷漏商税的处罚。在具体做法上，从现有文献可知明代规定："凡遇人民税契，每契一纸，给尾一张。"②、"毋许二三张粘连一尾"③。如果有隐匿税契者，明代的做法通常为："如有隐匿不行报官，及里书私自过割者，查出定行如律一体重究。"④ 所以，不仅不能隐匿税契，而且要求若在没有税契的情况下，官吏不得朦胧推收，有司不得予以过册，否则有关官员与册里、书算等役，也要一体治罪。对于无契尾者或隐匿税契而不报者，政府鼓励有关人员对他们揭发，并承诺给予奖赏。民间田土买卖文契纳税的标准，在《大明令》里有相应的补充："凡买卖田宅、头匹，务赴投税。除正课外，每契本一纸，纳工本铜钱四十文，余外不许多取。"⑤

田土买卖需过割。明代法律规定在订立土地买卖契约之后，还必须履行缴纳契税和过割税粮的义务，才算是完成了真正意义上的土地买卖程序，并且此时的土地买卖才能受到法律的保护。过割的另一种说法就是割税，是官府将原主户下的土地税负，转移到买卖后的买主户下，即确定由买主来承担往后土地的税负义务。明代买卖土地，必须办理推收过割手续，以保证在土地所有权转移后，国家赋税不会因此减少或者落空。《大明律》明确规

---

① 怀效锋点校：《大明律》卷五，户律二·田宅·典买田宅，北京：法律出版社，1998年，第55页。

② 张传玺：《中国历代契约会编考释》（下），北京：北京大学出版社，1995年，第901页。

③ 张传玺：《中国历代契约会编考释》（下），北京：北京大学出版社，1995年，第891页。

④ 张传玺：《中国历代契约会编考释》（下），北京：北京大学出版社，1995年，第891页。

⑤ 《大明令》，户令，《中国珍稀法律典籍集成》乙编，第一册，《洪武法律典籍》上，杨一凡，曲英杰，宋国范点校，北京：科学出版社，1994年，第11页。

定："凡民间典买田宅……不过割者，一亩至五亩，笞四十，每五亩加一等，罪止杖一百。其田入官。"①

明太祖在大诰中也申明民间田土买卖须过割："朕谕粮长曰：'今堪合上不许将地方犬牙相制，易为催办。其中户多有买田不过割的，教过割了；田多洒派了的，教收在本户自身里；移坵换段的，各归本主。'"② "往为有司征收税粮不便，所以复设粮长，教田多的大户，管着粮少的小户……关给堪合，不许地方犬牙相制，只教管着周围附近的人户，易催易办……一至本乡，巧立名色，其弊多端，剥削吾良民，不可胜言，地方依旧犬牙相制，民间洒派、包荒、不可割的，俱不来奏知，却通同刁滑顽民，妄告水灾。"③

明人对田土买卖中的过割、换段、寄庄等有清晰的解释："曰凡买地卖地，务要过割，不许寄庄，又曰移坵换段者，全家化外。过割寄庄，移坵换段，此八字者讲求分明，而后知祖宗过割之法曰过割者，谓北里赵甲买南里钱乙之地，钱乙割地过于赵甲名下，非谓割钱乙之南里过于赵甲之北里也。曰不许寄庄者，钱乙之地，钱乙为庄，仍在钱乙名下纳粮，谓之寄庄，言仍寄钱乙以为庄，而避地多家富之门户也。曰坵换段，则今日之过割是已。盖大区为坵，小块为段，谓钱乙之坵段本在南里，今从赵甲走入北里，谓之移坵；钱乙有地一段，不便耕种，与赵甲相换，本身不妨，今将钱乙之南段换入北里，赵甲之北段换入南里。总之，乱版图，失原额，开影射之端，成飞跳之弊。岁去年来，粮亏地少，不可

---

① 怀效锋点校：《大明律》卷五，户律二·田宅·典买田宅，北京：法律出版社，1998年，第55页。

② 《御制大诰续编》，粮长妄奏水灾第四十六。《中国珍稀法律典籍集成》乙编，第一册，《洪武法律典籍》上，杨一凡，曲英杰，宋国范点校，北京：科学出版社，1994年，第133页。

③ 《御制大诰续编》，水灾不及赈济第八十五。《中国珍稀法律典籍集成》乙编，第一册，《洪武法律典籍》上，杨一凡，曲英杰，宋国范点校，北京：科学出版社，1994年，第164页。

究诘。圣王恶之，故其重罪。"①

《明律笺释》中对此解释道："典卖田宅，照价多寡纳税于官，官为印其契券，谓之税局契，由彼户推入此户，谓之过割……不过割，主卖者而言，恶其混淆册籍，故计亩论罪至三十亩之上，罪止杖一百，仍将不过割之田入官。宅无粮差，故不言过割。不过割之罪重于不契税者，诚以民间册籍难清赋役，难核实，皆田不过割明之故也。不过割多由卖主留根作难，故买主不坐，然其田入官，则买主之罚亦不轻也。"推收过割是国家对土地买卖进行有效掌握的一种基本手段，是为了保证国家能准确地按照政府登记的田亩数征税，因而需要法律的支持，将过割作为买卖双方必须要履行的义务加以规定具有法律意义。

4. 田宅产业物权流转中的民间契约

在中国传统社会中，有关"户婚、田土、钱债"之类的民事纠纷多以民间契约习惯、乡规民约为处理的依据，国家律例的覆盖和影响是有限的。② 有学者指出，"在传统中国社会，无论是官方法律还是民间习俗，对于契约文书所规范的内容，在社会常态下都是予以遵守和维护的，这对一个社会的稳定起着重要作用。因为体现一定产权关系与产权形式的契约文书，是一个正常、有序社会运行中不可或缺的有机组成部分。"③ 与正式法律条文相比，民间交易活动中自行订立的契约文书，能更清晰地反映交易双方的实际诉求。契约文书的订立与运作，体现了法权关系的变化。植根于乡土社会田土交易习惯的民间契约，在文书的内容与法律效力方面，更有利于约束交易双方。

---

① 《实政录》卷四，《治民之道·改复过割》。

② 春杨：《明清时期田土买卖中的找价回赎纠纷及其解决》，载《法学研究》，2011 年第 3 期，第 175—193 页。

③ 马学强：《民间执业全以契券为凭——从契约层面考察清代江南土地产权状况》，载《史林》，2001 年第 1 期，第 69—78 页。

由《中国历代契约汇编考释》所见明代民间田土买卖的契约文书可知，相当一部分民户出卖产业实为迫不得已。民户或是家资不抵，或是"无钞支用"，或是"无棺椁安葬"等经济方面窘迫，不得不出卖田产。民间田宅交易中的红契与白契，尽管在法律属性上存在着差异，[1] 在流通中都具有约束买卖双方的效力。田土买卖中的契约文书格式大体相同。文书的内容主要有买卖主体的户籍信息、契书字号、买卖田土山场房宅的位置、卖主出卖田产的意思表示、所有权转移的时间、所有权转移后的风险负担、支付方式与时间、代书人与中见人等内容。下引洪武年间的田土买卖契约以见明初的民间契约样式：

明洪武八年（1375 年）祁门县冯喜德卖山田白契

时西都冯喜德孙，今为无钞支用，情愿将本部都七保吴坑源经理唐字二千八十七号夏山十亩。其山至东田；西至岭陇半山，抵銮友祖山；南至大岭，抵木瓜坞山，上至降，下至木瓜坞口田；北至弯坞心坑及銮友吴坑坳山，下至路及谢闰身山。又将本部八保土名干坑口夏田一亩，经理吊字。其田东至坑及朱家山，西至路，南至坑，北至塝。今将前项八至内田并山杉苗、杉木、地骨，尽数立契出卖与本都谢鸾友名下，三面评议时价宝钞陆贯文。其钞当立契日一并交足无欠。其山未买已前，即不曾与家外人交易。如有家外人占拦，并是出产人之当，

不干受产人之事。出卖之后，一任买者收苗收税管业。
今恐人心无凭，立此文契为用。

洪武八年十月十五日

依口代书人　冯德新　　冯喜德孙①

这份买卖山田的白契中，值得注意的是标的中有"山杉苗、杉木、地骨"。明代田土交易中以"田骨"与"田皮"两种称呼，来指代土地物权流转中的土地所有权与土地使用权。可见明代民间市场上土地的物权流转较为灵活，考虑到土地的性质与用途，将土地所有权与土地使用权相分离，提高土地的利用效率。卖主需保证买主对标的的所有权不被干扰，具有排他的支配效力。在所有权转移后的风险负担上，非买主的原因使所有权实现产生阻碍，由卖主承担责任。田土交易事关民众的基本生存，因此，田土的物权流转不仅仅由当事人参与，还需要有第三方"中见人"的见证，当事人之间的物权流转才具有效力。

买卖双方之外的中立第三方的参与，在明代社会，是一种物权变动的公示方式。如明"洪武二十年（1387年）祁门县王亥郎等卖田契"②中，买卖双方为王亥郎、王伯成、洪均祥，标的为已身故的王员名下的户田。文契中的立文约人为王亥郎、王伯成，代书人为李建中，中见人为周子成。因参与田土买卖的各方均非田地的原实际所有权人王员。而王员早已辞世，且无棺椁安葬，乡民们经过众议之后，决定代替王员处置其财产，这必然需要多方参与，保证物权的流转符合原所有权人的利益。

---

①　张传玺：《中国历代契约汇编考释》，北京：北京大学出版社，1995年，第 699 页。

②　张传玺：《中国历代契约汇编考释》，北京：北京大学出版社，1995年，第 701—702 页。

（二）管理民间借贷的相关律令

由于明代城乡借贷现象的普遍存在，明代法律便及时对民间借贷业进行法律规范。《大明律》对民间借贷关系的调整主要见于"钱债"篇的"违禁取利"条。

"凡私放钱债及典当财物，每月取利，并不得过三分。年月虽多，不过一本一利。违者，笞四十。以余利计赃重者，坐赃论。罪止杖一百。若监临官吏，于所部内举放钱债、典当财物者，杖八十。违禁取利，以余利计赃重者，依不枉法论。并追余利给主。其负欠私债，违约不还者，五贯以上，违三月笞一十，每一月加一等，罪止笞四十。五十贯以上，违三月笞二十，每一月加一等，罪止笞五十。二百十贯以上，违三月笞三十，每一月加一等，罪止杖六十。并追本利给主。若豪势之人，不告官司，以私债强夺去人孳畜产业者，杖八十。若估价过本利者，计多余之物，坐赃论，依数追还。若准折人妻妾子女者，杖一百。强夺者，加二等。因而奸占妇女者，绞。人口给亲，私债免追。"[1]

可见，明廷对民间私债的调整，主要包括这样几个方面。首先是限制民间借贷的利率，不得过三分。有学者认为，尽管朱元璋规定民间借贷的法定利率为月息三分，并以笞杖刑罚处理超过法定利率的放债人。但事实上，在正统以前，民间私债的实际利率普遍超过法定利率。"由于此时的社会保障系统尚能发挥一定的功能，因此使实际利息率也不会比法定利息率高出许多，大约平均在月息五分，年息 60％ 左右，这也是当时的市场平均利息率。"[2] 朱元璋要求民间私债维持在一个较低的利率水平，是出于

---

① 怀效锋点校：《大明律》，卷九，户律六·钱债·违禁取利，北京：法律出版社，1998 年，第 82—83 页。

② 赵毅：《明代豪民私债论纲》，载于《东北师大学报》，1996 年第 5 期，第 35—44 页。

体恤下层劳苦百姓的良苦用心。因此,《大明律》中规定的三分取利,并不是基于对市场形势的判断得出的,而是以"小民"的承受能力为准绳的。而较低的利率,尽管考虑到小民的承受能力,而对于放债者而言,获利甚少。在社会保障层面,明廷又"无法拿出足够的货币与实物以法定利息率或低于法定利息率的利率出货以影响市场利率。这就使法定利息率的制定不仅未能取得预期效果,反而产生了一定的负效应"①。

其次是对借贷与典当的标的物、对价物的禁止性规定。法律规定,民间私债为了促使债务的履行和债权人债权的实现,允许双方以实物或货币形式偿还债务。明律不允许以妇女、卑幼为标的进行债务的履行,同时也禁止通过非和平的方式强取对方的财产。明律禁止以人作为借贷担保关系中的担保物,而在明代社会,出卖子女偿还债务的情形并不少见。如屈大均《广乐新语》中,曾讲到一个悲剧:一男子因贫不能完婚,母自鬻而得银四两,使儿子方得完婚 。而妻贤借银赎母,中人诈银,母也未赎。②

再如《醒世恒言》中,刘贵因时运不济,导致生意亏本,试图将其妾出卖与人,以抵债务:"我一时无奈,没计可施,只得把你典与一个客人,又因舍不得你,只典得十五贯钱。若是我有些好处,加利赎你回来。若是照前这般不顺溜,只索罢了!"③。可见,明代以人为担保物向债权人出质的情形时有发生,且多为家资不足,只得以人为典的贫苦小民。

---

① 赵毅:《明代豪民私债论纲》,载于《东北师大学报》,1996年第5期,第35—44页。

② [明]屈大均:《广东新语》,卷八。转引自李德甫:《明代人口与经济发展》,北京:中国社会科学出版社,2008年。

③ [明]冯梦龙:《醒世恒言》第三十三卷,"十五贯戏言成巧祸",杭州:浙江古籍出版社,1997年,第1078页。

三、明初朝贡贸易与海禁律令

明代的朝贡制度是一种以经济行为为媒介的政治活动，旨在维护新生政权的合法性与王朝统治的安全性。明代的朝贡制度分为对内和对外两部分。对内的部分表现为各级地方政府的朝贡、境内少数民族地方的朝贡，更多的是财政赋税，这属于内政；对外的部分为明王朝属国的朝贡和其他独立国家和地区的朝贡，属于外交。内政的部分则以赋税劳役的征收为表现形式，前文已有述及，故在此不展开。本部分仅讨论作为外交方面的朝贡贸易制度。与明王朝的朝贡贸易制度紧密相关的一个重要概念是海禁政策。朝贡贸易与海禁政策，是明代外交政策的两个方面。朝贡制度将王朝统治的安全性作为首要目的，海外贸易更侧重于作为怀柔远人的一种手段，实质性的经济利益并非朝贡政策的关切所在；海禁政策管制国内私人进行海外贸易的行为，将对外贸易牢牢掌控在统治者手中，由统治者垄断对外贸易的收益。

（一）明初朝贡贸易的实体与程序性规定

明朝的朝贡制度是外交政策的直接产物。明朝建立之后，向境外派遣使者以期建立朝贡关系自洪武二年就已经开始。朱元璋派往日本、爪哇、占城等国家的使者带去皇帝诏令："昔者我中国为胡人窃据百年，遂使夷狄布满四方，废我中国之人伦，朕是以起兵讨之，垂二十年芟夷既平。朕主中国，天下方安，恐四夷未知，故遣使以报诸国。"[①] 明政府派出的使者，不仅为外邦带去了元明鼎革、改朝换代的消息，同时携带《大统历》及各种名贵丝织品，作为赏赐。作为交换，海外诸邦归附明朝为正统，并以遣

---

① 《明太祖实录》卷三十八，洪武二年正月，台北：中研院历史语言研究所，1962 年，第 760 页。

使朝贡的方式，换取明政府的保护与经济往来。携带皇帝诏谕的
使臣前往海外各邦，到了洪武四年，前来朝贡的国家就有占城、
爪哇、西洋、安南、渤泥、朝鲜、三佛齐、逼罗、日本、真腊等
10 国，明政府的朝贡体系由此建立。

1. 朝贡贸易的实体性规定

针对贡期的规定，明朝政府对于朝贡政权进行区别对待。根
据政治上隶属关系的强弱和朝贡往来的频繁程度，明政府只对在
实质意义上的朝贡国规定了贡期。使者往来朝贡，明政府需要提
供相应的礼待和高于贡物的价格，这是一笔不小的花费，同时也
是资源的巨大浪费。因此各国政府见与明政府朝贡贸易有利可图，
纷纷来朝。如积极与明政府建立朝贡关系的朝鲜政府，因其派遣
使者过于频繁，明太祖曾遣使谕于朝鲜国王不必如此频繁朝贡。
仅仅是洪武五年二月至十月的短短几月中间，朝鲜使者携国王之
谕赴明朝贡就达五次之多。[①] 洪武八年，安南国王遣使臣前来进
贡，并试图明确其贡期。洪武帝经过与群臣议定，令中书省谕告
安南、高丽、占城等国，严格遵守三年一贡的规定。[②]

在地理位置上与明朝较近的政权中，往来密切的还有琉球。
在明代前期，琉球向明政府朝贡的次数仅次于朝鲜。永乐年间针
对琉球朝贡的规定为，贡期为两岁一贡，后增改为一岁一贡，但
从未严格执行。自洪武年间起，与明朝就往来频繁。据《明太祖
实录》记载，琉球初次来贡为洪武五年，此后在洪武年间的二十
八年内，见于记载的共有五十四次，相当于一岁两贡。《大明会
要》记载永乐年间琉球常一岁数贡，"天朝虽厌其烦，不能却也。"
据《明太宗实录》记载，永乐年间，琉球前来朝贡的次数为六十

---

① 根据《明太祖实录》卷七十二、卷七十三、卷七十六统计。

② 《明太祖实录》卷一百，洪武八年六月，台北：中研院历史语言研究所，
1962 年，第 1701—1702 页。

三次，相当于一年三贡。由此可知，官方的规定是一方面，而实际情形并不与规范的情形相一致。永乐年间对贡期的限制，只是虚文。此外，永乐年间大兴朝贡贸易，不仅外国使者携谕旨往来朝贡频繁，本国使者奉旨前往其他国家进行朝贡贸易的规模也相当庞大且次数颇多。

真正在实际上限制琉球的贡期出现在成化年间。成化十四年（1474），琉球贡使在福建怀安县公然挑衅，杀人越货，造成了一定程度上的恐慌。明政府以此事件为契机，命令琉球来华朝贡遵守贡期并限制朝贡规模。琉球请求明政府恢复其贡期为一年一贡，以便继续在与明政府的朝贡贸易中赚取经济利益，未获准许。直至正德年间，琉球请求一年一贡的请求才获明武宗的准许。①

到了嘉靖年间，朝贡贸易已趋于衰落，琉球仍然与明政府保持着朝贡贸易往来，对明政府的贡期为一年一贡。② 到了明朝末年，在国内秩序的动荡与庞大的军费开支的掣肘下，琉球依然与明政府保持着朝贡关系，贡期因时局变化调整为五年一贡、十年一贡。

明政府对来往贡道的规定较贡期更为严格。如规定前往日本的朝贡使者，取道宁波，从日本而来的使者，也自宁波入境。《明史》记载"泉州通琉球，广州通占城、暹罗、西洋诸国"。随着对国内民间私自进行海外贸易的限制，对于贡道和制定港口的限制愈趋严格。

以朝鲜为例。洪武年间以南京为都，朝鲜使者可以根据实际情况，选择由陆路或是水陆到达南京。从相关的史料记载来看，朝鲜来朝大多择海路自东而来。择陆路也时有之，主要是贡物为

---

① 《明武宗实录》卷二十四，正德二年三月，台北：中研院历史语言研究所，1962 年，第 654 页。

② 《明世宗实录》卷十四，嘉靖元年五月，台北：中研院历史语言研究所，1962 年，第 483 页。

马匹和其他大宗贡物时。据《明太祖实录》记载，朝鲜国王于洪武五年（1372年），派遣一支152人组成的使团来华朝贡。在返程途中，海上遭遇飓风，致使39人落水溺毙，另113人在海上漂流数日，至嘉兴方获救。①

两年之后的洪武七年（1374年），朝鲜派遣使臣至明，请求由陆路朝贡，取道辽东。② 明政府对此并未应允。到了永乐年间，皇帝颁下谕旨，令登、莱二州增设卫兵，其作为朝鲜、日本朝贡的道路，地方上的军事力量尚不足以维持秩序，遂下令"改登州为府，置蓬莱县"。③ 朝贡制度的推行，并非仅仅出于经济利益的贸易往来，还有政治安全性的考量。取道海路的朝鲜使者，明政府要求其由登州、莱州入境。而其中，朝鲜使者因其携带的马匹，行海路则多有不便，允许取道辽东自陆路入境，由辽东都指挥使司负责接送使者及贡物至京城。

朝鲜使者朝贡的路线，因永乐时期迁都北京而有所调整。迁都北京之后，取道陆路是一种更实际、更便利的策略。朝鲜贡使的进京路线为，由鸭绿江经辽阳、广宁，途径山海关，之后直抵北京。明政府作此规定，显然有出于安全方面的考虑，若路线过于笔直，朝鲜来朝的贡期将大大缩短，可能使其更利于探听明朝国力虚实，极易酿成后患。④

成化年间，朝鲜使者在前往北京进贡的途中，被建州女真劫掠，便向明廷请求改变贡道。对于这一请求，明朝统治者并未应

① 《明太祖实录》卷七十五，洪武五年八月，台北：中研院历史语言研究所，1962年，第1385页。

② 《明太祖实录》卷八十九，洪武七年五月，台北：中研院历史语言研究所，1962年，第1575页。

③ 《明太祖实录》卷一百〇六，洪武九年五月，台北：中研院历史语言研究所，1962年，第1775页。

④ 李金明：《明代海外贸易史》，北京：中国社会科学出版社，1990年，第16页。

允。《国朝典汇》中记载了明朝官员刘大夏的观点，足以代表明朝政府对此事的态度："祖宗微意，若自鸭绿江抵前屯、山海，路大径，恐贻他日忧。"可见，相比于朝贡贸易所得的经济利益，明朝政府更加注重朝贡制度对政治安全的作用。自永乐以后，朝鲜使者前往北京朝贡，都按照明政府要求的贡道进京。在明末，北方地区因女真势力的侵扰，贡道沿途常被劫掠，朝鲜贡使仍从前例，自海路登岸入境。

日本使臣来往明朝行朝贡之礼，也由水陆两条路线将贡物运抵京城，其中以水路居多。日本贡船先自海上而来，从宁波入境；路过余饶、绍兴、萧山等地，经钱塘江抵达杭州；在杭州经由运河，路过嘉兴、苏州、常州、镇江、扬州、济宁等地，渡黄河至于天津，于通州登陆，之后便行陆路直抵北京。①

琉球则由福建入境朝贡。因所处位置得天独厚，是明朝对外连接的重要中转地，因此明廷对此较为重视。琉球贡使前来朝贡之时，大多由福建长乐进港入境，之后由陆路前往福州，由此抵达京城。返程时也行相同的路线。永乐年间在泉州设市舶司专理与琉球朝贡事宜，并没有起到相应的作用，因此泉州的市舶司后迁往福州。永乐后迁都北京，贡使仍自福建登陆，在福建境内水陆并行，翻越武夷山进入浙江后，与日本贡使进京所行路线相同。②由浙江进入北京的贡道由来已久，早在元朝时期，自福建入境，经由此路线北上朝贡的海外使者便遵循此路线进京朝贡。

自汉唐时期，广东便因其地势的便利，成为对外往来的重要港口。明代前期，朝贡贸易规模较大，往来频繁，经由广东出境入境的海外朝贡国数量较多，如占城、苏门答腊、爪哇、暹罗、

---

① ［日］木宫泰彦著：《日中文化交流史》，胡锡年译，北京：商务印书馆，1980 年，第 565 页。

② 李金明：《明代海外贸易史》，北京：中国社会科学出版社，1990 年，第 16 页。

真腊、三佛齐等等。途经广东的朝贡国多为东南亚和南亚诸国。如《广东新语》所载，前来朝贡的使者，主要停泊地点在新宁、香山、东莞等地。上岸之后，使者与贡物被接送至广州，听旨方可进京。①

东南沿海是明朝海外贸易活动较为频繁的地区，贡道较为固定，多遵循传统。在西北边境，也有贡道以维持与西亚和北方诸政权的交流。这条线路沿着古老的丝绸之路，途径吐鲁番、哈密，抵达嘉峪关，并由此东行至北京。明朝对于西北地区以消极的防御为主，并不采取冒进打击。明廷对嘉峪关以西，较少安排军事部署，一方面在于军费支出难以保证，另一方面是降低其政权对外部的威胁，大体上维持一个相对和平的环境，不主动讨伐。史载："高皇帝定陕西、甘肃诸镇，嘉峪关以西置不问。"②

嘉峪关是明政府向西与中亚、西亚与北方政权维持对外交往的一个重要关口。在明朝实力最为雄厚的明成祖时期，朝廷派遣使臣出使西域诸国时，其大小诸国莫不争先恐后地虔诚归附。自嘉峪关以西，其贡道必经哈密。永乐至成化年间，哈密在朝贡贸易中的地位较为突出，是西域诸国使臣来往东西的驻足之地。西域使臣由哈密行至嘉峪关之后继续东行，途径肃州卫、镇夷所、高台所、甘州卫、山月一卫、永昌卫、凉州卫、古浪所、庄浪卫至兰州，再过平凉、西安、潼关、卫辉、临清、真定等地，抵达北京。③

明代对贡道的限制比贡期更为严格。若外国使者不按照规定的贡道前往京城行朝贡之礼，则进京不被获准，且将会被遣返。

---

① ［明］屈大均：《广东新语》卷二，地语·澳门，北京：中华书局，1985年，第36页。

② 高岱：《鸿猷录》卷十三，《兴复哈密》，转引自田澍：《明代河西走廊的西域贡使》，《中国边疆史地研究》，2001年第3期。

③ 田澍：《明代河西走廊的西域贡使》，《中国边疆史地研究》，2001年第3期。

如弘治年间，位于中亚的撒马尔罕使者由马六甲航行至广东，向明廷进贡狮子、鹦鹉等珍奇异兽。这条路线并非撒马尔罕朝贡的传统贡道。礼部官员上禀皇帝："南海非西域贡道，请却之。"① 试图回绝未走贡道的西域使臣。孝宗应允了礼部官员的奏议，令官员回绝了携带珍禽异兽前来上供的使臣。之后，该国使臣在未获明政府准许的情况下，先行至嘉峪关，试图先斩后奏获取来华朝贡的机会。礼部官员再次因其未遵守五年一贡的贡期，再次回绝。孝宗皇帝下令其可遣使一二人进京朝贡，以示礼义。

又如弘治三年，吐鲁番贡使未遵守西北贡道入境的规定，自广东地区登岸，等候进入京师的指令。孝宗皇帝因广东地区官员办理此事不力，对贡道的规定执行不严，对"广东都、布、按三司及沿路关津官"降罪，并将未获准许违规前来的贡使驱逐出境。②

2. 朝贡贸易的程序性规定

朝贡制度作为一项重要的外交政策，代表着国与国之间交往的礼仪，因此朝贡手续较为繁杂。朝贡制度以贸易为手段，其本质在于政治秩序的维持。即使来华朝贡的部分国家以与明朝贸易所得的巨大经济利润为导向，明政府仍以厚礼待之，场面和规格都较为隆重。海外朝贡国携贡物和其他货物抵达明朝边境时，先由"守澳官验实，申海道，闻于抚按衙门，始放入澳"。③ 地方官员会同市舶司官员勘验贡使所携带的勘合，经比照无误，且在规定的贡道与贡期之内，方准通行。

据景泰年间的记载，日本贡使在浙江停泊之后，有彩船一百余艘前来迎接，并进行护送，一路以酒水粮食等招待前来进贡的

---

① ［清］张廷玉等撰：《明史》卷三百三十二，《西域四、撒马儿罕》。

② 《明孝宗实录》卷四十三，弘治三年闰九月，台北：中研院历史语言研究所，1962 年，第 886 页。

③ 《皇明经世文编》卷三百五十七，《题为陈末议以保海隅万事治安疏》。

使者。送至沈家门之后，便有地方官员乘坐画舫五十余艘，吹角打鼓、声势颇大，足见迎接的规模。更有地方巡检司派遣的官船作为前导，引领日本使者坐船前往宁波。一行人抵达宁波之后，由专人向朝廷禀报日本使者到来的消息，等候进京朝贡。①

明政府为了严格控制朝贡贸易，下令贡船至福建、广东等东南沿海港口，必须由地方布政司会同按察司，对外来船只开箱验货，勘验贡船所载货物与勘合上填报的数目一致，方准听令前往京城进贡。《大明会典》记载，若外来贡船未经报官盘验，而私自发卖货物，对于民间接买之人，"比照私自下海收买番货至十斤以上事例，边卫充军"。贡船所载货物，并非一概为上贡给皇帝，贡使常常允许附载货物在民间市场进行买卖。贡船经验明获准进京之后，由地方遣人护送。在等待进京的环节，常常费时甚久，而贡使在逗留等待期间的一些花销和接待，由地方负责。对于地方政府而言，这无疑是一笔多余的开销，且为地方带来的经济利益甚微。

宣德年间，朝廷调整朝贡的相关规定。明宣宗下令外来贡船到达口岸之后，在进京上贡途中不必等待过久，可以即刻派遣地方负责运送事宜，以减轻民间和地方上的负担。②使臣随贡物一同抵达京城之后，先在会同馆等候，由中书省上报朝贡事宜。在京期间，由礼部官员于会同馆中礼待各国使臣，并传教朝贡礼节，并确定正式觐见的日期。对于贡物的呈送，由礼部官员至会同馆点算核验，制定当次的进贡物品表笺，定档留存。

外国使臣进京朝贡完成一系列的程序之后，在返程途中，由礼部派遣官员沿途护送。到达地方上之后，由各地市舶司负责接

---

① ［日］木宫泰彦著：《日中文化交流史》，胡锡年译，北京：商务印书馆，1980 年，第 581 页。

② 《明宣宗实录》卷六十七，宣德五年六月，台北：中研院历史语言研究所，1962 年，第 1583 页。

待事宜，并供应沿途的生活花销。地方上的布政司根据勘合上写明的大致离境日期，会同市舶司官员护送使臣离岸。如此，才算是朝贡程序的完成。

在一次朝贡程序中，明朝政府与地方上的耗费巨大。地方政府的收益不及花销，贡物的贸易活动受限，其中的经济利益一直被中央牢牢控制，地方上享受不到朝贡带来的经济利益。且贡使入境之后，在抵达京师的途中，往返时的运输、食宿等费用均由官府供应。除了沿途的花费，贡使完成朝贡手续返程之前，明政府依例会进行相应的赏赐，以示恩惠，赏赐的物品包括丝织珍品，也有日常用物，如大米、酒食、棉衣、钱钞等等。如洪武二十年（1387 年），赐予来自东南亚的占城使臣以棉被、衣物。及至贡使南抵广东，又每人赐钞二十锭，军士减半赏赐。日本贡使在《允澎人唐记》中也记载，他们自宁波准备启程返航之时，市舶司给予使臣每人六斗大米，供海上航行的粮食补给。

朝贡程序代表着国与国之间规格较高的礼遇，因此较为注重仪式性。各国遣使朝贡之前，必须向明朝政府呈递官方性质的文书，以示交好之意，是谓"表文"。朝贡使者呈送了表文，则表明其在政治上的隶属关系。因"表"这种文书形式，在君臣观念较为发达的中国古代，是大臣向皇帝进呈的正式文书，有着极其强烈的等级属性。明朝政府规定，四夷来华进贡，必须呈报表文，作为政治身份上的象征。表文的使用，一方面宣示了明政府的政治地位，另一方面也杜绝了海外贡使或商人私自参与民间贸易的合法性，从而进行违法行为的打击，使官方朝贡贸易的垄断地位得以维持。洪武年间，朱元璋下令对于未呈送表文而擅自朝贡的日本使团，予以拒绝，可以看出这项规定之严格。

东南亚国家来明廷朝贡，多使用一种被称之为"金叶勘合表文"的文书。这种文书是官方指定的朝贡表文的一种，因其在文书上以金镶嵌装饰，较为隆重，以示礼待。明人王沂认为："夫贡者，夷王之所遣，有定期，有金叶勘合表文为验。使其来也以时，其验也无伪，我国家未尝不许也。贡未尝不许，则市舶未尝不通。"① 以金叶表文为国家之间友好往来的凭证，既凸显贵重，也代表着官方信用。

据《大明会典》、《明史》等记载，明朝时期的一些东南亚及南亚国家，在朝贡之时皆以金叶表文为官方凭证，如暹罗、占城、爪哇、马六甲、苏门答腊等。金叶表文除了登载贡物、贡使的具体信息，还充当着外交辞令，赞颂新王朝的迎立功德。在歌颂明太祖的建国之功绩之外，朝贡贸易的经济利益也非外邦所关心的重点。维持与明政府的朝贡关系，可以请求明朝政府进行军事上的援助，如占城国王请求赐予兵器对抗安南，使其不再进犯。同时，与明朝交好，可以凭借其大国的威慑力对安南进行施压。

明朝政府颁发勘合给有朝贡关系的国家，作为维持往来关系的凭证。持有明廷勘合的国家有暹罗、日本、苏门答腊、爪哇、占城、满剌加等，这些国家与明政府保持着密切的贸易往来，在明代前期朝贡频繁。据记载，洪武十六年（1383 年），明太祖下令遣使向暹罗、占城、真腊等国递送明政府制作的勘合，以进行朝贡贸易。对于勘合的记载，以《大明会典》的记录较为翔实："凡勘合号簿，洪武十六年，始给暹罗国，以后渐及诸国。每国勘合二百道，号簿四扇。如暹罗国暹字号勘合一百道及暹、罗字号底簿各一扇，俱送内府。罗字勘合一百道及暹字号簿一扇，发本国收填。罗字号簿一扇，发广东布政司收比。余国亦如之。每改元，则更造换给。"②

勘合的用处在于使贡船所载货物与官方文书上所填载的信息相一致，是一种信用凭证。礼部负责勘合的制定与发放。以日本为例，明政府颁发给日本的勘合，自永乐至正德年间，就有六次。

---

① ［明］王圻：《续文献通考》卷三十一，《市籴考·市舶互市》。
② 《大明会典》卷一百零八，《朝贡四·西戎下·乌思藏》。

勘合中标记"日本"二字，日字号与本字号各一百册。其中日字号由明朝礼部保管，本字号交予日本，作为使者前来朝贡的凭证。在明廷所派遣的使者渡船前往日本时，将所携带的勘合与存留于日本的勘合字号进行比对查验，再与本国礼部所存勘合的底簿相核验，以辨别贡使的真伪。

每到新皇登基改元，之前尚未用完的勘合将被收回，不再具有官方文书的效果。在勘合的背面，覆有明政府的批文。核验完勘合的正面，需对背面进行对比。勘合文书系官方公文，尺寸一般较大，所记载的内容较多。每次朝贡需要在勘合上详细记录所载贡船的使者人数、贡船数量，所载贡物的种类、数额以及附载的其他货物，到达日期，等等。勘合的正文部分与底簿之间需要加盖一枚官方印章，在核对信息时将两部分拼凑，以辨别真伪。

并非所有与明朝有朝贡关系的国家前来进贡时，都需要携带明廷发放的勘合作为凭证。如朝鲜与明政府朝贡贸易频繁，明政府并未对其发放勘合。勘合是明政府通过发放的官方文书，对其他国家的一种权威性宣示，本质上属于一种生成性权力。明代创制了这样一种国家间往来的交流凭证，将其他不属于此类官方文书所认定的行为判定为非法，禁绝非官方的海外贸易。而朝鲜、琉球两国，交通便利，路程不远，更多地仰赖明廷的权威，朝贡贸易的成本较低，风险也相对可控。因此，是否持有勘合并不是朝贡能否进行的关键。

3. 对贡物的处理

外国使者将所携带贡物运抵京城之后，履行相关的朝贡礼仪，贡物经官员核实后，进呈皇帝，并接受赏赐。

明时所进贡的物品，以朝贡国本国所产的物产为主，也包括少量舶来品。明代前期的朝贡贸易较为繁盛，这与王朝政府大力推行的，以官方主导、外向型的对外政策有关。明初强盛的国力和声势浩大的朝贡规模以及明廷对朝贡国慷慨的赏赐，使得亚洲很多国家纷纷来朝。

进贡的物品既有珍奇宝物，也有日常生活用品。根据《明实录》的记载，朝鲜向明朝政府进贡的物品包括金银器皿、丝织绸缎、帘席、苎布、豹皮、黄毛笔、人参、种马等；琉球向明政府进贡的物品有马匹、刀具、金银饰品、玛瑙、象牙、贵重金属及制品、毛皮、硫黄、香料、良木、胡椒、酒制品、布料等；安南进贡的物品包括绢布、犀角、象牙、金银器皿、墨线香、木香、沉香、纸扇等；日本进贡的物品有铠甲、盔甲、刀剑等军用武器装备，还包括做工精良的屏风、手箱、描金粉匣、笔匣、贴金扇、玛瑙、水晶数珠、苏木、硫黄、牛皮等；爪哇进贡的火鸡、鹦鹉、孔雀、鹤顶、象牙、翠毛、犀角、玳瑁、宝石、珍珠、檀香、蔷薇露、乳香、乌香、肉豆蔻、芦荟、重金属、铁枪、药物等；暹罗进贡给明朝廷的物品也以当地的特产居多，如象、象牙、犀角、孔雀尾、宝石、珊瑚、珍贵香料、药材、布艺制品、木材等。

上述贡物包括香料、纺织品、器用、药材、军需产品、奇珍异宝、手工业原料、珍禽奇兽等，种类齐全，珍贵异常。

由上述列举可知，贡使所携带的物产，既有上等制作的精制奢侈品，也有大量的满足日常基本生活所需的物品，例如药材、木材、布艺制品、香料等。这些随使者而来的物品，有一部分用于向朝廷进献，是为"正贡"，在所有物品中比例不大。更多的是贡使随船携带的、用于正式的贸易活动中的商品，即为"附至番货"，其数量往往是正贡物品的数十倍。

自西北边境入明的朝贡国和朝鲜，在与明政府的朝贡往来中，较多以绢布、茶叶等物品，交换马匹，以巩固边防。尤其是西北边境和西南边境，有着茶马交易的固定传统。朝鲜使者与明政府在朝贡贸易中所交换的马匹，数量有时达万匹之多。并且以朝鲜向明政府进贡的所有物品种类来看，马匹也占据着相当的比重。

朝鲜向明廷进贡马匹，在《明实录》中多有记载。[①]

各国所进献的珍奇宝物和日常用物，于政府而言，是一笔不小的财富。尤其在朝贡贸易大兴的永乐年间，各国来朝，声势浩大。各类珍奇异宝纷纷从海外而来，大大充实了上层权贵和民间市场的商品种类。时人认为，自永乐之后，朝贡贸易的规模如此之大，各国前来向明政府进献，大有汉唐盛世之光景。珍奇宝物争相献贡，使府库充盈。而国用的增加，实为百姓的负担："贫民承令博买，或多致富，而国用亦羡裕矣。"[②]

各国进献的贡物，除宫廷用度外，尚有大量节余。对于这些贡物，大致有两种处理方式：其一是用作皇帝对内府外朝官员的赏赐。皇帝对文武官员的赏赐较为常见，如洪武年间就有皇帝赐京城文武官员高丽布匹，共计四千多疋；[③] 永乐年间同样有以高丽贡布和西洋贡物用作官员赏赐的记载。[④]

此外，宫廷对百官的赏赐，在重要的节庆日和新皇登基、改元等等庆典时更为隆重。如仁宗即位之时，仅赏赐给职位较低的官员的贡品，如文官中的生员、吏典、监生，武官中的较低级别官员的赏赐，便是从南洋进贡的香料、苏木。皇帝赏赐给群臣的国外物产，最初在上层社会内部流通，后来民间市场也可以见到来自国外的稀奇玩物。如东南使者所持的"聚头扇"，初现于市面上之时，并不被消费者所重视。及至皇帝将这种扇子赏赐给群臣，在上流社会形成一种风尚，在民间也随之流行

---

① 《明宣宗实录》卷八，宣德七年十一月，台北：中研院历史语言研究所，1962 年，第 206 页。

② ［明］严从简撰，余思黎点校：《殊域周咨录》卷九，北京：中华书局，1993 年，第 324 页。

③ 《明太祖实录》卷二百零二，洪武二十二年五月，台北：中研院历史语言研究所，1962，第 1226 页。

④ 《明太宗实录》卷六十五，永乐五年三月，台北：中研院历史语言研究所，1962，第 922 页。

起来："中国宋前惟用团扇，元初，东南使者持聚头扇，人皆讥笑之。我朝永乐初，始有持者。及楼充贡，遍赐群臣，内府又仿其制，天下遂之。"①

贡物除宫廷用度之外的第二种用途，是用来折抵官员的俸禄。这种方式主要在永乐至成化年间实行。以贡物折抵官员俸禄的原因在于府库所存苏木、胡椒数量太多，不宜长期保存，因此折抵两京官员的俸禄。春夏时节以钞支付，及至秋冬则以苏木、胡椒折俸，按照官员的品级决定折支的比例。在宣德六年，苏木、胡椒等贡物的折支比率被明确下来。朝廷下令，每斤胡椒折钞一百贯，每斤苏木折钞五十贯，作为两京官员的部分俸禄。② 每年如此，直至府库所存贡物用完为止。以苏木、胡椒折抵官员俸禄在明代的贸易重镇广州也较为常见。《广东通志》记载，广东"都、布、按三司文武官员及在省文职官吏，本司备行广丰库，于库贮抽回胡椒、苏木，计算各名下折色俸银，每一两内除八钱，折苏木一百斤，尚余二钱，折椒五斤八两六钱八分。其余卫所武职官吏与夫境外各属，则无折支椒、木之例。"广州是东南亚及南亚诸多朝贡国入境朝贡的一个重要港口，同时一直以来，也是民间走私贸易的兴盛之所。以贡物折支俸禄，在广州也有着现实性需求。到了成化年间，这种以胡椒、苏木等库存贡物折抵官员俸禄的现象才逐渐消失。③

以各国所贡的物品用作本朝官员的赏赐，是一种较为常见的方式。此外，明朝皇帝还曾将某国所供方物赏赐给别国使臣，以示交好之意。如成化年间，宪宗"遣太监郑同、金兴往封尹氏为

---

① ［明］张燮撰，谢方点校：《东西洋考》卷六，外纪考·日本，北京：中华书局，2000 年，第 126 页。

② 《明宣宗实录》卷一百一十四，宣德九年十一月，台北：中研院历史语言研究所，1962，第 2670 页。

③ 李金明：《明代海外贸易史》，北京：中国社会科学出版社，1980 年，第 25 页。

高丽国王继妃，赐以诰命、冠服并经丝、罗缎、西洋布等物"。[①]

4. 朝贡贸易中"交换物"之实质

明代前期，朝贡贸易为官方所重视，声势浩大，并在永乐年间到达顶峰。各国前来与明政府称臣交好，既有经济方面的巨大利益，也有政治方面的相互牵制和妥协。朝贡制度以政治利益为主要追求。各国前来在政治上称臣，在经济上维持长期的贸易关系。四夷所携带的大量贡物，价值不菲，而明政府在例行回赐和买卖活动中，也有一套相应的制度。对于使者和朝贡国的回赠，明政府的基本原则是"有物则偿，有贡则赏"[②]。

使者代表朝贡国前来进献，本质上表明了一种政治上的附属、服从关系，代表着对明朝正统地位的追随。朝贡国上贡物品，与臣下对天子的尊奉别无二致。因此，朝廷对于正部贡物，明朝并不进行给价对偿，而是施以赏赐。对于正贡以外的其他物品，即"附至番货"，则通过估值，公平给价，进行官方收买。贡使所携带的附载货物，由明政府进行官方给价收买，自洪武年间已经开始实行。

除去官府给价收买正贡之外的番货，明政府允许这部分商品进入民间市场流通。对于这部分商品的买卖交易，官府以抽税的方式，进行间接管理，而非一概禁止外国商品在民间市场的流通。对于附载番货的正常买卖，明廷规定，凡番货在民间市场，则由明政府抽六分，并给予外国商人一定的补偿。这样一来，进入市场的外国商品，在自由市场的价格，被官府以收税的方式抬高，外商的成本相对增加。外国商人可以自行决定这部分番货是由官府给价收买，还是进入自由市场。

---

① 《明宪宗实录》卷二百一十二，成化十七年二月，台北：中研院历史语言研究所，1962年，第3688页。

② 《明宪宗实录》卷六十三，成化五年二月，台北：中研院历史语言研究所，1962年，第1279页。

到了弘治年间，官府对附载货物的处理才有了较为具体的规定，《大明会典》记载："凡番国进贡内国王、王妃及使臣等附进货物，以十分为率，五分抽分入官，五分给还价值，必以钱钞相兼。国王、王妃，钱六分、钞四分；使臣人等，钱四分、钞六分。又以物折还，如钞一百贯、铜钱五串，九十五贯折物，以次加增，皆如其数。如奉旨特免抽分者，不为例。"①

这条规定将贡物的折钞、折钱比例确定下来，并按照进贡之人身份上的差别，进行区别对待。对于明政府大力推行的朝贡贸易，一般认为，在官给价直②的时候，明政府大多给予外国使者和商人的价直，远高于货物本身的价格，以"厚往薄来"，礼遇朝贡国。弘治年间的这个决策中，明政府对外国贡使的附载货物，在官方的买卖行为中，仅给与一半的价直，另外五分由官府抽税。由外商根据利润和价格机制自行决定其货物是进入官方市场还是民间自由市场。

事实上，施行于弘治年间的这种对番国进贡货物进行抽分的制度，并非定例。弘治以后，来朝的国家数量较明代前期大大减少。在《大明会典》中，对于附载贡物由官府进行抽分，只限与琉球。如对于日本进贡的物品，明廷按照"正贡外，使臣自进并官收买附来货物，俱给价，不堪者令自贸易"，并不存在官府抽分；暹罗贡物也是如此："使臣等进到货物，例不抽分，给与价钞"，其中"例不给钞"足以说明问题；其中对于爪哇进贡的正贡物品，明政府给以正价；渤泥、苏门答腊、苏禄、满剌加、锡兰山等朝贡国则在正贡之外，听其自由买卖，官府并不抽分；永乐年间，更是对西洋琐里所载胡椒等贡物免税。③

同样的，官府对于随贡使而来的附载货物全部给价收买。洪

---

① 《大明会典》卷一百一十三，《给赐番夷通例》。
② 价直，义同价值，常见于《大明会典》记载中。
③ 《大明会典》卷一百一十一，《给赐二》。

武年间，政府只对外来进贡的物品中的三分之二"给价以偿之"。①
其余部分，则可在会同馆开市之时，听与民间市场自由买卖，与
民两平交易。部分没有运送至京城的货物，也可以在市舶司进行
买卖交易。

由官方主导的给价收买，在支付的形式上也并没有一定的比
例。更多的是以折成实物的方式进行支付，也包含着回赐的意味，
只有少量的物品以钱钞支付。这就需要先对正贡以外的货物的价
值进行估算，根据其价值的大小确定折物的回赐。明政府支付实
物还是钱钞给外国贡使，并没有一个确定的标准。而对于海外货
物价值的估算，则在弘治时期就已经有了规范化的价格尺度。《大
明会典》中规定了附载货物的价格，铁一斤值价三百文，锡一斤
五百文；象牙一斤值五百文；肉豆蔻一斤值五百文；胡椒按照产
地的不同，折价各不同，琉球的胡椒一斤三十贯，暹罗二十五贯，
满刺加二十贯；沉香一斤值三贯；腰刀一把值钱三贯；苏木一斤
五百文，其中产自琉球则一斤值十贯，暹罗则一斤五贯。此外还
有布匹的折价，如花毯一条值十贯，其中来自撒哈剌的布每匹值
一百贯。

同样的附载货物，明政府对于不同的朝贡国所定的价格并不
相同。如来自于琉球、暹罗等地的苏木，因货源充足，反而比其
他地区的贡品价格更低。而有些物品则比其他朝贡国所进贡的价
格要高出许多，这是市场机制在朝贡贸易中的自然运行所导致的。
某类物品的价格有所上涨，则前来进贡的货物数量就大幅增加。
如景泰年间，仅日本前来进贡的腰刀就有九千多把，苏木达十一
万斤之多，与之前相比，数量成倍增加。而物价一直处于波动之
中，官方所定价格并非一成不变，而是与市场供应量与需求量息

---

① 《明太祖实录》卷四十五，洪武二年九月，台北：中研院历史语言研究
所，1962 年，第 898 页。

息相关。明政府官员认为，日本所进贡的物品，并不贵重，不宜给价过高，"虽曰厚往薄来，然民间供纳有限"。因此，对于这部分物品，明廷依时价支付。折算之后，明政府对日本的回赐就包括绢 229 疋，布 459 疋，铜钱 50118 贯。[①]

鉴于外国使者所携带的贡物大多为日常所需物品，且更看重与明政府贸易所赚取的经济利益，明政府官员对此有着清晰的认识。成化年间，这种情况愈盛。以前述日本为例，日本使臣见明政府对刀、剑等物品，开价较高，便运来数量更多的此类物品。而明政府回赐的绢布、丝织之物品，价格要高于其进贡之物。"自来皆酌时宜以增损其数，况近时钱钞价直贵贱相远。今会议所赏之银，以两计之，已至三万八千有余，不为不多矣。而使臣清启犹援例争论不已。是则虽倾府之贮，亦难满其溪壑之欲矣。宜裁节，以抑其贪。"[②] 后弘治年间的抽分事例，便旨在减少朝贡贸易中明政府的亏损。朝贡贸易在此时已远不及明初的规模，各国来朝更多出于有利可图的经济利益，不再是政治上的归附，朝贡贸易逐渐衰落。明政府自身无力也无暇经营对外的朝贡贸易。

（二）管理朝贡贸易的机构

从唐代开始，海外贸易便开始发展起来。朝廷在广东等地设专门的机构市舶使，专司东南沿海地区的海外贸易活动。唐代开元之前，市舶使一般由朝廷直接委派，或者在地方官员中选任。开元之后，市舶使的任职则多由宦官担任。到了宋代，对外贸易活动更具规模，朝廷对此逐渐重视，管理海外贸易活动的专职机构更具经验。沿袭自唐代的市舶使逐渐成为一个常设行政的机构，

① 《明英宗实录》卷二百三十六，景泰四年十二月，台北：中研院历史语言研究所，1962 年，第 5140 页。

② 《明宪宗实录》卷六十二，成化五年正月，台北：中研院历史语言研究所，1962 年，第 1262 页。

改为市舶司。自元丰年间《广州市舶条》制定实施之后，市舶司成为一种中央直属机构，不归地方统辖，实现了朝廷对海外贸易活动的直接管理。市舶司的职能更加具体和完善，其职务范围涉及商品的质量检验、发放许可、征税等方面。

明朝初立，在政治建制和法律制度等方面，多沿袭唐宋旧制。明代尽管在多个地方设置市舶提举司，其职能与目的已不同于前代。明朝对外贸易的管理机构，因明政府本身的对外政策及理念的不同，有着自身的独特性。

1. 中央管理朝贡贸易的机构

礼部是明朝掌管朝贡贸易的重要部门。明初的朝贡礼仪，尤为隆重。凡诸藩前来朝贡，按照极高的规格进行接待和厚赏。国外使臣觐见皇族、朝廷官员之后则设宴款待。洪武二年（1369年），制定朝贡礼仪的时候，规定藩王来朝，皇帝和文武官员在朝堂之上正式回见，礼毕之后于会同馆赐宴招待，由礼部负责朝贡的诸多事宜。明初的礼部隶属于中书省，属于朝廷掌管各类礼仪的主要部门。《明史》记载，"尚书掌天下礼仪、祭祀、宴飨、贡举之政令。侍郎佐之。"①

明初的朝贡程序较为烦琐，因其涉及国与国之间的交流，规格较高，因此参与的部门相对较多。洪武十八年修订的朝贡礼仪规定，外国使臣前来进贡，在正式觐见之前，先于会同馆安歇，礼部负责教之以相关的朝贡礼仪："礼部以表副本奏知，仪礼司引藩使习仪，择日朝见"。②

礼部是负责朝贡事宜的主要部门，其内部则由主客清吏司掌朝贡事务。

关于主客清吏司的职能，《明史》中有详细的记载。主客清吏

① ［清］张廷玉等撰：《明史》卷七十二，《职官一》。
② 《大明会典》卷五十八，《蕃国礼》。

司主要负责藩王及使臣贡物的查验登录、赏赐等朝贡礼仪的整个环节。诸使朝贡，主客官员辨识其所行的贡道、所携带的贡物及贡使身份等，根据身份等级和贡物多寡、贵重与否，进行接迎送往、设宴、食宿、赏赐等相应的安排。值得注意的是，对于贡物的处理主要由主客清吏司人员负责核验，将进贡物品登记报备，并呈送内府。对于贡物价值的认定，同样由主客官员负责，因此他们是朝贡事务中最为重要的部门。

主客清吏司还负责下发皇帝对藩王贡使的赏赐诸事。《明史》记载"若藩国请嗣封，则遣颁册于其国。使还，上其风土、方物之宜，赠遣礼文之节。诸藩有保寨功，则授敕印封之。各国使人往来，有诰敕则验诰敕，有勘籍则验勘籍，毋令阑人。土官朝贡，亦验勘籍。其返，则以镂金敕谕行之，必与铜符相比。"① 因此，主客清吏司所负责的，不仅是对外的国与国之间的朝贡事宜，也掌管国内官员的上供之礼仪。

中央机构之中，参与朝贡事务的还有户部。户部作为朝廷六部之一，掌天下户口、田赋之政令，同时负责赋役税收的征取。作为全国性的征税部门，户部同样掌管着朝贡贸易方面的征税之事。

作为专职礼仪的机构，鸿胪寺也参与到朝贡礼仪的安排之中。鸿胪寺本为内府机构，属于皇帝的近侍。因明朝统治者在机构设置上对权力及外朝官员的警惕性，代表皇帝侍臣的内府，同样参与到管理外朝官员的事务中。鸿胪寺职掌的主要是国家大典、祭祀、郊庙、册封、赏赐、朝会、宴飨等等礼仪性事务，同时也参与到对外的朝贡程序中。举行国家大礼是鸿胪寺最重要的职能，代表着君王以礼治天下。文武百官上朝觐见皇帝，由鸿胪寺负责相关的程序性礼仪，国家重大的典礼仪式，由鸿胪寺侍官进行相关的礼仪引导。如外朝官员早朝时，鸿胪寺大声宣读官员的奏事。

———————————

① ［清］张廷玉等撰：《明史》卷七十二，《职官一》。

同样的，对于需要以仪式来体现权威的朝贡程序，鸿胪寺也参与其中，与礼部官员共同负责对外事宜。明代规定"外吏朝觐，诸藩入贡，与夫百官使臣之复命、谢恩，若见若辞者，并鸿胪引奏。"① 外地官员进行朝奉和朝贡使者回京，都须先在鸿胪寺禀报："俱先朝见，后诣所司，否者以违制论"。

会同馆是参与朝贡贸易的重要部门。明代时，会同馆隶属兵部，具有一定的涉外职能。作为兵部机构的会同馆参与到朝贡事务中，体现了王朝政府对朝贡活动的重视，给予其军事安全方面的保障。自明初开始，会同馆便设南北二馆，置专司用以接待外国使节。会同馆的基本设置在正统年间基本确定下来。正统六年，会同馆设为南、北两馆，置于南、北二京。其中北馆有六所，南馆有三所。

永乐以后，因政治中心迁往北京，北馆的业务比南馆繁忙，是主要的贡使接待机构。南北二馆在职能上分别负责不同的贡使接待。北馆主要对接来自西部、北部的外国贡使接待事务，如哈密、吐鲁番、撒马尔罕等中亚、西亚诸国；南方自海路而来的海外国家，如瓦剌、日本、朝鲜、暹罗、满剌加等国的使臣及随行人员，都先在南馆安顿，再安排之后的朝觐。兵部负责贡使的沿途运送。会同馆内部还有医生、驿夫、马匹、厨师等，作为接待贡使的备用。《大明会典》记载"遇四夷及伴送人等有疾，即与医药。年终具用药若干，活人若干，开送提督主事处，核实呈部，以稽勤惰。考满升授，仍留本馆办事。其药材，太医院关给。"② 会同馆内有商铺陈列物品，在开市之时，境外商人可以与土商进行即时的买卖交易，这是明廷允许民间对外贸易的一个具体场所。会同馆内的交易行为，听其自便，两平交易。会同馆在接待贡使、开市买卖之时，馆内的铺陈什物、馆夫、马匹等的安排，都有一

① ［清］张廷玉等撰：《明史》卷七十二，《职官三》。
② 《大明会典》卷一百零九，《宾客·会同馆》。

定的规格。如明会典载馆夫的设置，南馆一百人，北馆则因其为政治中心，馆夫较多，基本设置为三百人。

会同馆的职能特殊，其在负责朝贡事务时必然要与礼部相互配合。因此引申出会同馆的隶属是属于兵部还是礼部的问题。由史实考证而来，会同馆的隶属有经历着一个从兵部独掌到兵部与礼部共同掌管的变化过程。并且到了后期，礼部对会同馆的职权逐渐加大。①

弘治以前，凡遇贡使到京，都先安排至会同馆，学习朝觐礼仪，等候朝见皇帝。礼部官员先行至会同馆，验视、清点贡使所携带的物品，以及传达相关的政令，教习礼仪。兵部负责区域间的邮驿，会同馆作为对外事务的专设驿站，是兵部的直属机构。及至弘治五年，因四夷来朝贡的人数众多，边境地区的使臣纷纷前来，事类繁杂。因此，专在会同馆内部设置一名常设性质的主客司提督，专门负责会同馆内部事务。此后正德与嘉靖初年，会同馆内的提督一职，因权责不清晰，分工不明确，时废时立。嘉靖十年（1531 年），下令南北会同馆内的官员、馆夫、杂役等，《大明会典》记载，"俱属提督官管理，兵部该司不许侵扰干预，其大使等官及别衙门，敢有占用夫役，及脱逃负欠情弊，都听提督官查究。"② 朝廷作此规定，会同馆的权责相对明晰，主要由礼部官员负责日常管理，而兵部仅负责护送事务。

作为朝贡活动的主要接待场所，会同馆提供朝贡使臣及随行人员的食宿，全面负责外使的饮食起居，以及朝廷宴飨使臣。除了作为接待外使的主要机构，会同馆还有两项重要职能，即贡物的存储、中转，以及开市贸易。洪武年间，对于会同馆的职能，就规定贡物到京，先于会同馆存放。《大明会典》中朝贡法令，对

---

① 魏华仙：《论明代会同馆与对外朝贡贸易》，《四川师范学院学报》，2000年第 3 期。

② 《大明会典》卷一百零九，《宾客·会同馆》。

会同馆职能的记载较为翔实。如外使进贡马匹、象、驼等牲畜，则先由官员验视清点明白，再于会同馆内以草料喂养，至贡物被领至御前，交付给宫廷内的御马监驯象所等处收领。若是珍奇虎豹、鸟禽之类，进内府之前，在会同馆差人喂养。《大明会典》记载"金银器皿、珍宝、段匹之类，须同贡献之人验视明白，具写奏本，仍以器具装盛或黄袱封裹，分拨馆夫一同贡献之人收馆。先期一日关填勘合，开报门单，次日早朝，进内府，于殿前丹陛等处陈设，一一交付常随内使收受。"① 因此，在将贡品呈送御前之前，大部分贡物存留于会同馆作暂时的周转。并非所有的贡物都运抵京师，各国所进贡的香料、药材等，一般在地方上存留，仅将一小部分运抵京师。没有运往京城的贡物，则在当地由地方官府或民间自行买卖。

除了提供贡物的中转存放，会同馆还是朝贡贸易重要的交易场所。朝廷允许贡使所携带的物品在开市之时，与民间土商自行交易。贡使进入会同馆后，不管是交易活动还是日常行为，都被严格限制在馆内。明朝法律规定，贡使完成了朝贡仪式，领取相应的赏赐之后，允许在会同馆开市三到五日，而朝鲜、琉球等处的使臣则不受此期限的限制。开馆之时，由主客司在馆外张挂告示，列举馆内禁止交易的物品种类。会同馆内的交易行为也同样要遵循一定的法令，如交付期限、付款事项、货币兑换比率等。对于日常物品，如布绢等项，则须即时交易，钱物两清，不得拖欠。《大明会典》记载"如赊买及故意拖延，骗勒夷人久候不得起程，并私相交易者，问罪，仍于馆前枷号一个月。若各夷故违，潜入人家交易者，私货入官，未给赏着，量为递减。通行守边官员，不许将曾经违犯夷人起送赴京。"②

明政府对内推行严厉的海禁政策，禁止民间进行私人海外贸

---

① 《大明会典》卷一百零八，《朝贡四·朝贡通例》。
② 《大明会典》卷一百六十四，《律例五·户律二》。

易，将海外贸易的收益由统治者垄断。违者处以重刑。而一味地使用重刑并非解决问题的良策，反而致使民间走私活动愈盛。会同馆作为官方许可的对外贸易场所，允许符合条件的民间商人参与海外贸易，为民间参与海外贸易活动提供了一个窗口，并非一味禁止。这在一定程度上减轻了民间对于海禁法令的抵触。但会同馆的开市交易，比起规模愈盛的海外走私活动而言，并不能够解决走私的问题，更难以满足民间贸易对海外市场的巨大需求。

2. 地方管理朝贡贸易的机构

地方各级官府。作为贡使来朝的必经之路，地方官府在朝贡程序中，也承担着相应的管理职能。明代的地方，除南北两京，其他的地方被划分为十三个统辖区域。省是地方上的最高一级，下设府、州、县。布政司统辖政务；各省设置按察司，负责管辖区域内的司法纠察；都指挥司负责军事保卫职能。地方上的三司之间各行其责，避免一方权力过大，同时对地方长官进行牵制。永乐以后，出于对权力的谨慎，朝廷向地方上派遣总督及监察御史，位列三司之上，对中央负责，成为地方一级的最高长官。

地方官府在朝贡事务中承担的具体职责，以福建地方为例。琉球使臣自福建登岸，从福建去往京城朝贡以及自福建返回的沿途，福建地方上至三司，下至州县衙门，都在贡使接待中负有相应的职责。①

明初的政治体制沿袭自宋元。在管理海外贸易机构的设置上，以市舶司作为专门的职能部门。明初开始就禁止民间私自下海，海外贸易的利润被统治者以朝贡贸易的形式所垄断。因而用以管理民间贸易的市舶司，职能有限，并不似前代市舶司在管理海外贸易活动方面的地位突出。

---

① ［明］高岐：《福建市舶提举司志》，宝贡，北京：商务印书馆，2020年，第28页。

明代前期的市舶司主要设置在沿海省份，以广东、浙江、福建等地为主。早在吴元年（公元 1367 年），就在太仓设立了市舶司。太仓位于长江入海口附近，在元代就已经由此地出海，是一个较为繁荣的贸易港口。明代在此设立市舶司，专司海外贸易的管理。"凡蕃舶至太仓者，令军卫有司同封籍其数，送赴京师。"①太仓市舶司在洪武二年（1369 年）被裁撤，因其在地理位置上靠近当时的都城南京，在王朝政治安全方面，存在着威胁，为统治者所警惕。

明初的太仓市舶司统辖东南沿岸的海外贸易与蕃臣进贡。洪武二年被裁撤之后，管理此区域的市舶司前往浙江舟山的定海："市舶提举司，元初设驻黄渡镇，辖蕃夷、闽粤海舶。明洪武时，以番夷不宜入内地，诏改设于定海"。②太仓市舶司与改设于定海的海外贸易管理机构，作为明代最早的外贸管理机构，有举足轻重的地位，同时也为之后的外贸管理提供了经验。

明初在各地局势相对平稳，以及外部没有形成威胁的情况下，明廷着手进行内部的制度建设。在太仓、定海等处设置的市舶机构，均被裁撤或减并。洪武七年（1374 年），明政府分别恢复了前朝设置于浙江、福建、广东三省的市舶司。

在宋代，作为对日贸易的重要口岸，政府在浙江定海设立了市舶机构。经历过裁并、迁移等调整，永乐年间，明成祖于浙江、福建、广东三地复建市舶司，隶属于布政司，专职海外贸易事项，从此成为定制。各市舶司内，分别配置有驿丞、吏员、馆夫、马匹、仓库等，作为朝贡人员及物资的中转、储备之所。设于广州的市舶司，有各类屋舍 120 间，足见其规模之大。

---

① 《明太祖实录》卷四十九，洪武三年二月，台北：中研院历史语言研究所，1962 年，第 968 页。

② ［清］章树福：《黄渡镇志》卷一，职官，上海：上海社会科学出版社，2004 年，第 6 页。

浙江市舶司设置于宁波，谓安远驿；福建市舶司置于贸易要地泉州，谓来远驿；广东市舶司设于广州，谓柔远驿。名字上的称谓，反映了明政府实行朝贡政策的初衷，即怀柔远人，以减少外部威胁。外国贡使入境之后，由市舶司派人进京奏报，听候朝廷发布的入京指令。并负责安排贡使、贡物的运送事宜。《明史》所载，市舶司负有勘验表文、勘合的职能，但相对而言，即使在朝贡贸易较为兴盛的时期，市舶司的职能也相对有限，仅承担一部分的朝贡事务，不是主要的负责部门。

明代前期，相当多的国家来华朝贡，且明廷积极派遣使者赴境外进行外交活动，规模空前，在永乐年间到达顶峰。按照明代的朝贡礼节，外国使臣入境之后，正使之外的随行人员，并不能获准进京，只有在设宴之时才能够入城，其余时间被禁止入城。因此，地方上的市舶司需要为这些使臣提供安身储货之所。[①]

此外，永乐年间，在明廷讨伐安南胜利之后，还曾于交趾设置市舶司，任提举、副提举各一名。[②]永乐以后，明代前期的强烈对外倾向，逐渐转向内倾。国家也无力再负担大规模的航海行为和对外征战，因此，对安南地区的实际控制在永乐以后大大减弱。且该地叛乱有常，局势并不稳定。及至宣德年间，明廷放弃对交趾的控制，市舶司官随即废止。

关于市舶司的职权，需要进行清晰的界定。虽然明代的外交政策并非因循不变，而是一直随局势的变动而做出相应的调整。但市舶司在明代所发挥的主要功能，基本在于部分参与海上贸易的管理，以及协助海防。

《明史》记载，与会同馆置南、北二馆，各司其职相同，明代

① 《明宣宗实录》卷一百一十二，宣德九年九月，台北：中研院历史语言研究所，1962年，第2529—2530页。

② 《明太宗实录》卷八十四，永乐十年六月，台北：中研院历史语言研究所，1962年，第1125页。

三省的市舶司也各有其管辖范围："宁波通日本，泉州通琉球，广州通暹罗、占城、西洋诸国"。市舶司、地方官府、会同馆，共同负责地方上的朝贡事项，并协助中央朝廷进行相关的事务安排。市舶司设置在贸易活动较为兴盛的港口城市，辨别表文勘合之真伪，"禁通番，征私货，闲其出入而慎馆榖之。"① 除了进行朝贡资格的审查，市舶司还负责稽查民间走私活动。

此外，市舶司还有协助海防的职责。因此西北边境地区，设有茶马交易之所，作为内外交通的渠道，以减少边境戍守的负担。自东南沿海而来的朝贡国，则设置市舶提举司，"所以通夷情，抑奸商，俾法禁有所施，因以消其衅隙也。"②

市舶司协助海防，承担部分军事保卫职能，为明代所特有。明初为了减轻外部局势的威胁，采取柔远怀人的外交策略，尽量避免军事上的冲突，以朝贡贸易、厚往薄来的形式，维持稳定的外交关系。明代的对外政策，是以经济利益为诱导及手段，实现政治秩序的安定。在治理模式上，属于一种超经济的政治控制。具体到市舶司的职能范围，也体现了明代政治控制的上述特点。海禁政策与朝贡制度相互伴随，民间私人外贸活动被朝廷禁止。朝贡贸易垄断了对外交往经济利益的主要部分，相应的，市舶司的设立也服务于朝贡贸易的目的。在形式上，民间的私人海外贸易活动，不受官方法律所保护。市舶司、会同馆、地方政府，在管理朝贡活动中，职权相互交叉。这种制度上的设计，总体服务于官方垄断的朝贡贸易，并不具备功能上的突出性。

四、明初的禁榷政策

历代王朝的专卖制度之所以能够成为一项有效的制度，并获

---

① ［清］张廷玉等撰：《明史》志第五十七，《食货五》。
② ［清］张廷玉等撰：《明史》志第五十七，《食货五》。

得臣民的服从，是因为统治者凭借政治权力的优势，进行产权的界定与保护，以实现秩序的稳定。而其核心在于统治者集团与民众存在着利益上的共容。专卖由政府牢牢控制着资源的生产与流通环节，同时也允许商人参与流通环节，而非完全排斥民间的介入，从而在专卖的前提下进行利益的分配，以实现利益在某种程度的共容。

（一）明初路径依赖下的禁榷政策

将特定资源作为商品的专卖制度在明代为统治者所沿用，并结合高度集权的政治体制，成为统治者汲取财富的极佳策略。根据万历年间户部尚书李汝华在其奏议《户部题行盐法十议疏》的记载，明代财政的来源主要有二，"国家财赋所称盐法居半者，盖岁计所入止四百万，半属民赋，其半则取给予盐策。"① 按照这种说法，明代财政收入的两大重要来源，在于田赋与盐课。而在专卖领域，由政府所垄断的食盐专卖，所贡献的财政收入则占据着将近一半的份额。同时，明代的盐法变革促进了经济的繁荣，对商人群体的扩大起到了推动作用，如徽商、晋商的异军突起，与明代的盐法政策不无关系。盐法政策在明代的专卖制度中极具代表性。

在人口管理方面，明政府将从事食盐生产的民户，以灶户列入户籍，进行管理。明代初期，朝廷向灶户提供生产资料，包括场地、工具和提供燃料的土地。《明史》记载"明初仍宋元旧制，所有优恤灶户者甚厚，给草荡以供樵采，堪耕者许开垦，仍免其杂役，又给工本米，引一石。"② 取得食盐生产资格的灶户，同样按照人口和所拥有的生产资料，即田产综合摊派的方式，向朝廷以实物食盐缴纳课税。明初所收纳的盐课，不同史料有不同的记

---

① 《明经世文编》卷四百七十四，北京：中华书局，1962 年，第 5203 页。
② ［清］张廷玉等撰：《明史》志第五十六，《食货四》。

载，《诸司职掌》记载是岁半 199 万余小引（每小引 200 斤），《明史》的记载是洪武 232 万余小引，《明会典》的记载是洪武年间 229 万余小引，虽然数字有出入，但是可以在大体上估算出比较接近的数字，即明初朝廷每年可以在实物形态的盐课上，收入盐 4 亿多斤。食盐作为一种无法长期保存的消耗品，每年有这样大数额的流通量，显然对政府而言是一笔巨大的财富。食盐作为民食供给领域的必需品，其生产环节受到统治者的严格控制，同时也严格禁止民间私自贩卖。

（二）明初以盐业专卖为典型的禁榷政策

大明律中开列盐法专条，且处刑较重，可见政府对盐业的生产、流通环节的重视：

《大明律》卷第八　户律五　课程 计一十九条
盐法　一十二条

凡犯私盐者，杖一百，徒三年。若有军器者，加一等；诬指平人者，加三等；拘捕者，斩；盐货、车船、头匹，并入官、引领牙人及窝藏、寄顿者，杖九十，徒二年半；挑担、驮载者，杖八十，徒二年；非应捕人告获者，就将所获私盐给付告人充赏；有能自首者，免罪，一体给赏。若事发，止理见获人盐。当该官司，不许展转攀指。违者，以故入人罪论，（谓如人盐同获，止理见发，有确货，无犯人者，具盐没官，不须追究。）凡盐场灶丁人等，除正额盐外，夹带余盐出场及私煎货卖者，同私盐法。百夫长知情故纵及通同货卖者，与犯人同罪。[①]

[①]　怀效锋点校：《大明律》卷八，户律五·课程·盐法，北京：法律出版社，1998 年，第 77—79 页。

　　该条被视为禁榷政策的总则性规定，主要的内容是生产环节对灶丁的管控，流通环节禁止民间对食盐的私自贩卖，明确官府监管的责任，同时将监督不力的责任连及地方基层组织，形成层层监管的专卖制度。

　　明初的开中盐法，首先对于产盐主体的身份进行严格的限定，即世代延续的灶户。灶户生产的食盐，除了作为课税上交给国家之外，不许盐户私自将食盐投入市场发卖，同时禁止将食盐私藏，违者最轻处以杖刑，并另外加以徒刑。无论盐户或者平民夹带、贩卖私盐，本人处以严厉的刑罚处罚，其主管官司、基层管理者都连带处罚，扩大了刑罚的适用范围，从而提高了违法的成本。《大明律》中的盐法部分，列出了食盐生产环节、流通环节的禁止性规范，将食盐生产控制在政府户籍名录下的灶户，以盐引为手段，控制食盐的运输、上缴到政府、贩卖等流通环节。如此一来，政府对食盐的生产、流通层层把控，禁止民间资本参与食盐产销这一富矿，以盐引许可这种方式，大肆汲取民间财富。

　　明初的盐法，使得食盐生产资源牢牢控制在统治者手中，在生产环节和流通环节，禁止民间资本染指。灶户对于自己所生产的食盐，并不享有支配权，视为是为政府所生产。商人通过向政府指定的区域运送粮食获得相应的盐引，即食盐购买和贩卖资格，并在销售食盐之后，向政府缴纳盐税："令商人贩鬻，二十分而取其一，以资军饷。"①

　　"凡妇人有犯私盐，若夫在家，或子知情，罪坐夫男。其虽有夫而远出，或有子幼弱，罪坐本妇。"

　　"凡买食私盐者，杖一百，因而货卖者，杖一百，徒三年。"②

---

① 《明太祖实录》卷九，辛丑岁，台北：中研院历史语言研究所，1962年，第115页。
② 怀效锋点校：《大明律》卷八，户律五·课程·盐法，北京：法律出版社，1998年，第77—79页。

对于兜售私盐、监察不力的地方性衙门、运盐司、巡检司等机构，以渎职罪论处：

"凡监临官吏诡名，及权势之人中纳钱粮、请买盐引勘合、侵夺民利者，杖一百，徒三年，盐货入官。"

"凡守御官司及盐运司、巡检司巡获私盐，即发有司归勘。各衙门不许擅问。若有司官吏，通同脱放者，与犯人同罪。受财者，计赃以枉法从重论。"

"凡守御官司及有司、巡检司，设法差人，于概管地面，并附场关去处，常川巡禁私盐。若有透漏者，关津把截官及所委巡盐人员，初犯笞四十，再犯笞五十，三犯杖六十，并附过还职。若知情故纵及容令军兵随同贩卖者，与犯人同罪。受财者，计赃以枉法从重论。其巡获私盐入己不解官者，杖一百，徒三年。若装诬平人者，加三等。"①

"凡起运官盐，每引二百斤为一袋，带耗五斤。经过批验所，依数掣挈秤盘。但有夹带余盐者，同私盐法。若客盐越过批验所，不经掣挈关防者，杖九十，押问盘验。"②

"凡客商贩卖官盐，不许盐引相离。违者，同私盐法。其卖盐了毕，十日之内，不缴退引者，笞四十。若将旧引影射盐货者，同私盐法。"

"凡起运官盐，并灶户运盐上仓，将带军器及不用官船起运者，同私盐法。"

"凡客商将官盐插和沙土货卖者，杖八十。"

"凡将有引官盐，不于拘该行盐地面发卖，转于别境犯界货卖

①　怀效锋点校：《大明律》卷八，户律、课程、盐法，北京：法律出版社，1998 年，第 78 页。

②　怀效锋点校：《大明律》卷八，户律、课程、盐法，北京：法律出版社，1998 年，第 78 页。

者，杖一百。知而买食者，杖六十；不知者，不坐。其盐入官。"①

　　明代的专卖制度，既继承了前代的有益经验，也结合明初的军事、政治局势，采取因时制宜的措施。洪武初年，战乱并被没有随着新王朝的建立而马上停止。因此，北部边境线的军事保卫工作是明初统治者极为关心的问题。明朝统治者在因循前代的专卖制度后，利用特殊物品的专卖制度，开创了开中法。商人将粮草运输至北方边镇地区，方能换取食盐等特殊物品的专卖权。相较于国家对盐商的征税，再作为军饷发放至边镇，开中法即节省了国家征税的成本，也降低了维持边境军事力量的成本。尽管开中法由政府所主导，若缺少民间商人的参与，仅仅依靠统治者的强权，也无法单独运作。

　　明代的专卖制度以开中法作为具体的施行手段。开中，即为政府指定纳粮交运的地点和盐数总额，出榜招商；商人接受政府所开具的条件，自报纳粮数量，至指定地点交兑，是为报中。

　　明初的专卖制度以开中法作为主干，作为政府发挥其财政职能的有力工具。"山西行省言：大同粮储自陵县、长芦运至太和岭，路远费重，若令商人于大同仓入米一石、太原仓入米一石三斗者，给淮盐一引，引二百斤，商人鬻毕，即以原给引目赴所在官司缴之。如此，则转输之费省，而军储之用充矣。从之。"②

　　开中法的目的在于以盐作为媒介，让商人将官府征收到的田赋运送到边远地区的粮仓。商人向边远地区转运一定数量的粮食，获得朝廷发放的盐引，凭盐引到官府指定地区支领相对应数量的食盐。此时商人支领的食盐是朝廷在产盐地向灶户征收的实物盐课。通过政府与商人的配合，政府实现了向边远地区运送军饷的

---

　　① 怀效锋点校：《大明律》卷八，户律、课程、盐法，北京：法律出版社，1998 年，第 78 页。

　　② 《明太祖实录》卷五十三，洪武三年六月，台北：中研院历史语言研究所，1962 年，第 1053 页。

目的，同时，也利用了商人的力量实现了食盐的流通。于统治者而言，实施开中法，是其增加财政收益，缓解边境军费问题和边防军事压力的重要举措。它通过源源不断地为政府提供巨大的财政收入，缓解了边境压力。于盐商而言，吸引商人不顾路途遥远，向边境运粮以获得政府发放的盐引，并到政府指定的区域贩卖食盐，背后是买卖食盐的巨大利润对商人的驱动力。因此，明代的开中法是徽商、晋商等商人积聚财富、扩大商人群体的数量、形成经济实力的主要原因。徽商、晋商、陕商等商人群体和商帮的主要构成人员正是盐商。

明初的开中法，以统治者的强权作为制度实施的保障，是一种单向度的资源流通。导致开中法实施愈加困难的，是官僚群体、权贵阶层不断膨胀、难以遏制的物质利益需求。官员的腐败受贿行为屡禁难绝："盐司官于收盐之际，多倍其数；及至放支，受商旅贿赂，亦倍其数。其批验盐引所监掣官员，亦图贿赂，苟为文具，不行究竟。宜令巡盐等官严加伺察，犯者谪戍极边。"① 权势阶层利用其资本和权力上的优势地位，把持食盐的收买和发卖环节，侵蚀官府和客商的利益。他们从中操纵买卖，一方面使私盐盛行，减少了朝廷通过食盐专卖而获得的财政收益；另一方面权势阶层倚势欺压客商，勒要财物，侵占产盐土地，挤压灶户的生产空间。

明廷"命户部左侍郎李嗣，刑部右侍郎彭韶，俱兼都察院左金都御史，清理盐法。嗣，两淮；韶，两浙。俱赐之敕曰：'近闻运司盐课，递年亏欠，客商往往不肯报中。原其所以，皆因始则买窝中纳，多费资本。及至支盐之处，又被官赏、官卖、长芦夹带，及官豪势要有力之家挨撑。一时无盐支给，守候年久，只得借债买盐，抵充官课。照引发卖，盘费又加数倍。此客商受亏之

① 《江苏省通志稿大事志》卷二十六，《明景泰》。

弊也。其盐课亏欠，亦由各场灶丁多缺，有司不即金补。山场、草荡多被豪势占据。仓廒锅盘，年久损坏，不能修治。灶丁艰窘，无所赈恤。而又总催人等，倚势豪猾，客商到场，勒要财物。不然，任其自买，全不为理。灶丁所煎盐课，又强收私家，潜卖与人，或答应势要。比较之际，不过虚出通关，申缴上司。此盐课不完之弊也。由是官盐不足，私盐盛行。加以运司姑息逢迎，御史因循不理。盐法既坏，边储欲充，难矣！今特命尔，督同巡盐御史并运司官，亲历各场查盘清理，禁革奸弊。除官赏、官卖、长芦夹带，已有诏条禁止外，其余但有官豪势要顶名报中，嘱托有司，多买私盐，装载大包，强掣挽卖等弊，悉照近日奏行事理逐一查出，人拿问罪，盐没入官。不许容流纵放，亏欠盐课。务将总催人等，责限杖并追完。总催中间，有递年豪滑，不惧法度，虐害灶丁，侵欺盐课者，正身连当房家属，牢固解京，问发充军。家下房产并值钱物价，悉准折易盐补课。灶丁有缺，督令有司金补。山场草荡勘踏，不许占据。仓廒锅盘损坏，措置物料修理。灶丁艰窘，设法赈济。客商应给盐者，即便给与，不许所司刁蹬。各该行盐地方，有别省盐越界来卖，及盐徒兴贩私盐者，行令所在有司严加缉捕。'"[①]

由上述史料可知，破坏开中法，使盐务怠坏的，主要是官豪势要之家对盐利的侵夺。他们占据着产盐的优势生产资料，欺压灶丁，并相互纵容包庇。在食盐从灶场收买至市场发卖的过程中，层层搜刮，既剥削灶丁，也重索于客商。被勒掯的客商，即使获得盐引，多年未能支得食盐的现象并不少见。随着官府和势要之家勒索愈盛，客商报中的积极性大减。

开中法要想能够顺利实施，必须兼顾统治者、商人两方面的利益。而明代由于缺乏约束统治者的正式制度安排，缺乏对权力

---

① 《明孝宗实录》卷十六，弘治元年七月，台北：中研院历史语言研究所，1962 年，第 383 页。

的有效监督与制约，权力机关往往具有较强的侵害商人利益的动机。因此，尽管开中法初衷在于使政府与商人共同合作并互相制约，但随着时间的推移，缺乏弹性的制度在既得利益者的垄断下，必然会出现与制度设计者初衷相背离的因素。缺乏制约的权力，极易膨胀腐坏，使制度的规范性受到极大的破坏。开中法的实施就是明例。

明代开中制度出现的守支问题，即盐商在政府指定的地点交兑钱粮，获取盐引之后，商人并不能立即在当地领取到食盐。等候领取食盐的时间长短不一，商人自己也未知，短则两三年，长则数十年。至于守支问题何时出现，并无直接的史料记载。根据孙晋浩的估计，洪武时期很可能就已经出现食盐的守支困境："洪武十一年，明太祖曾敕中书省曰：'朕初以边戍馈饷劳民，命商人纳粟，以浙、淮盐偿之，盖欲足军食而省民力也。今即数年所输甚薄，军饷不供，岂盐价太重，商人无所利而然欤？'"[①]

孙晋浩通过对当时边境行开中的盐类价格，与所需运费的对比进行计算，认为开中法逐渐失去对商人的吸引力，正是因为守支问题的出现，即食盐支领的困难，而非盐价太重。一方面，商人支领食盐的时间拉长，在每年新的开中开始之后，商人前年的盐引尚未兑领，资金并没有被回拢，因此难以再有财力投入到新的开中之中。且新的开中是否能及时得到支领，也属未知。如此便形成一个恶性循环，商人资本不断投入其中，却没有对等的回报。对于普通财力的民间商人而言，这是一桩风险极大的买卖。另一方面，守支问题致使盐商的经营周期延长，而在利润方面却明显下降，使得盐商失去了报中的热情。有些盐商在盐场守候支领的时间，竟长达六十年之久。

明初的开中法，即使路途遥远，颠簸繁难，仍然吸引着商人

---

① 孙晋浩：《开中法与明代盐制的演变》，《盐业史研究》，2006 年第 4 期。

争相前往，其中当然是希望获得经营食盐的巨大利润。而若掌握着生产与流通环节的政府，发放盐引并不根据实际情况，只出于敛财的需要，使商人资本长期无法收回，那么积压而未能支领的盐引必然使小本经营的商人望而却步。而缺乏商人参与其中，开中法自然难以进行。本质上，明政府的专卖制度是一种间接专卖。政府严格控制着食盐的生产环节，对于流通环节，政府通过发放盐引，允许商人支领食盐后自行销售，控制进入自由市场流通中的食盐数额，并进一步征税，获得了二次利润。同时，由商人参与食盐的销售过程，也降低了政府运行这一政策的成本。

守支问题是后期开中法制度困境的主要原因，其根本原因是政府没有节制地发放盐引。若要这项制度正常运转，政府每岁发放给自由市场的盐引数量应当与当年的食盐实际生产数量相符合，这样才可以使商人有盐可支。而政府通过既定的权力地位，超额发放盐引，忽视商人的正当权益，盐场的产量不足以支付商人已缴纳的盐引对价，从而使制度崩坏。

开中制度的有效运转，既可以为政府带来巨大的财政收益，也能够为自由市场的正常运行提供激励。这项制度需要政府与民间商人的相互配合，统治者要保证商人在支付相应的对价之后能够支领到食盐。而守支问题的出现意味着这一制度遭到了破坏。导致开中法实施困难的主要原因在于，控制着食盐这一资源的统治者，在超量发放盐引时，考虑的并不是进入市场流通中的食盐的数额，即并非经济性目的，而是政治需求。滥发盐引，实则反映的是统治者出于其自身利益最大化的考虑，通过政治强权，控制食盐的生产环节和流通环节，将对民间资源的攫取正当化，并成为国家财政收入的重要来源。

第四节 明初贡赋体制下的国家与市场

中国古代的经济模式以"食货"为核心，它与现代意义上的经济概念不同。经济学主要解决资源配置的问题，以市场体制的逻辑为指导，研究分工和交换对市场的意义，即按照马克思主义政治经济学的定义，经济首先要研究的，是生产力和生产关系。而作为古代经济史研究的核心之"食货"，并不涉及生产领域的内容，市场交换与市场流通并不是食货的核心。因之，"食货"与现代经济学研究所使用的"经济"是不同的概念。根据中国古代的经济所呈现的形态以及政府的经济管理职能的性质来考虑，"食货"更能代表古代的经济观。

根据梁方仲与刘志伟等学者的研究，"贡赋体制"最能代表"食货"这样一种自然财富观下，国家与市场的长期互动与影响而形成的一种独特的经济结构。贡赋体制的内涵在于，朝廷出于统治的效果，要求地方上供相应的财货物料，以供朝廷对资源的获取、使用和调配；地方在应对朝廷的征派时，利用市场的交换流通作为采办物资的手段，即采办上供所需的物资本身就需要依靠市场的流通。统一的王朝国家利用地域空间格局间的差异，获取不同地区的稀有资源，利用市场实现贡赋征输，[①] 由贡赋所代表的权力进而拉动了市场的运转。因之，贡赋体制绝非仅仅代表着民众向国家缴纳赋税。贡赋体制这样一个特殊的概念，不同于近代以来对经济发展模式按照市场与非市场因素作对立性的划分，而是一个较为包容的概念，准确地描述了中国古代的经济形态。贡赋经济体制本身，包含着国家财政市场对民间自由市场的带动力，

---

① 刘志伟，《贡赋体制与市场：明清社会经济史论稿》，北京，中华书局，2019 年，第 19 页。

以及市场的流通。它是一个基于需求的多样化和地域自然禀赋差异产生的物资调运供应网络。① 贡赋体制所代表的中国古代经济体制，一开始便与市场流通密可不分，这样一种经济模式中，市场是其运转的重要基础。

一、明初贡赋体制对民间市场的推动

用贡赋体制来形容明代的经济管理模式，更具有代表性。原因在于，唐宋以来，经济中心与政治中心逐渐分离，自然资源和人口资源较为丰富的江南地区成为经济中心。北方作为政治中心，在向朝廷缴纳的赋税方面以及市场的购买力、需求量上都较南方更为突出，不可避免地要进行大规模的物资输送。从南方富庶地带运往北方的财货，需要依靠一个庞大的、具有相应承载能力的运输网络。明人张瀚在《松窗梦语》中对此有相关的描述："国家财赋尽仰给予东南，而西北所供，不足以当东南之半。""漕运乃国家重计，国初自永乐移都北京，军国之需尽仰给于东南。"

京师作为朝廷重地，对于各地的物资供应有着极大的需求。根据学者对《万历会计录》的整理可知，明代地方政府每年所征纳的赋税中，大部分运至京师或其他地区，较少部分存留在本地供地方官府支用。② 由此形成了一个巨大的物资流动系统。永乐以后，作为官员薪资给付方式的北俸南支，使长距离的物资调运更具规模。

对市场行政干预，早在汉代就已有所体现。汉代的均输平准制度便是官府通过控制流通市场上的商品数量，防止物价波动幅

---

① 刘志伟，《贡赋体制与市场：明清社会经济史论稿》，北京，中华书局，2019 年，第 21 页。

② 万明，徐英凯：《明代〈万历会计录〉整理与研究》第三卷，北京：中国社会科学出版社，2015 年。

度过大，避免使市场秩序受到民间商人的扰害。此外，漕粮运往京师的运河沿途，在漕粮运输任务的带动下，市集逐渐兴盛。

贡赋体制下，权力带动民间市场的繁荣，并不否认在权力参与市场之前，市场本身的流通属性。"食货"这个概念，包含着两个基本的方向：满足人基本的生存需求的"食"，和满足生活多样性的商品交换，通物之变的"货"。统一王朝对食货的认识，本身就必然有市场运转这样的基本内涵，而非排斥市场因素。

二、明廷主导下的市场救济措施

贡赋体制对市场的刺激，在明初，主要预备仓和专卖制度最为典型。预备仓的设立始于洪武年间，而此类官府主导灾荒救济、管控粮价的手段在前代已有经验。早在汉代，官府利用均输平准制度以控制市场上的物价水平，避免市场失序，这是贡赋体制与市场机制结合的典型体现。这一措施在于，自由市场尽管从生产到流通有一套自身的调节机制，不需要人为的改变。但现实是，基于自然禀赋的差异的市场流通，与个体的不同利益相结合，使市场不一定对所有的参与者公平，因此仍然需要某种程度的干预。汉代的桑弘羊建议于各处设立专司官员，分别派遣到各个郡国，在主要的县设立均输盐铁官，以控制物价被商人操持，扰乱市场。在这个程度上，市场是国家贡赋体制运转的产物和工具，保障市场参与者的机会均等，以维持食货体制。

预备仓为明代所特有的灾荒救济制度，旨在降低自然灾害等不可抗力因素对民间粮食市场的冲击力度，以使受市场波动的民间社会尽可能维持秩序的稳定。

自洪武元年起，太祖下令各地为赈荒做必要的准备，建立储备仓制度，作为灾害、粮食歉收等危机的应急储备。预备仓的设置为每一县设四所，仓址选在县的东南西北四个方位，均衡分布。预备仓主要建在民众聚居地附近，大多为乡村。至洪武二十五年，湖广、江西、直隶、福建、苏州府等处已基本建立起预备仓。[①] 作为应急储备之所，预备仓所存储的粮食主要来源于地方官府发放的官粮、本地富户捐纳、以粮食代缴的罚赃。遇灾荒年份，官府按平价发卖储藏的粮食，或是在青黄不接之时，以贷的形式将粮食发放给民众，丰稔之时低息或无息收回。

明初的预备仓由官府主导建立，并且以捐纳作为一种激励手段，吸引民众参与其中。朱元璋下令建立预备仓，作为自然灾害与人为因素对粮食市场扰害的缓冲器。粮食为最基本的生存所需，朱元璋对此极为重视。明初统治者维持粮价稳定的措施，对于秩序的长期稳定，以保障更长久的税收能力而言尤为必要。

另外，明代的专卖制度是更为典型的权力与市场结合的体现。以盐的专卖为例，明初为了北部边防的需要，要求想要获得政府发放的盐引的商人，将粮草等军需物品运抵北部地区，方能获取相应数量的盐引，以作为进入盐业市场的资格凭证。召商纳粮至边境，由于地理位置上的差异，位于山陕地区的商人较之江南商人花费的成本更低，晋商脱颖而出，开始了资产的累积，成为比较有势力的商人团体，在市场上的影响力与日俱增。

---

① 《明太祖实录》卷一百九十一，洪武二十一年六月，台北：中研院历史语言研究所，1962 年，第 2882 页。

第三章　明中后期增修的市廛例令对经济活动的调整

明代中期开始，例令的增修相对频繁，尤其是成化、弘治、嘉靖年间，条例内容大幅增加。这些增修的条例，使明廷应对社会形势的变化具备一定的灵活度，反映了社会经济发展的需要。另一方面，不断增修的单行性条例，因法律内容的大量繁殖，缺乏系统性和规律性，因而在因时变动的同时，容易造成法律条文内部的效力冲突，从而影响条例适用的法律效果和权威。

到了明代中后期，明廷对社会的管控已无法像明初那样，具有极强的动员力。经济活动的内容也超出市廛律令和其他一系列经济类法令的调整范围。明廷上下通过增修条例和政令，规范市场秩序，保护市场交易主体的产权，限制破坏正常市场秩序的势要豪绅对经济资源的攫取。明中后期，朝廷增修的市廛例令主要在于调整牙行的市场功能、对客商的倾斜保护、调整官绅控制下的禁榷政策、因时而变的朝贡贸易与海禁政策。这几个方面构成了明中后期国家积极干预经济的主要内容。

第一节　明中后期增修例令的背景

明中后期例令的增修有一定的特殊历史背景。明代中后期，商业发展突破了以往的格局，经济活动突破地域限制。原材料与成品的供应与需求，不再局限于本地区，一批因长途贩运而兴起的市镇如雨后春笋般不断涌现。明朝中后期商业的飞速发展，得益于王朝政府的管制稍微松弛，并从制度层面尽量保证商人的正当利益。作为明代经济中心的江南地区，其商业的发达程度，在世界上居于前列。商业的发展需要有一套与之相匹配的制度构建，要求政府有相关的产权保护制度，最低限度地维持商业发展的秩序。明政府通过管理牙行，对经济活动进行间接管理，赋予牙行监理物价、征税等功能，代理明政府管理市场。在制度设施不完善的地方，一个秩序良好的市场发挥自身的调节功能，对诸如信用机制、供需关系、价格波动、产权维护等等，进行自发完善。

一、经济环境的变化

明代商业的发展程度较之明初有质的提升，不仅仅局限于商业规模的扩大和其城市化水平的提高。在生产结构方面，农业生产所占的比重逐渐下降，其为国家所贡献的税收比例较明初降低，工业生产的比重逐渐上升，尤其是经济最为发达的江南地区，工业化水平不断提升。江南地区的经济发展尤为突出，尤其是其发达的水路交通，大大提高了货物运输的便捷性。长途货物买卖和突破本地限制的商业活动，其在成本的控制方面更难以确定，因此为了维持相对稳定的交易秩序，需要尽可能降低信息成本、材料成本、产品成本等等。在政府的保护与监管缺位的情况下，市场的自我调节催生了商帮、行会等组织，旨在降低交易成本，维持交易秩序的稳定。

（一）生产结构的突破

明代经济发展的程度，以江南地区最为典型。古代中国的经济中心与政治中心的分离，自唐宋以后正式拉开序幕。明清时期的江南地区，在学术界一直以是否是资本主义萌芽的发生地而被广泛讨论。不管资本主义萌芽的论点是否成立，江南地区在明代中后期的经济史中，确是代表了明清时期经济发展的顶峰。而其中最重要的一点是嘉靖以后江南地区的工业化发展使得生产结构中农业生产的比重逐渐降低，工业生产水平不断提升，并衍生了与生产结构变化相伴随的经济关系、信用机制、产权保护等等一系列的制度变化。李伯重先生将江南地区始于明代后期的经济发展称之为"早期工业化"："我们所说的早期工业化，不是某项或者某几项工业的发展，而是整个工业的发展使得其在经济中所占的地位日渐重要，以致赶上或超过农业。由此而言，江南早期工业化的出现，最可能是始于明代中期，也就是以往资本主义萌芽研究中大多数学者所认为资本主义萌芽出现的时期。学界普遍认为，明代中期江南经济开始加速成长。其具体时间，大致而言是始于嘉靖、万历时期。而在此经济成长中，工业发展具有最重要的地位。正因为如此，我们把嘉靖、万历之际作为江南早期工业化的开始。具体而言，可以说始自嘉靖后期的 1550 年（嘉靖二十九年）。"①

生产结构的突破，在于经济发展到了明代后期，工业在生产中的比重逐渐上升，农业的比重不断下降。明代前期税收大部分来源于农业生产，并且王朝政府主要也着力于维持稳定的农业秩序，在疆域辽阔、治理成本有限的前提下，将民众安置在政府掌握的户籍册上，控制人口的流向，为政府提供稳定的农业税收。嘉靖以后，工业生产的优势地位逐渐凸显，以江南地区的纺织业为显著代表，形成了从生产环节到运输、销售环节的一套较为便利的商业网络。纺织业既需要技术的支持，也需要人力的投入。明后期江南地区的纺织业独占鳌头，并带动了主要商业市镇的周边区域，在原料与人力上为主要发达市镇提供支持，并通过分工

---

① 李伯重：《江南的早期工业化》，北京：中国人民大学出版社，2010 年，第 24 页。

与专业化的生产，将产品运往外部市场。而工业的生产又需要机器，因此，生产的进步在于生产工具的革新。

1. 生产技艺的提升

明代中后期经济最为发达的地区当属江南地区。江南地区存在着一个以运河和太湖水系为主要交通运输的发达水路网络，在交通相对便利、原料相对丰富、市场更为广阔的江南地区，形成了一个由各级市场组成的、相对完整的市场。[①] 这个因地理优势而形成的市场网络，通过水路的连接，为江南地区的工业发展提供了无与伦比的优势。凭借这个水路网络市场，区域间甚至长途贸易中为满足工业生产所需要的原材料与成品，能够降低运输的成本。同时大规模长途贸易也成为可能。更加便捷的运输，不仅降低了工业生产的成本，也使得单位时间内的产出增加，消除了过去因空间阻隔而造成的生产工序的拖延，也使各生产工序间的间隔大大缩短，在一些地方甚至还促成了某些重要工序的地域分工。而纺织业在明代的江南地区，成为仅次于农业的第二大生产行业，在从业人数和所贡献的经济产值方面是江南的轻工业生产中最重要的部门。

有学者认为，明代江南地区的纺织业生产，已经发生了"质"的变化，这些变化主要包括生产技术的进步、分工和专业化的加强、生产组织的变化、劳动生产率的提高，等等。江南地区的纺织业包括丝织业与棉纺织业，产品覆盖了高端奢侈品与低端的日常着衣。棉纺织业方面，生产工具有诸如用于轧棉的轧车等。见于记载的有明末的太仓车的普遍运用："日可轧百十斤，得净花三之一。他处用碾轴或缆车，惟太仓式一人当四人。"[②]《古今图书集

---

① 李伯重：《江南的早期工业化》，北京：中国人民大学出版社，2010年，第 23 页。

② 储华《木棉谱》："往见一说云：……太仓式两人可当六人，不知何似。"引自崇祯《太仓州志》，卷五，物产，第 46 页。

成》中记载，太仓式单人搅车"高二尺五寸，三足，上加平木板，厚七八寸，横尺五，直杀之板上，立二小柱，柱中横铁轴一，粗如指，木轴一，径一寸。铁轴透右柱，置曲柄，木轴透左柱，置圆木约二尺，轴端络以绳，下连一小板，设机车足，用时，右手执曲柄，左足踏小板，则圆木作势，两轴自轧，左手喂乾花轴镈。"这种搅车利用辗轴、曲柄、杠杆、飞轮的力学原理，生产效率有很大提高。这种太仓车用于轧花，仅需要一人操作，也大大节省了单位时间的人力成本。

在丝织业领域，生产工具的进步提高了单位时间的劳动产量，使得生产的效率大大提升。范金民认为，《天工开物》中关于丝织业中常用的一种斜身式小花楼机的记载，这种机器相较于之前的纺织工艺，有技术上的革新，其功能与结构较为完善。这种机器最大的优点在于改进了之前平身式花机的工作方式，不仅大大改进了织机的性能，提高了产品的质量，而且增强了工人操作的精确度，降低了劳动强度和操作的复杂程度，减少了打纬次数，因而使得单位劳动时间的产量大大增加。明代的丝织品，经历技术的改进，在产品的数量与质量上都较之前大大提高。[1]

与织机的技术进步相对应的是织机在生产环节为了适应不同的工序而不断在功能上的分化。如，崇祯《吴县志》卷29"物产"记载了绫机、绢机、罗机、纱机和绸机5种织机，其构造不尽相同，表明随着丝织业生产内部分工的发展，花机已逐渐专业化，到了清代中期以后，专业化的花机名目不胜枚举。[2]

除了生产工具的革新，明代纺织品的制作工艺也有进步。如，明末崇祯年间，松江所生产的棉布，材质上"细密匀静"，多为

---

① 范金民、金文：《江南丝绸史研究》，北京：农业出版社，1993年，第349—351页。

② 李伯重：《江南的早期工业化（1550—1850）》，北京：中国人民大学出版社，2010年，第52页。

上乘织品，其中更有被誉之为"赛绵绸"的飞花布，可见其制作工艺之精细，可与绸缎媲美。明代的松江是产棉布重地，其工艺以细密著称于市。而江南的另一大纺织中心江阴，自正德起以粗布独行于市。到了嘉靖年间，其工艺品质逐渐以细密为特点。这些都反映了明代后期纺织工艺的进步。

除了纺织品的制作工艺有进步，明后期的染色工艺也日趋精巧。明代后期的染色工业呈现出前所未有的繁荣，大大改变了明代前期民众单调的着装服色，种类与花样繁多，丝绸色彩至少达120种以上，其中有相当一部分出现于明末。[①]

2. 生产规模的扩大

明代工业生产规模的扩大，表现为产品数量的大量增加和从业人数的增加。根据范金民的估计，明代后期松江地区棉布产量大约为 2000 万匹，松江以外地区的商品棉布产量约为 500 万匹，因此江南地区的棉布年产量在 2500 万匹以上。而按照吴承明的估计，江南地区棉布的年输出量，在明代后期大约为 1500 万—2000 万匹。李伯重根据明末江南地区的城市化水平、城镇人口分布、户均消费量、输出量等等数据的整合，估算出明代后期（1620 年前后）江南年产棉布约 5000 万匹，至清代中期，江南的棉布年产约 10000 万匹，产量翻倍。

明代后期海外贸易的繁荣，使得江南地区所产的棉布与丝织品乃至原材料生丝，都在海外拥有广阔的市场。江南所产的丝绸，质地上乘，在国内不仅是有身份的人的表征，也因其价格优势和产品质量，远销海外。从事纺织品贩卖于海外的商人，获利甚巨。

尽管在明代中后期，明政府下令朝贡贸易及民间开海，严禁与日本相通，但民间与日本的贸易往来却难以禁绝，这种公然违

---

① 李伯重：《江南的早期工业化（1550—1850）》，北京：中国人民大学出版社，2010 年，第 56 页。

背朝廷法令的走私活动，背后是巨大利润的驱使。因此，去往日本的商船，在驶离港口后，往往先向东航行一定距离，脱离了明政府的监管范围之后，便北上去往日本。中国出产的各类纺织品，以日本为主要的销售市场。

常年往返于中日航线，从事海外贸易的明人童华对此也有提及："大抵日本所须，皆产自中国……湖之丝棉，漳之纱绢，松之棉布，尤为彼国所重。"[①] 江南地区纺织品生产的地域性分工，既供应国内市场，也深受海外市场的认可。

江南地区的丝织品在明代中后期，上可为皇室供办贴身衣物，下则满足百姓的日常着衣需求；而在海外，同样既为上层社会所选择，也提供民众的日常生活所需，尤其是一水之隔的日本。盖因日本本土所产衣物因缺少棉花生产，不能有效抵御严寒，因此江南所产的棉织品成为上层社会、普通民众的着衣选择：棉绸"染彼国花样作正衣服之用"；绸绣"优人剧戏用之"；红线"编之以缀盔甲，以束腰腹，以为刀带、书带、画带之用。"[②]

中国海商每年运往日本的商船所携带的货物包含大量的纺织品。如1641年间，郑芝龙集团仅在六、七个月的时间里，就向日本长崎运送白生丝二万五千七百斤，黄生丝一万五千五百五十斤，各种纺织品十四万零七百六十四匹。[③] 足见纺织品销往海外的规模之巨。

除了日本，每年经由澳门、"琉球"等地，运往西方国家的丝织品数量也颇为壮观。东南亚更是作为西方控制国际贸易的前哨。大航海时代，西班牙占领菲律宾以后，开始取代其位置与中国贸

---

① 姚工麟：《见只编》卷上。转引自李伯重：《江南的早期工业化（1550—1850）》，北京：中国人民大学出版社，2010年，第35页。

② 胡宗宪：《筹海图编》卷二。转引自李伯重：《江南的早期工业化（1550—1850）》，北京：中国人民大学出版社，2010年，第65页。

③ 《长崎荷兰商馆日记》第1辑。转引自林仁川：《试论明末清初私人海上贸易的商品结构与利润》，《中国社会经济史研究》，1986年第1期。

易，其中便以纺织品为大宗。每年有大量的商船满载生丝与各种纺织品驶往马尼拉。

另外，据统计，万历八年至十八年（1580 年到 1590 年）每年运至果亚的丝货仅生丝一项达三千余担，价值银二十四万两，崇祯八年（1635 年）增加到六千担，价值四十八万两。①

另外，明代中后期，面对财政上的巨大压力，明廷决定在经济最为发达、以纺织品著称于世的江南地区，以贡布折色作为赋税征解的折中之计。随着工业化水平的提升，明代中后期的江南地区，以纺织业为代表的手工业，在其生产规模和从业人数以及经济收益方面，都赶超传统的农业生产。一个比较明显的例子，是江南地区的用于粮食生产的土地逐渐减少，越来越多从事经济作物的种植。如徐光启《农政全书》中所写的当时上海县的耕地情况："海上官民军灶垦田凡二百万亩，大半植棉，当不止百万亩。"

3. 专业化分工

明代的手工业生产的专业化分工，如同工业生产的水平一样，具有很强的地域特色。专业化分工在明代经济中的表现，主要为生产环节因地域特色和产品特质而产生的分工，以及在劳动力分布上的不同。所谓明代中后期工业生产的专业化与分工的加强，并不仅仅指手工业生产脱离农村副业而成为一个独立的部门，虽然这在后期逐渐加强，更多地表现为同一个生产环节内部细化为不同的工序，并衍生出与此工序相呼应的原材料供应、人力需求以及产品销售渠道等等，形成一个完整的市场网络。

明代后期，纺织工业内部的分工逐渐加强。以棉纺织为例，分为轧花和棉加工等工序，既纺与织分离。轧花是江南棉纺织的

---

① 董启臣，邓开颂：《明嘉靖至崇祯年间澳门对外贸易的发展》，《中山大学学报（哲学社会科学版）》，1984 年第 3 期。

第一道工序，明后期在生产规模扩大、从业人数增加的情况下，这一道工序固定到乡村，由农家自备机器、自行操作。这是因为，一方面，轧花并不需要特殊的手艺与技巧，一般农户便可以熟知其操作，因此不需要过多的人力成本；另一方面，农村地区是棉花的原材料供应地，农户轧花可以就地取材，省去外地运输而导致的成本增加。因此，轧花工序稳定在农村地区，是市场经过选择之后自然的优化配置。徐新吾引用崇祯《太仓州志》的记载，指出尤其在棉花销售的旺季，农村的棉花市场衍生出一种季节性的轧花人："九月中，南方贩客至，城市男子多轧花生业"。[①] 因此，在明代后期，随着轧花技术的改进，很可能存在一些季节性的轧花人，在棉花收获的季节，走村串户为农家轧花。所轧出来的棉，一部分供应当地农户的自家生活所需，更多的是向外输送，进行进一步的生产加工。从分工的角度说，这些人"包下了"轧花的工作，表现了轧花与棉纺织业其他工序的分离。

根据有关学者的研究，纺与织两大工序的分离，最早出现于明代中期，以江南地区为主要代表。《金山卫志》记载，金山一带的妇女，因"织布粗，不及松人，故纺木棉为纱者，市钱不自织。"即正德时期的松江地区，尽管棉织业不断发展，仍然存在着棉纱的大量需求，因而农妇纷纷投身其中。甚至在明代后期，松江地区的棉纱需要从嘉兴府输送，而嘉兴地区用以纺纱的棉花，又需要从松江地区输出。因此便出现了松江地区的棉花输出至嘉兴地区，经过轧花纺纱之后，将半成品再运送至松江，制成成品这样一种分工的现象。[②]

---

① 徐新吾：《鸦片战争前中国棉纺织手工业的商品生产与资本主义萌芽问题》，第50页。引自李伯重：《江南的早期工业化（1550—1850）》，北京：中国人民大学出版社，2010年，第61页。

② 李伯重：《江南的早期工业化（1550—1850）》，北京：中国人民大学出版社，2010年，第64页。

棉纺织行业内部的不断细化与分工，带来了一系列的连锁反应，推动了其他行业的分工。作为商业中心的江南城市和市镇，在区域性工业生产的分工加强的基础上，城市在空间布局、功能特色、人口分布等方面也随市场的选择而变化，如江南地区碾米业的发展。越来越多的耕地用于种植经济性作物，导致地方性的粮食供应需要依赖于外部市场。此外，随着城市人口的增加，粮食是江南商品市场的大宗。

而由于粮食在运输和保管的环节其品质比较容易受天气的影响，因此如果需要满足长途运输的需要，对粮食的保管与加工必然需要进行分工上的细化。而在人口集聚的大城市，粮食必然大量靠外地市场的供给。运送到城市的米麦等粮食，并不是全部在起运之前就已进行了精细的加工，大多数是在需求地城市的城郊或者邻近市镇，分布着粮食储存和加工的作坊，经过这些作坊与手工工场的近地加工，供应本地的粮食市场。例如杭州，"城空无储"，"无担石之储"，城内并不储备粮食。《杭州府志》记载万历时"城中百万蒸黎皆仰给于北市河之米……必储米六十万石为二月之粮。"

据记载，万历时期，杭州府城每岁所需粮食达 360 万石，这些米经由北市河，从外地输送而来，供应本地稻米需求。经过精细加工后的粮食，其保存时间较短，所以，有相当一部分粮食在起运之时并未加工，而是在运往需求地之后，在附近城镇或郊区，再进行加工。因此，杭州附近的塘栖等市镇的碾米业规模应当相当大。苏州、南京等较大的城市，应当与杭州的情形相当。

粮食的大量运输，使得米市上出现了专业化的稻米贸易组织，即米行。明代后期的杭州塘栖镇，就有开设米行的徽州、杭州商人，《塘栖志》记载："塘栖'财货聚集，徽杭大贾，视为利之渊薮，开典固米，贸丝开车者，骈臻辐辏'。"

（二）江南地区商业市镇的兴起

贡赋体制内在的包含了财货的流通，以达到资源配给的目的。如为朝廷运输漕粮的任务，催生了江南地区漕粮供应地和各种商品流转的市场。从江南往北方政治中心调运粮食的环节，推动了南北的商品流通。运送到京师的漕粮，需要质量较好的米，且品质并非单一，需要大量地供应。因而，在漕粮运输地，培养出了一个粮食市场。商品不止供应于本地市场上的消费，导致市场规模的扩大。

江南地区商业城镇的繁盛，与政府的政策指引相关。明代的食盐专卖到了弘治年间进行了调整，即叶淇奏改开中法为运司纳银制度。弘治年间的盐法改革，使商人不必将军需粮草运往北方边境地区，而是改以折银的方式，只需在运司所在地纳银，就可中盐。商人不再赴边，而是就近支取。因此，南方的商人运盐的成本低于山陕商人，其中徽商更是异军突起，执盐业市场之牛耳。

徽商常年外出经商，在客居地纷纷定居，并修建宗祠、重修族谱。明嘉靖、隆庆时人王世贞曾言："大抵徽歙，人十三在邑，十七在天下；其所蓄聚，则十一在内，十九在外。"① 人口与资金的外流，促进了徽商客居地商业和城镇的发展。弘治年间盐法改革后，大批盐商涌入扬州城。嘉靖三十七年（1538 年），仅西北商人流寓扬州的人数，就有数百人之多。② 江都县更是成为"四方舟车商贾之所萃，生齿聚繁，数倍于昔"。万历年间，在广陵的盐商

---

① 王世贞：《弇州山人四部稿》卷六十一《赠程君五十序》。转引自王振忠：《明清徽商与淮扬社会变迁》，北京：生活·读书·新知三联书店，2014 年，第 81 页。

② 嘉庆《重修扬州府志》卷五十二《人物·笃行》"阎金"条。转引自王振忠：《明清徽商与淮扬社会变迁》，北京：生活·读书·新知三联书店，2014 年，第 83 页。

至数百家，资本总额超过三千万两。① 再如，成化年间，长江在汉口段改道，使该地的水涝灾害有所减轻，进而凭借内河航运的中转优势发展为商业城镇，吸引了一批竹木商人在此地贸易，并相继建立区域性商业组织。

商人大量聚集于江南富庶地区，带来了大量的商业资本。盐商在谋得利润后，除了以其中的11.1%缴纳国课，余下的收益中，以相当大的份额用于奢侈性消费，使扬州风气为之大变。嘉靖年间，曾有时人指出："扬人俗尚侈，蠹之自商始"②，盐商的大量聚集，对淮扬社会的风气变化产生了深远影响。

因丝织产业而兴的吴江县，在弘治年间，已是人烟辏集的市镇。《吴江志》记载，吴江县下有三市四镇，无论是城市还是乡村，"商贾之往来，货物之贸易，红尘溘然，自朝至暮，无虚日云"。

关于江南地区商业市镇的兴起，学界已有丰硕的研究，李伯重关于明中叶以后苏州城的商业化进程有着独到的论述，此不再赘述。

（三）国家与市场对白银的依赖加深

明初的财政结构较为精简，施加于民众的财政负担并不重。目的在于尽快恢复被战争破坏的农业生产，稳定简单易管理的农业秩序，并且以官僚群体的低俸禄、严格自律为基础，尽可能地维持农业社会的秩序不变。这种对人口、资源控制的治理模式，在明初的政治环境以及皇帝独特的个人作风之下，取得一定的效果。明初的一套政治治理模式，能够在短期内实现有效的控制。

---

① 万历《通州志》卷八《遗事叙》。转引自王振忠：《明清徽商与淮扬社会变迁》，北京：生活·读书·新知三联书店，2014年，第85页。

② 王振忠：《明清徽商与淮扬社会变迁》，北京：生活·读书·新知三联书店，2014年，第157页。

而维持一套文官系统使政策在推行过程中的有效运转，仅凭严刑峻法的恐吓和俭朴苛刻的俸禄标准，必然弊病丛生。明初制度的设计者，旨在以最低投入，维持文官系统对社会的直接控制。而制度内部的先天性缺陷，必然会在后期导致治理的成本不断增加，反倒走向了明初统治者设计这种制度的对立面。

1. 明廷以政治强权推行宝钞制度的失效

由于政府发行宝钞并没有相应的准备金，且发行数量并不依赖市场上流通中的商品总额，导致大量宝钞充斥市场，非但没有起到平衡市场需求的作用，反而使宝钞不断贬值。为了维持宝钞在流通领域的法定货币地位，政府先后通过颁行强制与软性的金银禁令，并回笼充斥在市场上的宝钞，试图实现收支平衡。针对宝钞的支出情况，唐文基、孙兵等对宫廷开支、俸禄、军费、盐户工本等方面，有着相当深入的研究。他们的研究表明，明政府发行宝钞，基本上没有用于商品的生产与流通，而是作为政府聚敛财政资源的手段。

洪武年间，明廷的金银储备能力，难以应对庞大的军事财政支出。解决财政压力，明政府选择发行宝钞这种不可兑换性纸币，来缓解财政压力。据黄阿明的研究，仅洪武年间，朝廷发行宝钞，无论是常规性的财政开支，还是临时性开支，用于社会经济生产的支出，几乎可以忽略不计，基本上都是财政型支出。①

洪武八年，国家首次规定银钞比价为银一两兑钞一贯；洪武三十年银钞的兑换比率为 1：14；永乐五年为 1：80；至正统元年，银钞兑换比率为 1：1000。宝钞的大幅贬值，必然使其所承载的信用度大大降低，引起信用混乱与危机。宣德年间朝廷开始节制敛散无方的宝钞发行，要求市场上的交易支付及罚抄、

① 黄阿明：《明代货币白银化与国家制度变革研究》，扬州：广陵书社，2016 年，第 52 页。

俸禄皆以宝钞的形式，以使宝钞更有效地融入市场。此后，朝廷更是以钞法不通之名，于商贾往来辐辏之地，设立钞关，加征商税。

作为市场上的外来因素的宝钞，以军事费用、官员俸禄、赏赐等形式流入市场。而回收途径狭窄，便在不断贬值的路上积重难返。朝廷通过加征商税、罚钞、输钞的方式，又导致了新的问题，如商税结构的变化、俸禄制度的变化、官僚系统内部的寻租等等。

2. 财政系统对货币白银的依赖加深

尽管明政府试图维持宝钞的唯一合法地位，以保证统治集团权力及经济效益得到最大程度的彰显，也无法避免宝钞被市场所抛弃。事实上，在法律条文中，明政府允许以银、粮等宝钞以外的其他形式代为缴纳罚赃。

明代财政系统以银代实物缴纳的情形，在宣德年间，经历周忱改革之后，开始在地方上成为定例。以明代北方纳粮大省的山西为例，官府以赋役折银的记载，至迟见于宣德元年："山西监察御史于谦见大同'其地霜蚤，田薄收，当输边者，多折金银'。"①正统年间，因粮价过高，宣府右佥都御史卢睿上报朝廷，请改银一两兑米四石的价格，为银一两米二石五斗。②

成化年间，山西巡抚李敏请令朝廷，为解军民向边境输送粮食的艰辛，以纳银代粮，节省路途遥远的耗费。纳银的十分之九用于输边，依照时值折纳军饷，余下的则用以买粮。自此，朝廷允许北方诸省纳夏税秋粮得以折银，使折银纳粮的范围逐渐扩大。

---

① 倪岳：《少保兵部尚书于公神道碑铭》，徐竑：《明名臣琬琰续录》卷六，《文渊阁四库全书》第453册，上海：上海古籍出版社，1987年，第344页。

② 《明英宗实录》卷六十一，正统四年十一月乙巳，台北：中研院历史语言研究所，1962年，第1159页。

　　江南地区农业生产水平较北方发达，同时也是明代的重税区。永乐年间迁都北京以后，每年需要从江南富庶地区向北方运输漕粮，不仅路途远，且在正税之外不断派生出名目繁多的加耗，徒增税额。尽管从洪武年间开始，朝廷对江南地区的逋赋有过蠲免，仍没有从根本上解决重赋之下，江南地区百姓的逃亡和逋欠。宣德年间，朝廷命周忱着手整顿江南地区的赋税问题。周忱利用南方省份赋税折钞的既有情形，扩大了折纳的范围，允许以布帛、丝绢、黄豆等作物代纳两税。这是朝廷在赋税收取方面，允许民间以实物和银代夏税秋粮向官府缴纳。而在税收的支用方面，宣德以后，朝廷对官员俸禄的发放，同样出现了重要的转变，这便是正统以后渐成定式的金花银。

　　金花银的出现，表现为财政税收领域逐渐货币化，其产生的根源在于明代赋税结构本身的运作上的弊病。永乐以后的北俸南支，是推动金花银产生的直接原因。在北方办公的官员，需要前往南京支取俸禄，难以避免层层盘剥导致的官粮虚费和资源浪费。正统年间，朝廷允许"于浙江、江西、湖广、南直隶不通舟楫之处，各随土产折收布帛百金赴京充俸"。① 官员俸禄于南京支给，往返劳费并不实际，因此，"请令江西属县量收布绢或百金类销成锭运赴京师，以准官员俸禄少保兼户部尚书黄福亦有是请"。②

　　不难看出，官员俸禄改革是南直隶、浙江、江西、湖广等省的共同需求。赋税折银这一举措，一定程度上改变了北俸南支所导致的资源浪费，同时增加了朝廷的财政收入，并很快使金花银成为皇帝的个人所得。不过，从财政史的角度来看，金花银改革措施标志着明政府以国家法律的形式正式承认了赋税折银的行为，并不断扩大折银的范围，从田赋领域向其他领域渗透，使国家财政税收更加依赖白银。到了弘治年间，输送京师的四百万石漕粮、

---

① ［清］顾炎武：《日知录》卷十一。
② ［清］顾炎武：《日知录》卷十一。

马匹、开中盐粮、商税，甚至军卫屯田，① 基本上全部以折银的方式缴纳。至此，国家的财政在收取与支出上，都以白银的形式运转，背后是朝廷对白银的巨大需求，在此财政需求的推动下，货币白银化才得以推进。

3. 白银货币化与国家的转型

赋役税收领域的折银缴纳，是缓慢进行的，从地方上的个例发展为全国性的赋役改折，从田赋领域扩展到其他的赋税领域，改变了明代的赋税结构，推动了明代的国家转型。这样一项耗时将近一个半世纪、自下而上铺展开的税收政策，到万历年间张居正主持全国性的赋役改革，以一条鞭法为内容，达到了明代赋税征银的高潮。

一条鞭法将原先表现为里甲、均徭、力差、银差等名目各异、重叠累加的赋役进行合并与简化，统一征银，并使之定额化，一体摊派，以避免征税胥吏的层层盘剥，亏损国课。中央与地方各州县实行一条鞭法后，先后编纂出"赋役册"、"赋役全书"、"经会录"、"会计录"等文册，其中以朝廷编纂的《万历会计录》为重要代表。这套"会计录"由朝廷官员根据各地方呈报的财政收支名目进行分类整理，反映出明中后期，以白银为法定货币单位计算的财政状况，以及明代国家在数目字上开始整顿财政系统，进行统一的会计与预决算。

国家财政领域的白银货币化，使市场与权力的互动下，权力对市场的支配减弱，在一定程度上使市场机制得以自由运转、自我调节，进而使市场运转加快，经济随之增长。明初高度管制下的"洪武型财政体系"，政府以超经济的方式管理市场活动，以获取财政收益。洪武型财政模式下，个体以家户为单位，通过实物

① 黄阿明：《明代货币白银化与国家制度变革研究》，扬州：广陵书社，2016 年，第 111 页。

与劳力，向统治者缴纳赋役。另外，以非平等的地位进行的产权界定，使编户齐民对统治者的人身依附加重。在流通领域中，作为货币而非贵重金属的白银逐渐取代其他货币形式，成为价值稳定、最重要的流通货币。朝廷推行金花银和一条鞭法，加重了财政系统对白银的需求与依赖。民间统一以银缴纳赋税，简化了税收的征缴程序，同时便于计算，使民众得以从劳役这种人身依附中解放出来，以白银这种货币维系与国家之间的关系。明初实物赋役形态下那种画地为牢的社会管理模式，随着货币白银化对财政市场的冲击，改变了王朝国家与个体的关系，王朝对民众的人身控制减弱，使人口与资源流动更加频繁，促进制度、经济体系、社会、国家的转型。

二、官绅豪族的寻租对权力结构的破坏

明初统治者所设计的一套制度，旨在尽可能以较低的税收和治理费用去维持对广大疆域的最低限度治理。权力本身所具有的支配性，使得统治者可以以自我利益最大化去界定产权、量定税收标准。统治者对权力的追求及利益的不均等分配，促使他们通过调整产权结构来降低治理成本和内部监督成本，以维持秩序的相对稳定。因此，统治者通过加强社会控制的方式来降低治理成本，稳定秩序，符合其统治的现实性需求。

（一）明廷对社会的控制方式

明廷对社会的控制，主要包括对经济资源的控制、对商业的控制、对民户和人口流动的控制、对海外贸易的控制、对思想的控制、对官僚系统的控制等方面，在控制的范围和力度上均较为显著。对经济资源的控制如在立国之初就着手界定土地的产权属性，规定了官田和民田的种类。同时允许皇室、官僚和藩王大量持有土地而不受限制。《明史·食货志》记载弘治年间："天下田

土止四百二十二万八千五十八顷，官田视民田得七之一"。据学者推算，这一数字可以基本代表明代前期的土地分配数额。在明代后期，官田持有比例更高，尤其是权势之家大量侵占民田据为己有，如宦官刘瑾通过侵吞、赏赐等方式，持有大面积田土而不用承担税课。政府还通过食盐专卖制度，以发放盐引的方式，获取商人资本，为朝廷带来极大的财政收益。此外，还有官店、皇店等参与市场交易活动的店铺组织，一方面利用自身的优势地位侵利于普通商户，另一方面也担任着替统治者监管市场上经济活动的功能。还有为统治者所控制的官营手工业，这些作坊所需物料从民间征收，从开始的公平交易到后期转变为强制性供应而不需支付对价，且要求大量工匠服役。

控制商业活动是管理人口流动的延伸，商人外出经商必须持有路引，且邻人需要知晓其前去的地方和买卖的商品种类。城市中的外来商人和本地持有店铺的坐商，都被登记在官方掌握的户籍册上，对他们的管理则由负责城市治安保卫的兵马司负责。政府通过牙行填写的往来商人、货物种类、期限等等细目，监督地方市场上的经济活动。在物价的管理方面，早期的牙行仅负责反映市场行情，监管物价由政府直接进行。城市中流通的货物数量和种类，由官府设立塌房作存储货物、商人停塌之所，以避免牙侩妨害市场秩序。

明政府不仅对国内市场上的经济活动进行直接管理，还通过朝贡贸易时严禁民间私人海外贸易的政策，严格管制民间市场的经济方面。明代的对外贸易政策，由官方推行的朝贡政策垄断了对外贸易的收益。而为了维持外邦来朝，保持国际关系的和缓，明政府也支付了高于贡物本身价值的钱货。民间私人海外贸易处于官方的禁令之下，而由于广阔的海外市场对中国产品的大量需求，人为利而往，走私活动逐渐形成规模。在国内外一致请求开放民间海外贸易的请令下，明代中期开始，海禁政策有所松弛，允许开放部分港口作为通商之用。明政府不再严禁民间海外贸易，转而以征税的方式，对民间海外贸易经济活动，从直接管理转变为间接管理。

（二）明廷对官僚系统的控制

管制型政府不仅对其治下的民众进行方方面面的严格限制，以降低治理的成本，对庞大的官僚系统的控制程度也前所未有。明初统治者出于对官僚群体的警惕，在职能的设计上，采取分职制衡的方式，避免一方权力过大，威胁到统治者的权力。例如前述的财政权力的过度分散，导致各部门处理行政事务效率极低，互相拉扯。统治者处置官员具有很大的随意性，导致官僚群体内部难以达成共识。王朝初期，统治者通过波及面甚广、牵连人数众多的抄家等举措，严厉震慑官员群体，以使其与统治者的治理目标一致。同时在法律上制定奸党等罪名，防止官员之间相互结交为势，形成对统治者构成威胁的势力。这样一来，官员为了自保，必须服务于统治者的意志。

官员本是统治者为了治理臣民而设立的，维持这样一套官僚系统的运转本身需要极大的成本。而紧靠权力的官僚系统，又需要对其进行监督，防止权力的滥用，这就在原有的成本之上，又多出一部分监督官僚的成本。由此便出现了代表皇帝行使权力的锦衣卫、东厂、西厂等职权机构对官员的严格监管。政府给官员支付的俸禄极低，他们不得不在正式的俸禄之外开辟财源，这就为贪腐打开了方便之门。官员在统治者无力监管的范围之外进行寻租，统治者甚至不得不默认这种寻租的常规化，以换取官僚群体的忠诚与服从。

（三）明廷管制之下的寻租

明代以统治者为首的外朝和内府组织，通过严密的社会控制和内部的惩罚机制，形成对社会的高度管制。因为要管理的人口、资源众多，且各地发展水平不一，而国家幅员辽阔，维持治理的成本高昂。这套管制系统的首要目的在于保证其财政收入，以最低的成本维持秩序的稳定。基层社会和家族的约束力，在明清社会发挥着比国家更为重要的管理作用，这是国家权力所覆盖不到的地方。在这种情况下，国家权力通过下放或代理的方式被一些组织所享有。

统治者直接管理所需要支付的费用过高，便通过让渡一小部分权力的方式，抑制成本的增加。而在统治者通过分享一部分权力所带来的收益方面，并不总是呈收益的边际上升。在积弱的情况下，国家内部的一些竞争性组织例如商业领域的商帮行会、官员结党、民间帮派组织等等，在权力未覆盖的空隙中，逐渐侵占原本由国家权力所行使或漏掉的空间。高度管制之下的寻租行为，发生于统治集团的内部与外部。统治集团内部的寻租行为主要以官员的收受贿赂这种隐性收入为主要代表；外部的寻租行为包括民间所进行的一些法外经济活动，例如私人海外贸易、走私团体、商帮行会等商业组织的出现等等。无论是公共领域的寻租，还是私人旨在获得垄断经济地位的私有寻租，在高度管制型政府形态下，都有利有弊。有利之处在于减少了公共领域的资源浪费，弊端在于垄断的形成对正常经济活动中的市场秩序容易造成利益的集中。

寻租是一种获取经济利益的行为，以是否能够有经济产出为标准，寻租行为属于非生产性活动。寻租之所以存在，是因为政府是资源的所有者与分配者，具有任意处置资源的权力。正是因为政府以权力干预经济活动中的资源分配，而在实际的管理与监督过程中又面临着成本的不断增加，因此对于经济活动中的寻租行为，采取睁一只眼闭一只眼的态度。只要经济领域有政府的权力参与，就必然有寻租行为。① 官员与地方上的士商结交收取经济利益是最具有代表性的寻租行为。本身官员俸禄较低，朝廷要求官员以身养廉。在财政收入的分配上也以朝廷的利益优先考虑，地方上的税额存留用于日常开支尚且入不敷出，因此官员不得不寻找其他经济来源。结交官府于士商而言，既是尊贵身份的表征，也能通过这样一层关系，对地方上的司法诉讼、商业利益、基层控制等方面施加影响力。在基层治理的有效性这个意义上而言，寻租是在公共领域展开，并没有侵占国家的权力空间，甚至还可能有利于减少资源的浪费。而危害也随之而来，即与权力相结合，使垄断不受约束，极容易对市场秩序形成破坏。

寻租产生于管制型体制之中，明代对海外贸易管理的严格限制，使寻租行为有了存在的空间。在对私人海外贸易活动进行严格管制的情形下，民间贸易被官方掠夺和垄断。而国家层面的监管与控制力度有限，因此民间利用这点不足参与海外贸易行为，获取利益。而鉴于明代前期朝贡贸易所支付的巨大成本，永乐以后，统治者缩减了用于朝贡的费用，国外贸易商转而开始与民间走私者贸易。这在一定程度上给地方经济带来收益，也相对来说弥补了国家通过法律形式所确立的正式制度在实施过程中所造成的资源浪费。突破被正式制度约束的经济增长潜力，反过来通过市场机制的运转调整僵化的制度，地方政府对此也采取默许的态度。明中叶以后，造成江南地区经济繁荣原因之一的白银货币化就与东南沿海一带的大规模走私活动密不可分。面对海外贸易的巨大利润，沿海民众通过贿赂当地官员、冒充贡使、集结武装等方式，获得出海的机会，甚至许多地方上的官员、卫所官兵也参与到走私活动中来。

---

① 井润田，唐小我：《腐败与寻租行为的分析》，《经济体制改革》，1999年第 2 期。阳穆哲：《腐败问题的三方决策模型——委托人、代理人与寻租者的行为分析及反腐败政策建议》，《经济科学》，2001 年第 5 期。

　　在官方层面，为了政策执行的有效性以及边防安全，对于民间海外贸易活动从严加禁止变为有限度的开放。嘉靖时期的贸易禁令使沿海地区为了争夺贸易权、反抗中央政府禁令，面临了长达十年之久的倭患动乱。对于地方政府而言，民间海外贸易的兴盛对地方财政收益大有裨益，而中央的海禁法令使得沿海地方每年可以获得的财政收入落空。因此，嘉靖年间沿海的海商集团结成武装力量对抗朝廷的禁令，也有地方政府在其中的纵容与袒护。隆庆之后有限度地开放民间对外贸易，并转而通过税收的方式，使政府扩大了管理的范围，重新取得了界定产权、降低交易费用的权力。从一定程度上来讲，明政府后期通过开港口、征税的方式，缓解了沿海地区与中央政府在经济利益上的对峙状态。法令的调整，完善了正式制度在管制方面所存在的缺陷，使得中央政府、地方政府、海商集团的边际效益都呈现递增的趋势。开放海禁的政策，对管制型政府而言，降低了为镇压边防动乱和暴力冲突而支付的军费开支，而对外开放所带来的效益叠加，使得这部分原本不存在的收益被政府通过税收的方式获取，实现了边际效益递增。

　　对民间从事海外贸易的商人而言，前期的海禁法令转变为有限度地进行海外贸易，走私活动得到了政府的合法化确认。从成本的角度考虑，民间海商群体的成本较之前有所减少。一方面由于此前为了躲避中央政府的追捕，海商需要选择更为隐蔽的路线，因此运输成本相对较高。另一方面，走私活动没有政府的法律保护作为后盾，在对外贸易中，商人实际上处于非常不稳定的状况。一旦发生纠纷或者意外情况，风险只能自己承担。在明代后期，政府对海禁法令依时做出适当的调整，海外贸易的困局逐渐破解，为经济增长、国家总的贸易产出和私人从事贸易的边际产出，都提供了改善的机会。而在贸易管制时期，国家的严令禁止导致了资源的浪费。不仅如此，政府对社会的严格管制，创造了大量的寻租空间。私人在政府监管不到位的地方，攫取没有被政府管制到位的领域里存在的资源与利益，并通过结交、贿赂官员，保证自己持续获取利益。

明政府对民间海外贸易活动大部分时间里都实行严格的管制，禁止私人出海。在明初官方通过朝贡的形式对海外贸易尚可管理的情形下，走私活动并不多见，也没有对王朝政府的利益造成损害。永乐之后，官方主导的朝贡贸易因成本过大而不断萎缩。政府对此的投入越来越少，且为了减少财政负担，对民间贸易的管制程度升级。海外对中国市场的大量需求，在朝贡程序上得不到满足，便将贸易对象转向交易成本更低的民间海商。官方所推行的严格贸易管制，在执行层面难以有效地贯彻，给民间的私人资本留下了寻租的空间。寻租使得国家行政效率降低，税收能力下降，中央的法令更加难以在地方上实施，国家权力被不断消解。

明代的经济管理类法律较为精简，这是由于统治者在设计制度之初，只是将商业秩序作为农业社会秩序中的一种，并不关心经济效益和生产力的提升。这种治理模式之下的商业法律，遵循的也是一种简易的农业社会的秩序安排，设置市场准入门槛，规定交易行为中的价格、质量等基本要素，以牙行来监督和控制市场的经济活动。对于经济活动的管理，明政府所制定的法令只起到了最低限度的保护作用，而随着市场活动和生产力的进一步发展，在信用机制、货币制度、供需关系、信息获取等方面，经济活动中的参与主体需要发挥自身的能动作用，尽量使成本可控，进而参与市场竞争。结成商帮、与官员结交等方式，有助于在信息不对称以及技术条件有限的情形下，知晓市场行情，以获取利益。

地方政府在与中央对峙的过程中，为了解决地方财政不足的问题，在正课税额之外，通过摊派费用、捐纳、科索等方式获得额外收益。这部分收益被称为"非正式资金"。此外，地方政府在正税之外默认的"支应银"等费用，产生于产权界定不明晰，法定权利没有完全涵盖，即正额之外的这部分隐性收入，并没有明确的产权所属，因而成为一种人人可以取之的"公共领域"。国家与个人、官僚集团内部的中央与地方，都试图攫取这部分收益，因此形成了一种动态博弈。前面所提到的浙江地方政府对"支应银"改为"均平银"的财政改革，就解释了这样一种权力的动态演进。

对于不同的利益群体而言，寻租有着不同的作用。寻租必然导致成本的增加，寻租人使对方付出了高于实际成本的费用，来获取经济活动中的优势地位，以及因为非正式资金的参与，使高度集权的中央政府的权力开始被分解，控制的力度有所减弱。

（四）寻租对权力结构的破坏

管制型政府内部的寻租行为，对于向官员支付高于经济成本的价格的一方而言，是一种非生产性的获利行为；对于收受利益的官员来说，额外的收益可以在地方上财政窘迫之时，用于支付公务和日常的生活各种开支，也是一种收益。前述地方政府税收较少，对于本地各项公务开支尚且捉襟见肘，因此扩大财源是官员的一种现实性需求。增加财政收益的方式，有在正税之外以力役的方式摊派的收益、通过赃罚银的征收而增加的收益、官僚群体内部的制度性腐败等等，这些是在正式财政税收之外形成的非正式资金。

非正式资金的存在，是管制型政府严格控制臣民的治理目标和监督成本不断攀升以及监管力度不断下降这几者之间的矛盾无法调和所导致的。官僚系统内部的寻租效应不断扩大，权力的效力大打折扣，法令的执行并不总是能够处理纠纷状态下的产权归属。与寻租相应而来的，是本已缺乏强有力监管的中央权力被稀释和分散。当维持法律效果的执行成本和政府所享有的权利状态在边际上突破临界点时，秩序的失效成为必然。

管制型政府内部，建立在寻租之上大量存在的非正式资金收入，有助于缓解地方政府职能因财政困境而在行政运转上出现的问题。这样的非生产性利益，同时也可以为提供资金的需求方，带来相应的经济效益。地方政府额外获取资金来源的方式主要有征收加耗，丈量田亩时多征少报，隐瞒真实田亩数，和买中压低价格或者干脆不予支付对价等等方式。州县官衙里书吏、皂员、衙役等，通过征敛、加派、科索、经费盘剥、扣留经费、捐输等方式获得这种非法收入。里甲、富户等纳税人，通过贿赂结交这些在基层任职的人员。这些非正式的资金，有部分会被纳入地方上的政务经费，并被呈送至上级机关，由此便形成了一种官员之间对于非正式资金的默认。被用于本地的经费，包括兴修水利、赈灾、支付胥吏衙役的工资等等，还用于官员近侍攀附、送礼等私人性质的事务。

非正式资金的征收过程必然伴随着官员对权力的扩大化适用。这种隐性收入为官僚群体所默认，在一定程度上为地方政务的运转提供了资金支持。但是问题在于，这样一种非正式资金，在缺乏必要的监督和财务计算、管理的情况下，更容易纵容官僚群体内部、胥吏、衙役等群体参与利益的分割，因此这部分经济收益非但没有带来生产上的效益增加，反而使监督官僚的费用上升。制度性缺陷，使寻租更容易导致腐败和政务处理的低效，因此，相比于弥补经费不足和维持政务，前者带来的危害及导致的后果更严重。在正税之外的各项收益，最终是由管制型治理模式底层的民众所承担。

非正式的资金来源，并不存在一个相对明确的征收规则，因而具有极大的任意性。对于这部分在正税之外被摊派到民间的费用，缺乏正式的法律制度、监管机制去约束官员群体。并且，官僚内部对于这部分费用的支出与分配缺乏明确的比例。上级对下级、官员对民众相对而言处于主导地位，出于对自身利益的考虑，更需要扩大自己的所得，最容易达成这一目的的便是不断地加收，扩大财源。地方上对非正式资金的获取，是对基层纳税人更为严重的负担，这样一来，正税的额度和比例减少，使中央政府所能够收缴的财政收入降低，统治者不得不颁行诏令，减免一些省份的赋税。明代后期，江南一些省份逋赋逾欠，在朝廷延缓的期限内仍然未能补足完课，朝廷不得不减少对这些省份的征派，转而以其他方式缓解财政危机。

朝廷的赋税收入减少，民间所能够挤出来的公共费用，又有一部分被非正式资金所占据，从而使国家用于支付公共补给、军事保卫、执行法律、稳定秩序等等公共职能受到影响，政府对社会的控制和支配力相对减弱。朝廷对此不得不做出相应的政策调整，如前述明末朝廷通过对地方上各种摊派、支应银等正式财政以外的收入，通过法律的调整，以摊入田亩、折银等方式，对各种派生加征的杂税进行规整和统一，把这些隐性收入合法化，从而纳入到需要上交到中央政府的正税之中，进行权力的隐性转移。这样一来，地方政府和官僚群体内部，通过寻租而获得的经济收益，被中央政府以法律为手段，将这些收益纳入国家的税收体系中，试图重建高度集权的财政体制。

对非正式资金的争夺，不管是权力收归中央还是地方，承担这部分费用的都是基层纳税者。中央政府出于减少官吏的腐败、加征所导致的任意性和权力分化的目的，推行赋役改革，使这些强加于民间的隐性收入在征收和支用上更加规范，试图减轻民间负担，而最终结果却是导致了赋役不断上升，治理成本也随之增加，底层社会所遭受的欺压与掠夺并未减少。

第二节　明中后期规范经济活动的市廛例令

明中后期面对经济环境的变化，明廷通过增修例令来调整经济秩序和社会秩序。明廷对经济活动的管理主要表现为规范牙行，调整牙行在市场上的功能，使牙行成为明廷调控市场的重要工具；因时调整朝贡贸易和海禁政策，既缓解了朝廷内外开海的强烈诉求，也增加了财政收入，降低了治理成本；整顿因官僚系统内部的寻租导致的禁榷制度崩坏，重新允许民间商人参与其中，以调配物资，使财政系统持续运转；加大对客商的保护，约束豪势官绅对市场的破坏，保护商人的正当法权利益；州县官员裁决经济纠纷时，重视民间契约的法律效力，使判决同时兼顾法权利益的保护和传统的礼法伦理，形成对经济秩序的维护。

一、规范牙行的功能

（一）《度支奏议》所见牙行的功能性转变

牙行的商税征收功能是通过买办制度的市场化而逐渐发展的。解释买办的演变以及崇祯年间的两次议案，最终通过了牙行代为官员金商，为朝廷征纳税收的模式。

前述商人所承税课之渐重，在于朝廷不断向铺户商人加征的各种杂税，其中以召商买办为重。明代前期的商人在正课税额之外，被编纳到行户册籍上。这种登记簿并非明代专门为商人开列商籍，而是专供税课所用，便于编审和派遣。朝廷和内府所需物料，除上供、税课和官店、皇店所得作为主要来源，还向民间召商采买官府所需，并支付给一定的报酬。被征召的对象主要是两京的铺户商人。而由于官府经常拖欠或少给价钱，致使铺行亏欠无补，甚至因为官府买办而致破产，积极性不高。此时的召商买办，并不是一种强制性赋役，其所征召的对象也并非全体铺行。随着府库所入难以应付巨大的开支，这样一种临时性征派演变成固定的强制性征收，即"金商"。在这种模式下，铺户商人承担官府买办的物料，官府已经不必向其支付相应的报酬。

有学者将明代铺商所承买办之役的发展演变分为三个阶段：洪武至宣德时，主要是当行买办；正统至正德时，主要是召商采买；嘉靖至明末，则是金商。[①] 当行买办阶段，由于赋税以实物形式征收，因此朝廷、内府所需用度，并不需要大量采买。官府给价，与商户两平交易，是一种较为正常的经济活动。召商采买，是随着政府财政渐紧，和买之时，官府日后给价或以低于市场价召集商户采买物资。在这种形式下，商户所承担的必定是亏损甚至是亏本无收，铺商的利益是否能够得到保障，较难确定。

嘉靖以后的和买就已经丧失了其两平交易的原意，财政方面入不敷出的现象突出，官府一方面不能完成按时向上缴纳足额的税收，也面临着采买物资支付的困难。另外，税收折银，即实物税收的形式逐渐被朝廷所摒弃，代之以白银为主的货币税收，是财政史上的一大标志性进程。官府收入更多的白银，实物进贡大大减少，而宫廷用度不减，因此向外采买物资较之前更多。朝廷逐渐将官府与铺商之间买办物资的两平交易，转变为强制性的税收，无疑加重了商户负担，属于税上之税。这种买办制度演化的过程，与中央日益紧缩的财政状况和征税折银密切相关。整个社会的商业形态、政府的财政政策、货币政策、法律制度、户籍制度、政治环境、社会风气等形成一个相互交织、互相影响的共同体，每一个环节的变动，都互相波及。铺商承担着被政府制度化和规范化的强制性买办之役，正是这种社会变动的例证。

---

① 赵毅：《铺户、商役与明代城市经济》，《东北师范大学学报（哲学社会科学版）》，1985 年第 4 期。

朝廷对铺商的赋役派遣，从当行买办，到召商买办，再到最后强制性的金商，是一个政策制定与实施过程中，国家与社会相互博弈的动态演变的过程。在这个过程中，权力的单向度性，必然带有政治强制性。而作为权力所指向的对象，必然会采取各种措施，以规避不利后果。这些措施，可能是按照法律规定的要求而为，也可能是逆法律而行。明政府将铺商的强制性买办义务进行法律上的确认，日益严重的赋税繁累，促使无力应征的铺商只能纷纷逃避派遣。官府所收甚少，便加大征收力度，金商使得政府与铺商都各自为难。因此，牙行通过介入铺商赋役的征税任务，缓解了政府的征收之难，同时也实现了身份的转变，成为半官方性质的中间机构。

明代的牙行，是民间经济活动的参与者。"官牙制"并不表明牙行的官方属性。明代的牙行集储货、保管、住宿、收买、发卖、借贷、估价等等业务于一身，是市场行情的风向标。客商往来买卖货物，牙行可以提供本地的行情信息，有助于降低交易成本。来往客商需要投托牙行，登记相应的客货信息，以供官府查验，从而获得市场准入资格。随着金商的难度增加，崇祯年间，官府顺势而行将牙行拉入到税收征收的执行中，赋予牙行半官方的地位，作为税收中间人，代为行使征税权。

嘉靖年间，已经可以看到牙行参与铺商买办的相关记载。各个地方的征税难度不一，情况各有不同。嘉靖《通州志略》卷四《贡赋志·课程》载："州城并张家湾猪牙行屠户，每岁额办猪钞银三百余两。买办下程，雇觅车辆、人夫等项，应付往来使客支用。州城并张家湾各色牙行，每年办纳牙行银一千余两。买办下程等项应付往来使客支用"。可知，以通州、张家湾为例的京城附近，牙行本身不仅承担着每岁的买办课额，还要在这之外承办运输、人力事宜，并且负责前来缴纳买办物料人员的往来费用。

　　崇祯年间，府库空虚，朝廷所需用度尤其是军费开支甚大，只能加紧向民间征税。铺商面对沉重的赋税积怨已久，朝廷无论是金商还是召商买办物料，都陷入困境。官员提议发挥之前牙行在金商中征集物资的作用，利用这一优势，成为官府与民间的一道桥梁，完成征税的目的："然则将仍金商乎，无已则用官买之法，夫各仓有监督分司与管理内监兼设者，亦有专用监督及专用内监者，则官买之法可行也。闻各金商收买料草，亦非沿乡（履）亩肩挑担负而来，总籍经纪牙行为号召。此经纪牙行者，金商可用，官买亦可用也。若将原有经牙立为官牙，太仓四人，中仓二、三人。其工食以十二两为率。即于本项钱粮处给。如遇秋收之时，照金商例责令经纪召集乡贩，监督会同内监及巡视科道查收随买，随给价银。或令监督领出预支银两，暂寄太仓外库，随便给祭，无令积棍钻营诓骗拖欠。违者监督以不职论，则无不完之草料而商人亦可免于签报矣。"①

　　从以上资料可知，官员提议，之前官府强令铺商草料之时，就已经通过牙行来进行收集，既便利了铺商，也完成了草料的收解任务。如今的官买，在铺商抵制的情况下，利用牙行的中间位置，支付一定的银两作为工资，赋予其半官方的身份进行税收督收。相较于官员，牙行更加了解市场的行情和铺商的情况，有利于官府监督。可见，面对铺商的消极应对，朝廷有意改变策略，重议以官买的方式置办物资，官府支付给铺商一定的价钱，而非此前的强制性征收，不给对价。而此项提议并未获得皇帝批准，但其中牙行代收税的半官方地位，在崇祯五年被采纳，并进行了内容上的规范化。

　　在记载此次改革的《广西司卷三·覆金商困民改议官买疏》中首先值得注意的是这样一段文字："臣等仰奉明谕，夙夜筹划，

---

　　① ［明］毕自严：《度支奏议》，《题覆尽革金商改为召买折价疏》，《度支奏议·广西司卷二》第六册，上海：上海古籍出版社，2007 年，第 588—589 页。

欲苏商困，宜无过于官买，而其法亦惟照崇祯二年题覆款项，就中稍损益之。盖所谓官买者，岂真令监督置身日中之市，降而与驵侩伍哉。犹是经纪牙行也。犹是弇豆物斛出授之以糈，则经纪乐为用，官给现银而不摧其值，则贸利之民击毂而至矣。合如前议，以钱粮多寡定经纪名数，岁给工食人十二两，即于本项钱粮处给。如遇秋收之时，巡青及太仓科道先期估定物价，务与时值相当，稍从优厚，具疏奏明，监督领出银两，协同内监并责经管官攒，督令牙行收买，立给价值，务期秋初肇端，冬中竣事，不得延至岁终。其有富商大贾，情愿输纳入仓者，总给价值，听从民便，不妨以召商之法行官买之事……若用官价强买，商民裹足，致误供应，及被人诬骗侵欺钱粮者，责在监督等官，此官责之大凡也……合无将每季解银两积贮在库、秋成照数给发与内外各衙门"。①

　　改革的目的是缓解商民的困境，以减少其对朝廷的怨愤情绪，而最重要的仍然是朝廷府库的财政状况。铺商与官府之间因金商买办，存在着严重的矛盾。一方面，朝廷采买物资，若令官员前往市廛，置身于市侩之间，则有损身份；另一方面，在官商冲突的情形之下，派遣中间方牙行，可以避免两方的直接对立，牙行从中活动，既可以转移商民的积怨，也可以完成税收的征缴。这样一来，税重的问题就从官民之间，转移到牙行与民众之间。崇祯五年的这次提案获得了准许，将牙行代官府征税进行了法律上的确认。朝廷改变了原有的金商采买，如御马仓收集草料、豆类、粮食等物资，原来是由朝廷指派官员至每仓进行监督，崇祯五年的改革，专设经纪收买，且各个仓设置的专职经纪人数固定，所需的物资由经纪牙人召集采买。除御马仓外，京五草场、象房草

---

　　① 《度支奏议·广西司卷三》，第六册，第 662 页。引自钱晟：《论明末北京牙商的分布与经济地位——以买办、税收机构的相关史料为中心》，《历史地理》第 36 辑。

场等仓收买物资，也由专设的经纪牙人负责，且人数明确，严禁其他人私充。

由以上资料可知，牙行代替政府征收税款的业务，发展于明代后期。牙行代替政府征税是因其本身在市场环境中所处的优势地位。因此，在本身已发挥着监督市场、代替政府管理市场的业务之外，牙行承担起税收征缴的功能，体现了牙行跟官府之间相当微妙的关系。通过金商和官买这种征税方式，政府将征税的权力分散一部分给牙行，使其代为行使这部分征税的权力。对牙行而言，被赋予部分征税的权力，在身份上属于半官方的性质，接受官府支给的工资，代政府管理市场，反映市场动向。通过召集铺商买办朝廷物资，政府将牙行纳入征税过程中，赋予其合法的代收税课的地位。相当于让渡一部分权力于牙行，在已有的监督市场的功能之上通过增加其税收职能，通过控制牙行实现对社会的管理。这种转变，既因政府无力进行直接管理的无奈，也因牙行本身处于优势地位，是市场选择的结果。因此，通过控制牙行，使牙行代为行使官府的部分职权，明政府从直接管理经济，转变为间接管理。

明初的牙行，在中介买卖、记录市场行情、商货情况等方面，发挥着重要作用。牙行、歇家等机构，除了自身缴纳与铺商同样的税课，还为官府直接管理经济提供了必要的帮助。牙行用于记载客商物货的登记簿，每月需赴官查照；市场上物价的评估由有司进行，召集牙行辅助，以反映真实的物价水平；牙行为政府管理市场提供真实的行情，并伴随着经济活动中降低交易成本的需要，在业务上有所拓展，进行借贷等等。

明代前期的牙行在市场上所承担的功能，是为商人获取信息降低信息成本，在这个基础上，牙行的性质为民营，为政府的经济管理提供信息。同时因为牙行本身在市场上的优势，代为调处商人之间的纠纷，是民间经济活动自我调整、自我优化的一种选择。牙行的这些传统功能，并没有撼动政府对经济活动直接管理的职能，也并未分享权力，整个经济活动的框架大体不变。嘉靖之后，牙行通过金商买办这一税收行为，参与到官府的管理中来，并分享着一部分经济管理职权。此时牙行已不再仅仅在民间经济活动中起中介作用，而是逐渐参与到官方职权的行使，分享政府的税收大权。明政府将牙行纳入其征税体制中，牙行代理官府对铺商征收买办之税，这是王朝对社会的控制力不断减弱的形势之下，不得已而采取的措施。

（二）明后期政府对牙行功能扩展的依赖与警惕

明政府对复杂经济关系的警惕，自明初已有所显现。洪武年间所创立的高度管制型治理模式，力图使四民相安，经济活动的内容相对简单，社会的生产方式主要依靠于农业。外地商人携财货至京城，并不能即刻发卖，在入市交易之前，需要为货物安排停塌之所。驵侩之徒从中把持为害，因此官府建塌房作为商人停货之所，试图以此阻断牙行在市场上的作用，进而取缔牙行。官府所控制的塌房，自建立之初就显现出弊端，多为权豪之家所操控。且牙行作为久已成习的市场组织，对商品货物的流转、货币的兑换、交易信用等成为通行的惯例。几经权衡与修改，洪武三十年颁布的《大明律》确立了牙行的合法地位，并使其作为政府管理市场与商业的重要工具。

牙行的功能随着政府职能的扩张和财政汲取需要，发生了相应的变化。最晚在嘉靖年间，在朝廷向商人铺户征派的买办中，牙行已参与其中，每岁向朝廷缴纳税费。如前述通州城及张家湾等处的牙行在官府的金商买办任务中进行的协调作用。

牙行这类市场上的中间组织，对市场行情及商货流转的信息最为精通。《醒世恒言》中有这样一则故事，明代苏州府吴江县的盛泽镇，应纺织而成为商业市镇之后，各处农户所产的布匹，都依靠牙行带领客商前来收买，并不自行前往市场售卖。除了牙行，明代的民间市场上还存在着歇家、保家等中间性组织，对于市场的流转与秩序的维持，发挥着重要作用，是民间市场自由发展的产物。

在市场买卖活动中具有无可取代地位的牙行，同样有助于解决政府的征税任务。随着财政压力的不断增加，城市中商人铺户的赋役名目繁多，负担加重，招致商户怨嗟。由民间组织的牙行代政府征税，避免了由政府直接面对商户，牙行代为沟通协调，从而完成税收的征取。

崇祯年间，官员奏请由牙行征收商户税课，以改革政府与民间互不合作的困境。实行的方式是，设置专门的职位，由牙行人员担任，并支给薪资。担任此职位的牙行人员，在身份上从民变为官僚群体的一部分，存在着身份属性上的转变。对于牙行征税职能的赋予，政府并非完全拥抱这一转变，而是保有必要的警惕。

前引《度支奏议》中《广西司卷三·覆金商困民改议官买疏》的相关记载可知，官员对牙行参与行使征税大权，尤为介怀："盖所谓官买者，岂真令监督置身日中之市，降而与驵侩伍哉。猷是经纪牙行也。犹是刍豆物斛出授之以糈，则经纪乐为用，官给现银而不摧其值，则贸利之民击轸而至矣。"[1] 原因在于，尽管牙行是重要的市场组织，且朝廷此项改革为苏民困，但牙行在社会地位与价值观念上，仍然是唯利是图的驵侩。如今为了完成征税的任务，采取便宜之计才不得不与之为伍，本质上却仍是处于不同的社会阶层。牙行擅于通同奸计，欺行霸市，阻坏市场，致使商户赔累无还，扰害官府之信誉，必须严加管控。"巡司及太仓科道先期估定物价，务与时值相当，稍从优厚，具疏奏明，监督领出

---

[1] 《度支奏议·广西司卷三》，第六册，第660页。引自钱晟：《论明末北京牙商的分布与经济地位——以买办、税收机构的相关史料为中心》，《历史地理》第36辑。

银两，协同内监并责经管官攒，督令牙行收买，立给价值，务期秋初肇端，冬中竣事，不得延至岁终。"①

不只牙行，歇家、保家这类中间组织，代钞关办理商人的征税事宜，朝廷内部的官员对此看法不一。嘉靖年间，户部尚书梁材严厉斥责铺行包揽关税："各钞关有无藉之徒，专一招接船户，索骗银两为生，每遇船户到关，引写报单，指以打点纳料，多派银两，诓收在手，止将料银煎销上纳。其使用之数，倍于正料。内将一半分送在官人役，一半入己，俗有船户落铺户，一料成两料之语。船户人等明知其弊，但以往来必由之路，虑恐结怨，不敢声言。故于揽载之时，多取商人纳料等项银两，甘心投托，为害亦多。今给告示张挂晓谕，今后商人顾写船只，止许交与水脚工食。所纳料银，本商备办足色银两，径自到厂，照数报纳，不许船户干预，违者各治以罪。"②

牙行阿谀附势，操纵市价、囤积居奇、欺行霸市、欺压客商等等行为，在司法档案中亦不鲜见。例如发生于崇祯六年的一件牙行欺行霸市的案例，陈官、张溪皆米行，一位无锡的客商初投靠于张溪，后投于陈官，张溪借此欲侵夺陈官的牙行，二人相互殴打，刁逞之极。另有牙行陆松，因开米铺的赵世德欠其银钱未还清，陆松纠集众人至赵之米铺闹事，并怂恿另一位商人向官府诬告赵世德强劫。后赵将所欠之银钱还清，此等聚众闹事、倚势诬告之人，被官府处以责罚。

因此，牙行、保家、歇家、铺户等代为金商买办事宜以及征税，是一项重要权力，有必要进行监督，使牙行在政府的指令下

---

① 《度支奏议·广西司卷三》，第六册，第 660 页。引自钱晟：《论明末北京牙商的分布与经济地位——以买办、税收机构的相关史料为中心》，《历史地理》第 36 辑。

② ［明］梁材：《钞关禁革事宜疏》，载孙旬《皇明疏钞》卷三十八《财用一》，续修四库全书本，第 205 页。

参与收买、估价、征税之职，避免多生事端。这样一来避免了官府强制使商民不配合，延误供应；二来可以监督牙行，避免国课有亏。

（三）牙行功能变化的经济分析

牙行作为中间组织，依赖以经济效益为导向的市场交易活动。其业务范围从居停货物、招揽商户、居间说合、兑换钱银等纯粹的经济属性，扩充到代官府管理民间市场、金商买办、征收商税。可以说，牙行的功能变化，是权力与市场共同选择的结果。

按照马克斯·韦伯对社会行动及权力的分析，一项指令能够影响、支配众多的行动者，乃至在行动者中出现协同行动，这种行动的一致性并非概率性事件，而是形成了相对稳定的有社会意义的内容，必然建立在某种正当性基础之上。行动者根据指令做出的反应，或是出于习惯，或是习俗，或是行动者自身所意识到的正常利益。[①] 被支配的行动者，包括民间市场上的商人、生产者向统治者缴纳赋税，也包括在统治者的征税指令下执行统治者税收征缴命令的朝廷官员。官员需要应付来自上下两个方向的不同考量。

统治者希望尽可能地获取更多的财政收入，而社会民众则希望自己的财富尽可能少的被剥夺。如果仅仅依靠强制性命令进行财富掠夺，在现实上并不可能，与社会民众维持和缓的关系，是一种更为经济的做法。明代后期，朝廷出于财政压力向城镇中的商人铺户征收的赋税加重。征税的过程是政府权力与社会民众互动的方式。政府既不能施以过度的强制换取暂时的服从，也无法在对社会动员力有限的情况下，凭商民的自愿收税。作为最通晓市场行情的牙行这类中间组织，它们一方面在长期的市场交易中

---

① ［德］马克斯·韦伯：《经济与社会》第二卷，阎克文译，上海：上海人民出版社，2010 年，第 119 页。

承担着降低风险、提供信用以减少不确定性的职能，也是政府监督管理经济活动、征税的重要工具。在政府强制征税已较难获得有效服从的情况下，牙行代为征税，一方面能够在政府对民间社会权力的执行中提供有力的缓冲，另一方面，将权力的一部分下放至民间组织，在客观结果上使征税任务得以实现。免去了政府直接面对数量众多、互相独立的纳税个体，只用向牙行、歇家等中间性组织征税，相对减轻了政府直接向商民征税的成本，可谓一举多得。牙行征税这样一项业务扩充，对政府而言，形式上是权力的分享，实质上是一种较为灵活的政治策略。

对于商户而言，作为不断加重的财政负担的实际承担者，牙行代理金商买办、征税、签报税单、招揽客商、打点接待等功能，同样是市场上的经济活动主体的共同选择，核心在于便利交易、控制成本、降低经济活动中的不确定性。商户只需向牙行按年缴纳税费，省去了自己纳税的一系列程序。

牙行这种中间组织代为征税，使税收程序更为简便。牙行向商户收取税收，政府则直接向牙行征税。在形式上，牙行代行征税大权，是权力的分散与对社会的妥协；在实质上，征税权的分享，是权力结构与民间市场在长期的依赖与互动中，基于各自的成本与经济效用审慎考虑后共同选择的结果。牙行征税这一明代财政领域的改革措施，体现了权力对市场的依赖程度逐渐加深，早已不同于明初的权力运作对市场的忽视，而是借助市场的力量，实现其征税目的。

二、例令对商人产权的积极保护

明朝历史上，在嘉靖皇帝以前，帝国财政的运转以农业税为主。尽管商业发展和生产效率的提升并没有列入王朝治理的要务，但商业活动的增加、商人财富的集聚、商业关系的日益复杂化，尤其是帝国财政困难，商税在财政税收中比重渐增，这些变化促使王朝政府强化对市场商业的管理，以保证政府源源不断地汲取税收，维持统治。对商业的逐渐重视，是随着王朝财政危机的日益加剧而产生的，本质上来讲，营造稳定的商业秩序、保护商人的权益、限制权势豪滑、牙行之类对商人的侵利，并没有提升商业运行的效率与实质性突破，而仅仅是王朝政府作为缓解财政压力、维持秩序的稳定的策略。从总体上来说，随着交易的日益频繁，商人对于降低交易费用、确保交易的正常进行等等诉求，在明代中后期得到了较于前期更多的重视，经商环境在政府的参与以及管理下有所改善，是权力与市场共同作用的结果。

明代中后期一系列保护商人的法令、禁令，旨在稳定社会秩序，使政府能够源源不断地获得财政收入以维持大范围内的统治。这一系列法令包括保护小商民铺户，使其不至于纠集造反；减轻市廛商民所深累之铺垫费；维护正当的交易秩序，禁止牙行、皇店欺诈把持；禁权豪富户侵利于国；减轻塌房、皇店对市场秩序的危害，使之运作尽量规范；等等。明政府对经济活动的管理，并非立足于从制度层面进行创制立范，以使市场活动更加高效，以及在经济效益上进行创制与突破，而是在已有制度的基础之上，进行小修小补，以维持统治秩序的稳定和谐，避免造成社会失序。这是食货体制之下，政府为维持对广大疆域的治理，而进行的现实性选择。

（一）轻敛铺户

市廛铺户商民对政府承担的赋役负担从明初即已确定。到了明中叶，政府的财政日渐紧张，以田土为生的农民和以买卖为也的城市商户，对政府承担的赋役税课，不同程度地增加。以塌房为例，经营塌房的人员无论官民身份，在每岁向官府缴纳既定额课之后，还要另外加征款项。商税自明初起，规定的税额为三十税一，较农户为轻，足见当时明政府将税收的重点放在农业上。

事实上，商税征收自明初便无定额，三十税一是一种原则性规定，而实际情况略有不同，地域性差异也是统治者考虑到的问题。洪武二十年，户部上奏请以洪武十八年的税额为定制，被朱元璋否决："商税之征，岁有不同，若以往年既为定额，苟有不足，岂不病民，宜随其多寡，从实征之。"① 因此，明初的税课征收是一种弹性的规定，以避免增加税钱招致民怨，税课可以随时增减。这样一种随时可以变更的政策，固然是明朝中后期税课愈繁重的源头所在，而究其根本，则在于终明之世，政府的财政制度并未形成有效的管理。

明代中后期，官吏群体内部科索现象频发，铺户除了担负税收、差役、采买等政府强行摊派的赋役，还面临着胥吏的科索与勒掯。其中重要的一项负担就是铺垫之费。

宣德年间，政府以钞法不通之名，对客商及铺户加征五倍税收。增税的市镇多在江南经济较发达的省份和依凭漕运而兴的市镇。官员认为，钞法不行的原因在于客商店肆积压钱钞，不积极向政府交纳额课，导致政府钱钞亏损，国课不足。因此，宣德五年的增收商课，并不以各色店肆、客商是否已经足额缴纳课钞为标准，而是以通钞法为目的，强行向商户摊派的税课："（宣德四年正月乙丑）增北京顺天府、南京应天府并直隶苏州等府州县镇市诸色店肆门摊课钞，时行在户部以钞法不通，皆由客商积货不税与市肆鬻卖者沮挠所致，奏请依洪武中增税事例，凡顺天、应天、苏松、镇江、淮安、常州、扬州、仪真，浙江杭州、嘉兴、湖州，福建福州、建宁，湖广武昌、荆州，江西南昌、吉安、临江、清江镇、广东广州，河南开封，山东济南、济宁、德州、临清，广西桂林，山西太原、平阳、蒲州，四川成都、重庆、泸州共三十三府州县商贾所集之处，市镇店肆门摊税课增四十倍。上

---

① ［清］龙文彬纂：《明会要》卷五十七，食货五，北京：中华书局，1956年，第1085页。

以太重，令增五倍，俟钞法通，悉复旧。"①

以政治手段解决货币政策通行之困难，在明代历史上并非个例。"（正统十二年三月乙酉）南京山东道监察御史闻人谔奏：'宣宗时，因钞法不通，命停塌商货之家，舟车稇载之物皆征其钞。今闻中外钞不分软烂，但有字可验者一概行使，钞法可谓通矣。停征之命未下。且如大船大商万取其一，固为无伤，而鬻蔬载薪小车小船媒利几何，复征其钞，请暂停止。'上命户部议行。"② 可见，正统年间，朝廷解决钞法不通的问题，其解决方案仍旧是针对钱钞流通最为频繁的商人，而非货币政策的症结所在。尽管朝廷的目的是在于通行钞法，却在客观上使得商民尤其是小商铺户对政府应担的赋役在一定程度上有所减轻。

景泰年间，官员就民间商民久累于重科，意识到以增税的方式通钞法非但不能疏通钞法，反而招致民怨。市镇开铺店行肆者，本已有门摊差徭，徒增无益。"臣等思得通钞法固经国之当务、顺民情者尤保邦之当先。使徒利于国而不顺于民，则所得者小，所失者大，虽曰利国实无益于国。虽曰便民实有扰于民矣。"③ 且于南北二京开店铺的商户，多非本地土著，尚无祖业故居于此地，尤其应当体恤，强行摊派，则是逼迫商民走上流徙的道路。纵使强行征派，使钞法疏通，而已丧失民心。当务之急不在于增税于商人铺户，而在于朝廷上下务修节俭，省去加征之繁："惟在皇上戒饬群臣务修节俭，省无益之费，节无功之商，汰冗官之虚糜廪禄，简冗兵之虚费粮饷，罢不急之务，禁游食之民，则财赋自充，

① 《明宣宗实录》卷五十，宣德四年正月，台北：中研院历史语言研究所，1962年，第1210页。

② 《明英宗实录》卷一百五十一，正统十二年二月，台北：中研院历史语言研究所，1962年，第2940页。

③ 《明英宗实录》卷二百四十四，景泰五年八月，台北：中研院历史语言研究所，1962年。

国用可足，奚必如此烦扰而后有益于国乎？伏望皇上上鉴天变，下悯民穷，将各色应纳钞贯暂且停止，丰稔之年然后举行。若犹虑钞法不行，乞敕该部出榜晓谕军民人等，务令钞与铜钱相兼行使，违者治以重罪不恕。如此则国用不亏，下民不扰，诚为两便。"后有诏曰："钞法流通，本以便民，今既有纳门摊房钞，其菜果园及小铺行暂免，俟丰稔时定夺。"①

官员请求暂时停止各色门店加征之繁，给铺户商民以修整喘息的时间，于国家府库而言也不至于有亏损，目的仍然在于维持长久稳定的统治。而这一提议被皇帝否决，只允许小种植户及小商户暂时减免应加之税，而其原有的门摊课钞，也就是已有之税则勿论。暂免加征之税的目的，也非出于安抚民生，而是缓解钞法之弊病，其最终目的仍然落脚于财政资源的汲取。这是明政府与公众利益所不能相容的一面。以皇帝为首的文官政府的政策重点在于维持税收的持续稳定，以进行长久有效的统治。而毫无节制的横征加赋，与被治理民众的基本需求相违背，也背离了明初所规划的低成本、低税收、简易有效的文官政府的初衷。

到嘉靖、万历年间，商民铺户承担的税收更甚。尤其万历年间，派往各地的税使，在本已加征的份额上，任意科敛，成为皇帝敛财的爪牙。（嘉靖二年四月庚寅）给事中汪应轸等请革京城铺户，言："古者徙豪杰以实京师，我朝亦有富户，皆重根本。至于和买之法，则自宋南渡始，殊非善政。今和买不给直，独累京城，以戕根本，其不善尤甚焉。臣以为革之便；如不可革，则宜照例给价，务在两平。"事下户部复言："累朝旧规及《会典》所载和买必多其直，正德以来始取物于市而令领价于官，使民损资失业，困极生怨。今铺户卒未可革，请令户工二部凡办物料纳科皆当先

① 《明英宗实录》卷二百四十四，景泰五年八月，台北：中研院历史语言研究所，1962 年，第 5300 页。

给以价。"皇帝从之。①

和买自明初就已存在。正德年间的内府、外官于市集买办物料，径直取货而不直接给付价款，使商民于事后再行支领，甚至无处支领。这样一来，和买仅存其名，而成为铺户新增的买办之税。嘉靖年间朝廷注意到这一点，对和买不给直、拖欠商民、欺压铺户的弊病予以订正。

嘉靖年间，不仅是针对以和买之名而增门摊之实的弊病进行的整治，朝廷还对竹木抽分减税。主要表现为嘉靖初年，将此前增设于各地的抽分局与税课司予以减并，这是一项便商利民的举措。

嘉靖年间的税额，较之前与之后都有所减轻。《明史》记载，"京城九门之税，弘治初岁入钞六十六万余贯，钱二百八十八万余文，至末年，数大减。自正德七年以后，钞增四倍，钱增三十万。嘉靖三年，诏如弘治初年，仍减钱三十万。"② 京师九门，是外地进入京城的九道关口。外地商货入京师，需要在其所经过的城门处缴纳钱钞，方能人货入城，这笔钱属于过路税。征税在银与钱钞之间变化不定。成化初年在征银的基础上，复征钱钞，至成化八年才确定为收银，以后为定制。嘉靖年间的税关与税额，相比较之后的万历年间都相对规范和克制，对商民有所体恤，征税并不随意派遣。

至万历年间，内库所藏空虚，皇廷各项用度浩繁，所需资费甚巨。民间已疲于税课过重，尽管张居正整修财政的措施给府库带来了巨大的收益，也很快被挥霍一空。不断加征的税额、官员税使的盘拨科索是万历年间的一大特色。宫殿内的灾祸、营建之费、皇室用度等等，给增税以口实。以进入京师的商货为例，在

---

① 《明世宗实录》卷二十五，嘉靖二年四月，台北：中研院历史语言研究所，1962 年，第 705 页。

② 《明史》志第五十七，《食货五》。

正课之外，加征起条税、船税，且在关口重复征税："神宗初，令商货进京者，河西务给红单，赴崇文门并纳正、条、船三税；其不进京者，河西务止收正税，免条、船二税。"①

皇帝专设権税之使，为内府敛财，始于万历年间，《明史》记载："権税之使，自二十六年千户赵承勋奏请始。"自此之后，作为专司与内府的税监被派往全国各地商业繁盛、商人辐辏之地，"或征市舶，或征店税，或专领税务，或领开采。"奸民贿赂税官，作为其爪牙。以内府的名义，肆意树旗建厂，侵夺地方资源；随意设置临时性的税所，盘剥过往商客。所行之处，"视商贾懦者肆为攘夺，没其全资。负戴行李，亦被搜索。"② 権税使对当地从事小本经营谋生的乡村小贩、土著商人，公然违背朝廷禁扰禁税的法令，皆令输税。

税监矿使在所管地方横行无阻，数次激起民变，如较大规模的民变有：万历二十七年陈奉激起荆州商民暴动，逐走陈奉。马堂激起的临清民变，杀死马堂党羽三十余人。万历二十八年，蔚州矿工暴动，潮州民变。万历二十九年武昌民变，逐走陈奉。苏州织工以葛诚为首举行起义，打死孙隆党羽六七人，孙隆逃走。江西景德镇民变，焚毁税厂。万历三十四年，云南民变，杀杨荣。万历三十六年辽东锦州军民大暴动，逐走税监高淮。万历四十二年福建漳州民变，反对税监高寀。对税监矿使的暴虐行径，万历皇帝采取纵容的态度："富家巨族则诬以盗矿，良田美宅则指以为下有矿脉，率役围捕，辱及妇女，甚至断人手足投之江，其酷虐如此。帝纵不问。"③ 内府诸监，作为皇帝的耳目和亲信，对皇帝上供珍奇物品，以示忠心和崇敬。内府诸监以收税之名，搜括民间财富以上供皇帝，而这些税额独立于户部的财政税收，做为皇

---

① 《明史》志第五十七，《食货五》。
② 《明史》志第五十七，《食货五》。
③ 《明史》志第五十七，《食货五》。

帝个人的小金库。对于民间而言，不断加征的税额并不能交付给外朝作为国用，而是大部分入内府以供奢华的用度，朝廷敛财之心暴露殆尽。朝廷的利益尤其是以皇帝为首的内府敛财的利益与民间的公众利益的冲突在此时到达顶点，政治的不稳定因素日渐突出。

以户部尚书为首的外朝官员极力上疏陈税费之重，致使商民凋敝，因此加征并非善策。各处税额亏欠，并非所任官员办纳不力，而是被税使盘扣欺压："查万历二十七年以后一岁缩减一岁，至二十九年各关解到本折约征银止共二十六万六千八百两三钱，比原额过缩。"[①] 地方财政收入的减少，与矿监税使不受约束的权力有关。"在临清关则称往来夥商三十八人，皆为沿途税使抽罚折本，独存两人矣。又称临清向来缎店三十二座，今闭门二十一家；布店七十三座，今闭门四十五家；杂货店今闭门四十一家，辽左布商绝无矣。在淮安关则称河南一带货物多为仪真徐州税监差人挨捉，商畏缩不来矣。……无乃税使之害，尤有甚于跋涉风波者，则苛政猛于虎之说也。"[②]

因此罢税使是解决财政危机的当务之急。尽管这其中隐含着外朝官员对内府监局欺压擅权的不满。内府外朝的争端不可避免，它们各自所行使的职权和所代表的利益不同。内府诸监局作为皇帝的专门机关，只以皇帝的指令为是；外朝的文官政府以传统的道德观念作为治国行政的理念。可以被视为皇帝利益与公共利益之间的磨合器，缓和了冲突，使双方容和。但矿监税使作为内府所派往各地的人员，其所收税款独立于户部财政，甚至使得户部税额不能足数，递年亏欠，收缴的税额不足以用于支付公共开支。

---

① 《明神宗实录》卷三百七十六，姚伟军等编：《明实录类纂（经济史料卷）》，矿监与税使，武汉：武汉出版社，1993 年，第 158—159 页。

② 《明神宗实录》卷三百七十六，姚伟军等编：《明实录类纂（经济史料卷）》，矿监与税使，武汉：武汉出版社，1993 年，第 159 页。

户部官员所陈确系问题所在，而裁撤税使必将要大大地缩减宫廷奢靡的用度，朝廷府库本已捉襟见肘，这项提议毫无疑问地被万历皇帝搁置，以消极的态度否决了裁撤税使的提议。

矿监税使的问题到了泰昌年间得到解决。且万历年间一系列苛捐重税，也得以减免，《明史》记载："光宗立，始尽蠲天下额外税，撤回税监，其派入地亩、行户、人丁、间架者，概免之。"万历年间，张居正推行一条鞭法，在形式上简化了税收。一条鞭法是顺时而推出的政策，于朝廷的货币政策、财政政策而言，是一种便利举措。

张居正位居首辅之时，大刀阔斧地进行了一系列改革，纠除体制内的弊病，惩治官吏中的奸佞之辈，重新丈量田土，籍册户口。一条鞭法顺应了民间对银作为通行货币的要求，也满足了朝廷对银的大量需求。将以往的赋税徭役、名目繁多的各种摊派，统一以财产和人丁的多寡作为缴税的依据，于此之外不再另行加派。清丈田粮，全面推进统一以白银作为财政计量单位，赋役合一，统一计银征税，从而重构了一个新的财政体系。

张居正财政改革，将以户部为主的财政大权制度化；而万历年间设立的矿监税使则独立于外朝的财政机关，是皇帝的个人府库，侵占政府的正常税收，在中央层面分割了朝廷的财政大权。万历年间名目繁多的征税，并不局限于张居正财政改革所限定的框架。听命于最高统治者的内府，在朝廷所定税收之外，肆意增派，地赋、丁税、房产税、商铺行户税仍旧存在。至泰昌年间，一条鞭法所规定的正额之外的加征才告废止。

额外加派之税在泰昌与天启年间得到暂时的缓解，天启年间，朝廷上下试图整顿万历以来的弊端，缓解商人铺户所担负的重税，并借此规范统治群体内部的科索、侵染于铺户等等诸多不规范的行为："（天启元年十一月壬戌）户部尚书汪应蛟复甲丁库钱粮四款：一、免税。谓：'丁字库油漆、铜、锡等项既派商办纳，复照单比税，何商何堪？宜移宣课司知会，凡召办俱免纳税，以滋重困。'一、革铺垫。谓：'外解钱粮铺垫，已属陋规，此外复有茶果见面科敛名色，宜严谕库珰尽行裁革。至召买商役，原系苦累，应令止完本色，勿概索铺垫。'一、截支。谓：'商价不给，辄以揭借倾家。今后召买必先给价，如恐领银虚冒，应照截支之议，钱粮收到即给价银，未完之数另行追比，续完之价再为截支。庶贫商有所接，而在官稽查蛮易。'一、平估。谓：'京师物价腾贵，较之出产地方价辄数倍。先年会估较今价不啻星渊，容臣部移巡视诸臣及札九门盐法、部、司等官，会同估值，照时价通融增减。仍责商人召办，务要真正物料依期进纳。'从之。"①

天启年间朝廷对税收的不规范进行过短暂的修整，之后复征，且税率较之明初有增无减。已至末路的明王朝，此时面临着北方地区外戎进犯、东南沿海局势动荡，军费开支巨大。财政危机并未随着暂时的免征得到缓解，且朝廷缺乏可资治理之臣，已无力兼顾内外。

（二）禁权豪把持行市

明初朝廷下令富户迁徙至京师，以便进行直接的控制。而权贵阶层利用特权牟利经商者，自明初就大有人在。明仁宗时，大理寺右少卿弋谦的奏疏中曾描述了势要经商的情形："洪武中，官员之家不得于所部内买卖，今自都按卫所、布政司、按察司、府、州、县官，悉令弟侄子婿于所部内倚官挟势，买卖借贷，十倍于民。"② 权贵经营工商业，主要集中在最有利可图的行业，如参与盐业专卖。尽管朝廷三令五申严禁权贵势要之家参与，凉国公蓝玉仍然倚势命令家人支领盐引："命家人中道云南盐一万余引，倚

---

① 《明熹宗实录》卷十六，天启元年十一月，台北：中研院历史语言研究所，1962年，第827页。
② 《明仁宗实录》卷九，永乐二十二年癸丑。

势总支。事发，太祖曰：'此是侵夺民利，阻坏盐法'。但是功臣之家，中到盐引，尽行没官。"① 作为生活必需品，盐的贩卖获利颇丰，如徽商、晋商便是因贩盐而发家。

《大明律》中针对势要之家参与食盐买卖，单列一条，以示朝廷对此的重视："监临势要中盐：凡监临官吏诡名，及权势之人中纳钱粮、请买盐引勘合、侵夺民利者，杖一百，徒三年，盐货入官。"② 而官豪势要之家的牟利行为并没有因此而停止。永乐年间，公侯都督等权势之家，奏请行商中盐者已相当多："公侯都督……行商中盐，凌轹运司及各场官吏……朝廷申明旧制：'四品以上官员之家，不许与民争利'……今都督蔡福等，妄行奏请，既付于法，其公侯有犯者，亦宜鞫治。上曰：'姑勿治，令户部榜谕禁止'。"③ 在这样的情况下，朝廷并未对蔡福严加查办，纵容了之后成化、弘治年间的公侯把持、官商勾结。

弘治时，"庆云侯周寿家人周洪奏买两淮残盐八十万引；寿宁侯张鹤龄家人杜成、朱达等，奏买长芦、两淮残盐九十六万引。"④ 不仅如此，势要家人占窝中纳，勾结地方，独揽地方盐业支领贩卖业务，致使客商无所支领，连累赔还。权势之家占据山场草荡，欺侵灶丁，把持着食盐的生产、支领、贩卖环节，不仅残害客商利益，也侵利于国家，致使国库有所亏欠。

对此，朝廷颁布法令，加大了刑罚惩戒力度："除官赏、官卖、长芦夹带，已有诏条禁止外，其余但有官豪势要顶名报中，嘱托有司，多买私盐，装载大包，强掣挽卖等弊，悉照近日奏行事理逐一查出，人拿问罪，盐没入官。不许容流纵放，亏欠盐课。

---

① ［明］刘辰：《国初事迹》。
② 怀效锋点校：《大明律》，北京：法律出版社，1998 年，第 79 页。
③ 《明太宗实录》卷一百零九，永乐八年冬十月乙未，台北：中研院历史语言研究所，1962 年，第 1403—1404 页。
④ 《明武宗实录》卷五。

务将总催人等，责限杖并追完。总催中间，有递年豪滑，不惧法度，虐害灶丁，侵欺盐课者，正身连当房家属，牢固解京，问发充军。家下房产并值钱物价，悉准折易盐补课。灶丁有缺，督令有司佥补。山场草荡勘踏，不许占据。仓廒锅盘损坏，措置物料修理。灶丁艰窘，设法赈济。客商应给盐者，即便给与，不许所司刁蹬。各该行盐地方，有别省盐越界来卖，及盐徒兴贩私盐者，行令所在有司严加缉捕。"① 此时对势要之家把持盐业的处罚，由明初的杖责，加重至充军，以严厉禁止权豪之家对盐业专卖制度的违反。

针对权豪势要之家开设店铺、勒揭客商、破坏市场的行为，明代中后期通过对法令的增补，加大了刑罚的惩治力度。

"成化十五年十月二十二日，节该钦奉宪宗皇帝圣旨：管庄佃仆人等，占守水陆关隘抽分，揭取财物，挟制把持害人的，都发边卫永远充军。钦此。"②

"各处客商辐辏去处，若牙行及无籍之徒，用强邀截客货者，不论有无诓赊货物，问罪，俱枷号一个月。如有诓赊货物，仍监追完足发落。若监追年久，无从赔还，累死客商，属军卫者发边卫，属有司者发附近，俱充军。"③

"投充王府及镇守总兵、两京内臣功臣戚里势豪之家，作为家人伴当等项名色，事干嚇骗财物，拨置打死人命，强占田地等项，情重者，除真犯死罪外，其余俱问发边卫充军。各该势豪之家容

① 《明孝宗实录》卷十六，弘治元年七月己丑，台北：中研院历史语言研究所，1962 年，第 763—764 页。

② 《明代条例》，重修问刑条例，嘉靖二十九年。《中国珍稀法律典籍集成》乙编第二册，北京：科学出版社，1994 年，第 253 页。

③ 《明代条例》，重修问刑条例，嘉靖二十九年。《中国珍稀法律典籍集成》乙编第二册，北京：科学出版社，1994 年，第 253 页。

留，及占吝不发者，参究治罪。"①

"杨村、蔡村、河西务等处，如有用强拦截民运粮船，在家包雇车辆，逼勒多出脚钱者，问追给主，仍发边卫充军。"②

"朝觐、听选、给由等项人员，及解送军匠物料，听奏仪宾、会试举人、岁贡生员人等到京，若在京及原籍来京一应亲识闲杂人等，设谋奏告，欺诈嚇取财物者，问罪，枷号一个月发落。原词立案不行。"③

"凡指称近侍官员家人名目，扰害有司驿褫衙门，占宿公馆，虚张声势，索取马匹，勒要财物者，为首及同恶相济之人，俱发边卫充军。"（附"多乘驿马"条后）④

"云、贵、两广、四川、湖广等处流官，擅自科敛土官财物，佥取兵夫，征价入己，强将货物发卖，多取价利，各赃至满贯，犯该徒三年以上者，问发附近卫所充军。若买卖不曾用强，及赃数未满者，照行止有亏事例为民。其科敛财物，明白公用，佥取兵夫，不曾征价者，照常发落。"（附"在官求索借贷人财物"条后）⑤

"凡诈冒皇亲族属姻党家人，在京在外，巧立名色，挟制财物，侵占地土，并有禁山场，拦当船梁，侵渔民利，及往来河道，吹打响器，张挂旗号，经过军民有司衙门，需索人夫酒食，勒要

---

①　《明代条例》，重修问刑条例，嘉靖二十九年。《中国珍稀法律典籍集成》乙编第二册，北京：科学出版社，1994年，第253页。

②　《明代条例》，重修问刑条例，嘉靖二十九年。《中国珍稀法律典籍集成》乙编第二册，北京：科学出版社，1994年，第253页。

③　《明代条例》，重修问刑条例，嘉靖二十九年。《中国珍稀法律典籍集成》乙编第二册，北京：科学出版社，1994年，第253—254页。

④　《明代条例》，重修问刑条例，嘉靖二十九年。《中国珍稀法律典籍集成》乙编第二册，北京：科学出版社，1994年，第283页。

⑤　《明代条例》，重修问刑条例，嘉靖二十九年。《中国珍稀法律典籍集成》乙编第二册，北京：科学出版社，1994年，第498—499页。

车辆船只者，除真犯死罪外，徒罪以上，俱于所犯地方枷号一个月，发边卫充军。若被害之人，赴所在官司告诉，不即受理，及虽受理，观望逢迎，不即问断举奏者，各治以罪。"（附"诈假官"条后）①

更严重的是，他们还凭借权势，私设税卡，或霸占关津、桥梁、集场，擅征商贩。如正统初年，驸马都尉焦敬令其司副李泉于文明门外处建广鲸店，"集市井无赖，假牙行名色，诈税商贩者钱……又于武清县马驹桥遮截瓷器、鱼、枣数车，留店不遣。又令阍者马进于张家湾溧阳闸河诸通商贩处诈收米。"② 又大学士杨士奇之子杨稷，仗其父之势，到处为非作恶，其中罪行之一，就是"擅抽分商货"。③

成化时，张文质等的奏疏中说："势强家人有占立地方勒要地铺财物者，有邀截客商强夺民利者。"④ 这一问题，在当时已相当严重，所以明宪宗为此特别发布过诏书。诏书中说："勋戚之家，不许占据关津、桥梁、水陂……违者，听巡城巡按御史及所在有司执治以闻。"⑤ 弘治五年（1492）三月，明孝宗又下达过类似的诏书："勋戚势要之家，有例不许霸占关厢、渡口、桥梁、水陂……抽要柴薪，勒揞摆脱、牙保、水利等钱，侵害

① 《明代条例》，重修问刑条例，嘉靖二十九年。《中国珍稀法律典籍集成》乙编第二册，北京：科学出版社，1994年，第500—502页。

② 《明英宗实录》卷二十五，正统元年十二月，台北：中研院历史语言研究所，1962年，第498页。

③ 《明英宗实录》卷一百二十一，正统九年九月，台北：中研院历史语言研究所，1962年，第2434页。

④ 《明宪宗实录》卷二百六十，成化二十一年正月，台北：中研院历史语言研究所，1962年，第4388页。

⑤ 《明孝宗实录》卷一百一十七，弘治九年九月，台北，中研院历史语言研究所，1962年，第2119页。

小民，违者⋯⋯治罪。"① 但是，权贵势要门一个个利欲熏心，无所顾忌。在他们的纵容指使下，其家人奴仆们"或截断桥梁，阻舟楫，以取人财⋯⋯往来河道，需求百端⋯⋯少不如意，凌虐随之。"② 如弘治九年，世子安潢作恶多端，"复遣人于河次拦截百货而税之。"③ 河南汝州鲁山等处，王府也私设抽分厂，其中鲁山之王府人员，借抽分之机，甚至公然"抢夺商民板木财物。"

嘉靖时，伊王典楧"阻截伊、洛通津，擅立抽分税厂"。④ 景王载圳，擅征荆州、沙市市租与汉阳刘家隔之薪税。又赵府临漳王府辅国将军祐椋于"磁州高史琉璃各马头，水陆所辖，私立榷场，岁攘利不赀。久之，盖无忌惮，纵横搏扑，小民遭之，无不倾家荡业。"⑤ 这种状况，大概一直持续到明末。

至于官吏、豪强、士绅把持集市、勒收税课者也不乏其人。如《玄览堂丛书续集》中记载，万历时王临亨说："粤南税事，从来有之。凡舟车所经，贸易所萃，靡不有税。大者属公室，如桥税、番税是也；小者属私家，如各埠各墟是也⋯⋯近闻当道者过一村，则有设公堂，陈刑具，俨然南面而抽税者，问为何如人，则生员之父也。"如广州，据嘉靖时戴璟说："省城内外，私立墟市拦埠，抽收税银几百，搭铺生理，出船摆渡，下至果品、红皮、

① 《明孝宗实录》卷六一，弘治五年三月，台北，中研院历史语言研究所，1962 年，第 1180 页。

② 《明孝宗实录》卷二百一十二，弘治十九年五月，台北：中央院历史语言研究所，1962 年，第 3956 页。

③ 《明孝宗实录》卷一百二十，弘治九年十二月，台北：中研院历史语言研究所，1962 年，第 2150 页。

④ 《明世宗实录》卷五百三十，嘉靖四十三年二月，台北：中研院历史语言研究所，1962 年，第 8636 页。

⑤ 《明世宗实录》卷一百四十九，嘉靖十二年四月，台北：中研院历史语言研究所，1962 年，第 3408 页。

草帽、竹箱，动辄令人家抽税……每行皆有某大家为之管辖。"其中如顺德县，"墟市之大者，豪植之徒，以其势力招徕百物，廛而征之。"南海县之猪、布、花、麻墟坊鸭埠等税，"每为豪右所操，藉一抽十，民甚苦之。"

有些即使是原归官府收税的集墟，豪强、士绅们往往用少数钱向官府承买，然后自己收税，以谋取厚利。对此，邱濬曾说："所谓承买者，凡有坊场河渡去处，先募人入钱于官承买，然后听其自行收税以偿之也。"①

如京城外的职官子弟，在收放粮草时，携手下、家仆三五成群，抢夺货物，打搅仓场，欺骗官府。以及，明代案例所记载的文吏收受商人贿赂："伪造盐引印信，贿嘱运司吏书人等，将已故并远年商人名籍，中盐来历，填写在引转卖，诓骗财物，为从，并经纪牙行店户运司吏书，一应知情人等，但计赃满贯者，不拘曾否支盐出场"；"王辛典守库藏，接踵侵欺。互相隐蔽，希图免脱。有司被其愚弄，官帑由之空虚。虽永戍庶足慑奸，而非速遣无以正法也。"② 这两则案例，皆为衙蠹利用职权之便，故意把持、扰乱市场秩序，使资产流失。明代案例中，官府中人进行此类把持行为的，被坐以侵罪。

万历时，王临亨记岭南地区的情况时说："尝闻一小墟，岁收可得百金，仅纳银八钱，其大者可推也。"③ 可见豪强士绅通过承买，可得利百倍以上。更严重的是，有些人在霸占桥梁渡口之后，想尽种种办法来敲诈勒索过往客商。如嘉靖中，南京监生邓玉堂"家复成桥旁，饶赀财，交结诸贵人，相引为声势。畜虎棍数十人，遇江上贾舶至，令其党假充诸色人，给事贾人所。或为缝纫，

---

① ［明］邱濬：《大学衍义补》卷三十二。
② 《重刻释音参审批驳四语活套卷之四》，《历代判例判牍》第四册，杨一凡、徐立志主编，中国社会科学出版社，2005 年，第 69 页。
③ ［明］王临亨：《粤剑编》。

或为祷词，因得贾人乡里姓氏，与其祖父诸名字，写伪券怵之曰：
'某年而祖父游金陵，负我金若干。'贾人多错愕不能辨，其党又
大言恫喝，或居间游说胁持之，往往如数偿。间有识其诈者，辄
鉤致其家……其人闷绝，辄偿所负以求解。有讼者，请托抑其词
不行，或讼者反被重刑而去，南都莫可如何。"

　　此外，官员坐赃、放债、经商等牟利者，更是屡见不鲜。他
们通过这些途径，获得了惊人的财富。在缺乏有效制约的情况下，
市场上财力丰厚、掌握交易信息的主体，显然更容易左右物资流
转的方向，从而使经济活动的外部性问题[①]逐渐突出。

（三）调整塌房的功能

1. 明初塌房的作用

　　塌房自明初就已经合法存在。按照《明史·食货志》的记
载，明初，因为外地货商供应京城所需货物，进京手续繁杂，
耗时甚久。对于一些小商小贩，甚至不允许进城。外地货商所
携带的货物无处安置，一遭风雨，货物毁损，本利无收。本地
商人更容易借此勒索要价，盘剥外地客商。而京城内房屋不许
客商私自停塌，因此在城外大多是官府搭建的塌房，供客商临
时停塌货物之用。

　　准许在塌房停放货物的商人资质明政府进行了限制："（洪武
二十四年八月辛巳）诏京师小民鬻贩者毋入塌房。初，京师辐辏，
军民居室皆官所给，连廊栉比，无复隙地。商人货物至京者，或
止于舟，或贮于城外民居。驵侩之徒，从而持其价，高低悉听断
于彼，商人病之。上知其然，遂命工部于三山等门外濒水处，为

---

　　① "外部性问题"是经济学领域的重要概念，意在解释经济活动中超过了
正常价格机制和交易成本的额外成本，导致外部性问题的原因最常见的是市场
垄断。"外部性问题"的引入，使经济学在处理市场失灵与政府干预时，更具规
范与实证上的价值。

屋数十楹，名曰塌房。商人至者，俾悉贮货其中，既纳税，从其自相贸易。驵侩无所与，商旅称便。至是，所司于贫民负贩者亦驱使投税。应天府尹高守礼以为言，遂命禁之。"① 塌房设置的目的在于保护商人的经济利益，防止其被本地牙行等机构勒掯把持，以维护正常的市场秩序。

永乐年间，对京城塌房照南京旧例进行管理。对于满足基本生活需求的日用品，婚丧嫁娶之器物，以及市场上的小摊贩经营的商品，政府并不对他们征税。明初两京塌房的建立与使用与权力机关有关，民间不许私自搭建，且塌房仅作停塌储存货物之用。塌房存储货物，收取一定的费用。按照法令，位于城外的塌房与官店、铺行、牙行一样，需要每月向官府缴纳一定的钱钞作为税额，朝廷发放塌房的经营许可。看守塌房的人多半出自官员近侍、权豪之家，宣课司收税钱入于府库，作为政府的财政收入。

对塌房征钞并非通行于全国的政策，在两京常有客商积货不售、塌房不税的现象存在。塌房初为官方所设，并由官府打理，官吏勋戚、军民人等均可以参与塌房的日常管理和分利之中，收取客商停塌之费。塌房管理者逐渐平民化，使得这种针对外地客商约束本地铺行的行为缺乏必要的监督与管制，明政府仅通过征税的方式进行管理。

明初建立停放客商货物的储存之所，是政府平稳市场的惠商利商之举，目的在于保护正常的市场秩序。后期塌房的初始功能衰弱，逐渐变为权豪之家、牙行操纵市场的工具，其最初的济商功能减弱。塌房作为政府直接参与市场管理的工具性角色，逐渐让位于市场的逐利特性，成为争利的一员。政府用以平衡市场的杠杆逐渐失去了原有的功能，反映了市场逐利的本性。

---

① 《明太祖实录》卷二百一十一，洪武二十四年八月，台北：中研院历史语言研究所，1962年，第3135页。

塌房的功能性变化，反映出明政府直接参与市场管理逐步失效。而政府对市场的管理失效，并不意味着市场在政府开始占据主导地位，这展现了明代政府与市场关系的复杂面。市场并没有在政府直接管理失效后占据主导位置，官店、皇店、牙行、塌房等也参与了市场活动，并利用特权地位和信息不对称获利颇丰，在市场上占据重要位置，因而这是一种极易波动、不稳定的市场因素。

2. 明廷对塌房管理的规范化

明初的塌房作为临时存储商货的场所，是政府为禁止本地铺户牙行把持、操纵市场，对市场进行的直接管理而设立的。塌房最初并不参与营利性经济行为。作为一种权宜之计，塌房从一开始便权责不清晰，何人掌管塌房，其为官方或民营的性质并不清晰，加之本身作为商货存储地，具有条件上的便利，逐渐参与市场活动，成为交易行为中营利的一方。

塌房的功能性变化，与明政府的市场政策密切相关。宣德年间，朝廷迫于钞法不通，向市肆门店加征钱钞。朝廷认为，钞法之所以难以施行，在于市肆铺户将货物堆积不出售，且手握钱钞不交税。因此对市场上的铺户请求征五倍之税，以缓解钞法难行的阻滞局面。同时，对两京原先不予征税的对象加征，如在塌房、库房、店舍等处受雇装载的体力劳动者，悉令纳钞。在南直隶的部分州县及水陆码头、商货聚集地，增设钞关。大运河沿线的重要关口，如淮安、济宁、徐州、临清等地，调整钞关的征收标准为每船纳钞一百贯。京城塌房每月需要向朝廷纳钞五百贯，而贫苦者只能以子女代为输课。之后，朝廷降低了针对塌房和钞关的征税标准，塌房课钞减半，船只则减至六十贯。

宣德年间对塌房的征收则例逐渐规范化，每月纳钞为定额。从这个意义上来讲，塌房的权属问题并没有得到清晰的界定。根据另一则史料可以大致判断，权势之家对塌房的控制占多数：

"（宣德四年六月壬寅）定塌房等项纳钞例。初以钞法不行，命行在户部议。至是掌部事太子太师郭资等条刚具奏，请榜示中外：'一、南北二京公、侯、驸马、伯、都督、尚书、侍郎都御史及内官、内使与凡官员军民，有蔬果园，不分官给私置，但种蔬果货卖者，量其地亩果株，蔬地每亩月纳旧钞三百贯，果每十株岁纳钞一百贯。其塌坊、库房、店舍，停塌客商货物者，每间月纳钞五百贯。'"① 与之相对应的，明政府通过向塌房增税，将其与市肆门摊铺户并列，共同作为增赋的对象，已经默认了塌房的营利功能，其作为仅仅停塌储存货物的仓库效用开始逐渐让位于市场逐利行为。

多半为权势之家所控制的塌房、园圃等，因其身份上的特权地位，对他们的征税较之于平人更难以落到实处。官方对塌房的监管局限于征税，对于塌房的日常管理、在市场中发挥的作用，难以监管。因此，塌房多为有权势之人揽利的工具。朝廷监察机关上报朝廷，请求在每月额课之外另外加征，以示警诫。宣德四年，监察御史罗亨信奏请到："'臣监收在京官员、军民铺店课税及塌坊、园圃等钞，京师军民辏集，额课俱不按月纳官，及有铺店积货隐匿不报者。又油坊、磨坊、砖瓦窑、木植场皆未增课。请今后课钞过期不纳者令顺天府兵马司催督，私匿货物者取勘各追罚钞一千贯。油坊等坊如塌坊之例，除额课外，别纳钞五百贯。牛车纳钞一百贯，小车二十贯。其在外州郡城市，多有豪滑军民居货在家，一如塌坊；或就船相与交易，俱要金银。请遣官点勘居货之家每房一间，月追钞五百贯。又于各处河岸检闸往来舟船载物货者，量地远近，盘货多少，每船百料追钞或二百贯、三百贯，俱就本处有司收贮，则内外钞皆可通。'命行在户部采其可行

---

① 《明宣宗实录》卷五十五。姚伟军等编：《明实录类纂（经济史料卷）》，武汉：武汉出版社，1993年，第172页。

者行之，各适中道。"①

对于朝廷而言，对市场秩序的管理并非首要任务，财政汲取才是主要目的。塌房、官店等参与市场逐利，对于朝廷来说，财富被权势勋戚揽于己手，而非国库，这侵蚀了国家的利益。因此，管制的主要目标在于将被权豪勋戚侵利的这部分上缴国库，而非限制其在市场经济性活动中的资格问题。即使加征税额，被特权控制的塌房官店依旧有市场参与的正当资格。如何保证税收的充足，这是明政府管理市场的首要任务。

面对京城官店塌房多为贵近勋戚所有，兵科都给事中叶盛等言："'贵近勋戚高爵厚禄，而又侵利于国，贻害于人。乞将在京官店塌房尽数勘实，籍记在官，按季收钞，以资军饷。'从之。"②南京山西道御史李叔义奏："'一、上新河并水西门，近年多被势要之家侵占官地，私立塌房。凡遇客商往来，各令家人伴当邀接，强勒物货到家，任其货卖，稍有不从，辄加凌辱。乞敕南京都察院禁约，庶抑豪势，以便客旅。一、上新河自洪武、永乐年间，湾船入河，以避风浪。近年委官验船收钞，方许在河口湾泊。或遇狂风暴雨、大潮巨浪，无处回避，进退两难，不惟坏船，抑且被盗。乞照早例，庶无斯害……'诏以所言多有理，礼部令官详议，钶行宜即行之。"③

由以上资料可知，在景泰年间，塌房就已经开始收买货物并出卖，已不再局限于最开始仅作为停储商货的救济之所。塌房大多被官豪之家所控制，极其容易操控市场，以其有利地位自肥。

---

① 《明宣宗实录》卷五十六，姚伟军等编：《明实录类纂（经济史料卷）》，武汉：武汉出版社，1993 年，第 172 页。

② 《明宣宗实录》卷五十六，姚伟军等编：《明实录类纂（经济史料卷）》，武汉：武汉出版社，1993 年，第 176 页。

③ 《明宣宗实录》卷五十六，姚伟军等编：《明实录类纂（经济史料卷）》，武汉：武汉出版社，1993 年，第 178 页。

政府加征税收并没有改变塌房、官店等对市场形成的不稳定因素，反而会纵容控制塌房的人员更加肆无忌惮的扰害市场，侵利于民。塌房功能的异化是缺乏有效限制的市场管理的必然结果。而明政府无意于规范塌房设置最初的功能，对权豪把持的店铺的整顿力度有限，对操控市场、把持行市、引发市场不稳定的因素并没有做到有效的整顿。以塌房的功能异化为代表的逐利于市场的行为，使得政府对市场的直接管理逐渐丧失其原有的功效，让位于经济性目的。而缺乏有效监督与限制的市场，在盈利的导向下，以及市场参与者的地位不均衡，信息获取不对称，在官方直接管理失效后并没有形成高效运转、节约资源的有效市场。这展现了明代国家与市场关系。

贵族勋戚利用塌房自肥，占据市场份额，进行经济性活动，对此明朝政府的态度极为暧昧。以潞王府为例。潞王命仆从广开店铺，侵占民田官田，朝廷对其一再纵容。仅潞府开设的一间盐店，每岁就有两千多两白银的收入。潞王骄纵豪奢，用度甚费，在厚禄之外仍有庄田、店铺的收入。

塌房管理的乱象，《神宗实录》对此有详细的记载："（万历三十二年二月癸巳）福府承奉谢文铨奏补额赐店税，欲于崇文门外空店一所，尽致进京货物车辆住宿，其中每年约有一万四千两税银，查照潞府事例，宣课司征条解用。户部尚书赵世卿言：'若如此，是房租也，牙钱也，似与潞府之例不同。且住宿安店，一夕之租钱几何？必不能一万四千两。奉行稍过，勒揹重科，商贾一旦罢市，且并崇文门原税失之。况空店有无，情节尚未查明。惟皇上细心裁夺。'上曰：'王府养赡，有潞王事例，此店租故特准耳。尔部既如此说，着差司官公同福府承奉查勘明白，毋拘原奏一万四千之数。立法听从民便，酌量多寡，征收本府供用。'"①

这则万历年间的材料充分展现了皇帝与大臣不同的初衷。潞王府开店收买货物在先,且每岁所入银两并非小数。对此,朝廷仅象征性地收取部分费用。对于城外的空店,户部官员认为商民所负税课已经繁重,无须再加征税银,徒增烦扰征解这部分税银,实属转嫁额课于民;且城外空店属性尚未明晰,收费是房租还是牙钱都极易藏乱,官员若窝藏克减费用,则有亏于国课,有失于本意;再者,若加征税银,引发商贾罢市,则不仅新增税银不能尽收,原有的额课也尽失。因此,户部官员提议对城外空店,即使有停货住宿之用,不宜加征税银。而在朝廷用度日增,府库竭难的情况之下,加征税银属无奈之举。

三、因时调整的朝贡贸易与海禁政策

明初的朝贡贸易制度服务于王朝建立之初对政治合法性的追求以及统治安全性的目的。明初耗费巨大的朝贡贸易制度,具有政治上与经济上的双重收益,一方面,外国政权来朝,一定程度上可以避免对外的军事冲突进而产生军事上的耗费;另一方面,与夷人的外贸活动建立在双方经济互惠的基础之上,朝贡贸易所得来的收入,在明王朝前期的财政收入中占据相当的分量。

明初朝贡贸易将对外贸易所得的丰厚利润牢牢占据在官方手中,因此,海禁政策从明初开始,便与朝贡政策相伴随。可以说,海禁政策是手段,朝贡制度是目的,这样的制度安排符合王朝统治的政治性初衷。明初朱元璋规定"片板不许下海",通常被认为是政府对民间私人海外贸易的禁止的开端。民间私人海外贸易屡禁不止,而官方层面的禁止性规范也层出不穷,刑罚的严厉程度

---

① 《明神宗实录》卷三百九十三,万历三十二年六月,台北:中研院历史语言研究所,1962 年,第 7536 页。

有增无减，但收效甚微。而统治者的目的在于最大限度地进行财政资源的索取，否则难以维持对王朝的统治。徒禁不足以进行有效的管理，而人具有趋利的属性，巨大的经济利益的诱导，导致民间私人海外贸易增加。如此就导致了官方层面朝贡贸易衰落、海禁政策难以有效实施，以及王朝统治安全性降低的后果。在维持秩序稳定和财政资源的政策目标下，对官方与私人海外贸易的管理，是摆在明朝统治者面前的一道难题。

（一）明廷维持朝贡贸易的举措

为了维持朝贡贸易的官方垄断地位，明政府从军事打击和法令修补两方面入手，试图减少日益猖獗的民间走私活动。

1. 军事打击

洪武初年，朝廷在广东、福建、浙江等地沿袭前代经验，开设市舶司，专职朝贡贸易之事。在"厚往薄来"的原则指导之下，明廷对于往来贡使，赏赐颇丰，且接待规格较高，极为隆重。明廷的高规格接待，使得前来朝贡的国家络绎不绝。至永乐年间，朝贡贸易进入鼎盛时期。永乐时期，整个王朝政府的政策较洪武时期有所调整，具有极为鲜明的外向型特征。这表现在，军事上改变了洪武时期的重在守备的方针，多次主动对外出击，南北各有征战，打败了外部势力；朝贡政策方面，多次派遣贡使出使西洋等地，积极推动朝贡贸易，壮大了明廷的声势，引得众多国家前来归附。

永乐时期的朝贡规模声势浩大。在朝贡贸易的程序性规定方面也较为松弛。《皇明世法录》记载，为了招徕贡使前来朝贡，对于部分搭载货物减免征税。同时放宽贡期和贡道的限制，对于未依例前来朝贡的贡使，并不强行遣返，而是进行宽宥。同时，恢复洪武年间废设无常的市舶制度，使朝贡制度逐渐程式化。永乐年间，还曾于交趾设置市舶司，可见明廷势力之广。

永乐年间的外向型政策，需要朝廷府库提供充足的财力支撑。到了洪熙、宣德年间，明政府为供应朝贡贸易，已出现财力上难以为继的问题。加之民间走私性质的海外贸易的不断扩张，内部与外部都有着对于民间开海、自由贸易的主张。官府垄断的朝贡贸易自然由此走向衰落。面对前来朝贡的国家数量日益减少的情况和民间要求开海的诉求，明政府有两个选择：其一是开放民间对外贸易，允许自由通商；其二是实施更加严厉的海禁，继续垄断朝贡贸易。从交易成本的角度来分析，实施海禁政策，无疑需要花费更大的经济成本。要在漫长的海岸线上进行长期的军事维护需要巨大的经济开支。并且在经济成本之外，逆民间意向而行，无疑会增加后期镇压叛乱的成本。而若开放海禁，则不但可以节省军事开支，还可以刺激民间经济的发展，从而增加政府的税收。海内海外开海的需求得到满足，则在局势上可以暂时稳定，由此而言，开海较之于海禁政策，要更加节省政府的治理成本，且可以长期获利。

明政府对于内外请求开海的诉求所采取的应对措施，是推行更严厉的海禁政策。由于与官府开展朝贡贸易获利远不及明初，国外前来的贡使，其热情与规模都不比明初，更多地转向民间的走私贸易。明政府对此进行军事方面的打击。东南沿海的走私活动，自正德年间就已成声势。如在广东地区，葡萄牙等国海商占据屯门，作为内外贸易的据点。嘉靖时期，朝廷内部主张海禁的官员占据上风，力劝世宗以武力驱赶盘踞在沿海港口的外国海商。明廷在广东地区驱逐葡萄牙势力得胜之后，外商择路北上，与中国海商进行走私贸易。明政府先后派遣汪鋐、朱纨等大将镇守沿海地区，督理军务，加强海禁。

嘉靖年间，倭寇大肆进犯我国沿海地区，劫掠商船，侵扰百姓，攻略城池，极大地扰害地方秩序。明政府对此高度重视，派遣能臣朱纨于浙江地区整顿海防。不仅是外国势力，浙闽一带的海盗走私团伙也参与到与地方政府的对峙中，其中既有沿海地区生活无以为继的普通平民，也包括豪势之家。明政府已然对东南沿海地区的因走私而兴的地方不稳定局势失去有效的控制。《明史》记载，嘉靖二十六年（1547 年），时任巡按御史的史九泽向皇帝上疏："浙江宁、绍、台、温皆滨海，界连福建福、兴、漳、泉诸郡，有倭患，虽设立卫所城池及巡海副使、备倭都指挥，但海寇出没无常，两地官员不能统摄，制御为难。请如往例，特遣巡视重臣，尽统海滨诸郡，庶事权归一，威令易行。"①

明政府对此高度重视，整顿东南海防一时成为政务之重。而东南沿海省份，在此之前，并没有设立巡抚之前例。当此军务之急，在内阁首辅夏言的倡行下，朝廷派时任江西军务的右副都御史朱纨担任浙江巡抚，整顿海防。嘉靖二十七年（1548 年），朱纨率领重整后的军队，向走私海商聚集的双屿岛大举进袭，一举摧毁了这个由中外走私海商建立的贸易据点。随后，朱纨又率领明军在走马溪大挫走私势力，将中外海商势力驱逐出浙江沿海地区，使得当地的走私活动受到打击。明廷对待东南沿海的走私活动，对于威胁到地方秩序的，采取武力打击和军事镇压的方式，进行秩序的维护。这一时期，沿海地区局势紧张，明廷在军事上的支出较大。事实上，东南沿海地区频发的倭寇骚乱，是内部与外部势力在对待朝廷日益紧缩的海禁政策的激烈对抗。胡宗宪、戚继光等人物，与地方威胁势力开展的武装对抗，彰显了明廷的军事实力，对于持续进犯的国家有所警示。东南沿海地区持续几十年的骚乱与战争，在一定程度上使得海禁政策有所松动，朝廷允许个别省份开放特定港口，以征税的方式，缓和内部与外部的开海贸易诉求。

天启之后，明政府以武力打击东南沿海地区的侵扰势力已经

---

① 《明史》列传第二百一十，《外国三》。

难有成效。而北方来自满族的威胁和内部的纷争叛乱四起，使明政府无暇处理东南沿海的问题。

2. 法令修补

耗费巨大的朝贡贸易自永乐以后，开始成为明政府的一项财政负担。明中叶之后，面对着府库日益捉襟见肘，朝廷开始缩减朝贡贸易的规模，以降低所需要支出的成本，进而避免财政上的进一步亏损。土木堡之变，英宗被俘，明廷遭到军事上的溃败，开始调整对边策略。土木堡之变使得明代由盛入衰，政治、军事、经济等诸多方面，一改前期的外向型政策，逐渐趋向内倾和保守。

朝贡贸易的规模因土木堡之变而大大减缩。明政府在土木堡一役的战败而招致形象减损，"天朝上国"之姿不复，引得一些国家渐生欺侮傲慢的态度。在这种情况下，明廷不得不适时调整其朝贡政策。景泰年间，朝廷开始对来往贡物征收一定的税额，初步有了针对朝贡贸易征税的则例。到了弘治时期，明政府在前期征税规则的基础上，完善了朝贡贸易政策，制定了"番货抽分给价例"、"内府估验定价例"、"折还物价例"以及"给赐番夷通例"。这些不断修订的朝贡法规，被称为"弘治新例"。根据弘治时期制定的法律可知，明政府此时政策调整的重点主要集中在对贡物的征税和定价方面。

贡物税收法律规定。朝廷对附随贡物的正式征税、制定相应的税则，始自景泰二年（1451 年）。《大明会典》中所载商税部分，记载了明政府对买卖外国货物的铺行店肆另行征税。如准许在民间市场上自由流通的苏木、胡椒等商品，每斤分别征收牙钱跟塌房税各 670 文。到了弘治时期，朝廷对此前并非常例的番货抽分、征税条例进行重新修订，并根据具体情形，对番货的抽分、征税、定价等方面做出了详细规定，即"番货抽分给价例"：凡番国进贡，内国王、王妃及使臣人等附至货物，以十分为率，五分抽分入官，五分给还价值，必以钱钞相兼。国王、王妃钱六分，钞四分；使臣人等，钱四分，钞六分。又以物折还，如钞一百贯，铜钱五串，九十五贯折物，以次加增，皆如其数。如奉旨特免抽分者不为例。凡番国进贡船内搜出私货，照例入官，俱不给价。其奉旨给予者不为例。①

这则例文体现了明代中期在朝贡贸易不复明初的规模之时，明政府的挽救举措。随贡使而来的番货，一半抽分入官，一半根据其具体价值，以钱钞并兼的形式，由朝廷给价收买。不仅具体规定了国王和番使所贡物品的钱钞给价比例，也将实物折抵回值的标准确定下来。此外，明廷重申了其海禁政策，严禁贡使携带私货与民间贸易，一经查处，物货入官，且不予给价。

贡物定价法律规定，对番货支付相应的对价时，首先需要对货物的价值进行评定，进而定价。

根据《大明会典》的记载，弘治年间修订的税则新例，对一批内府所需的贡物有详细的价格规定，包括贵重金属、香料、木材、药材、丝织品等类。如赤金一两值钞五百贯；足色银一两值钞十五贯；安息香、丁皮、苏木、乌木、紫檀木、象牙、锡、豆蔻花、肉豆蔻等，一斤五百文；龙涎香一两值三贯；乳香一斤值五贯……其中，产地的不同影响价格的高低。以胡椒与苏木为例，明政府定价为一斤值三贯，产自满剌加的为一斤二十贯，暹罗一斤二十五贯，最贵的是产自琉球的胡椒，一斤三十贯。同样的，普通的进口苏木一斤五百文，产自暹罗的一斤五贯，琉球的则一斤十贯。

不同产地的贡品定价不同，一方面在于品质上的差异；另一方面，琉球、暹罗、满剌加等国与明政府长期保持着经济上的贸易往来，且态度较为恭顺，并未有所怠慢，反而一直积极与明维持着和平关系。因此，对贡物定价上给予一定的优待也属情理之中。

---

① ［明］李东阳等撰，申时行等重修：《大明会典》卷一百一十三，《给赐四》。

3. 对外国使臣的法令约束

明代中期，为了约束会同馆内部的民间自由交易，明政府还通过禁令与刑罚对外使与外商行使司法管辖权。会同馆是明政府唯一允许民间资本参与对外贸易的场所。贡使携带贡物抵达京师后，在向皇帝进贡番货并例行获得赏赐之后，其余所携带的货物准许在会同馆与民间商民人等开展自由贸易。正统年间，女真前来朝贡至会同馆，"不循门禁，径出街市，强夺民货，其日给薪炭，不俟均分，辄肆抢夺，馆夫人等绳之以法，反被殴伤，乞加禁治。上曰，朝廷怀柔远人，加恩优待，此辈不体恩意，违法扰人，令都指挥昌英等于会同馆追问，违法者人杖三十，今后来朝贡者，赏赐后方令于街市买卖五日，永为定制，敢有恃恩玩法者，重罪不宥。"①

明政府要求外使、外商与民间商民的自由贸易只允许在会同馆内进行，并严格遵循日期的限制。到了弘治年间，禁令严格约束下的会同馆民间贸易活动，已大不如前。"太傅兼太子太师英国公张懋陈禁革处置夷情事宜。谓京城原设两会同馆，各有东西前后九照厢房，专以止宿各处夷使及王府公差内外官员。但北馆有宴厅，后堂以为待宴之所，而南馆无之，每赐宴，止在东西两照房分待，褊迫不称。乞敕工部将近日拆卸永昌等寺木料改造宴厅，于南馆仍葺两馆颓坏墙屋。至设宴之日，该宴者谕令依次序坐，未该预宴者勿令近前混攘。"② 京城会同馆原先开设的南北两馆，仅北馆用作招待宴飨之所，南馆已不再使用，逐渐荒弃。会同馆的使用状况，侧面反映了此时朝贡贸易的衰落之势。

停塌于会同馆的使臣则往往勾结馆夫或市人，"不待礼部开市之期，预将违禁货物私卖。近哈密等国夷人带来玉石等货，又为

---

① 《明英宗实录》卷一七二，正统十三年十一月，台北：中研院历史语言研究所，1962 年，第 3319 页。

② 《明孝宗实录》卷三十五，弘治三年二月己亥，台北：中研院历史语言研究所，1962 年，第 759 页。

奸人赊卖，久不还价。夷人延住经年，或出外饮酒为非，通事累促起程，亦被拨置奏害。虽有榜禁，漫不知畏。乞敕礼部申严禁约，令缉事官校访捕。如弊在通事及馆夫人等，则治以重罪；如弊在夷人，亦宜没入违禁货物，俾知惩戒。"① 可见，官方垄断的朝贡贸易衰落，既与政府持续性投入的监管成本增加而收益递减有关，又与外商转向民间市场的逐利取向有关。与民间商人进行的商品交易，商品种类更加丰富，利润丰厚，减去了官府从中流转增收的中间成本，引得中外商人争相参与。

明政府为了加强对民间参与的对外贸易活动的管控，试图切断民间市场与外商的直接贸易，由官府参与财货流转："旧例各处夷人朝贡到馆，五日一次放出，余日不许擅自出入。惟朝鲜琉球二国使臣，则听其出外贸易，不在五日之数。近者刑部等衙门奏行新例，乃一概革去二国使臣颇触望。又旧例夷人领赏之后，告欲贸易，听铺行人等持货入馆，开市五日，两平交易。而新例凡遇夷人开市，令宛平大兴二县委官选送铺户入馆，铺户夷人两不相投。其所卖者多非夷人所欲之物，乞俱仍旧为便。"②

可见，明政府对朝贡贸易的禁止性规定，其法律适用的对象不仅包括本国官商，还有外使、外商，从而使民间资本参与对外贸易受到政府法令这一正式制度约束，从而对其选择集合③产生影响。

---

① 《明孝宗实录》卷三十五，弘治三年二月己亥，台北：中研院历史语言研究所，1962 年，第 759—760 页。

② 《明孝宗实录》卷一百七，弘治十四年正月壬申，台北：中研院历史语言研究所，1962 年，第 3086—3087 页。

③ "制度通过向人们提供一个日常生活的结构来减少不确定性。制度是人们发生相互关系的指南。因此，当我们想在街上向亲朋致意、驾驶汽车、买橙汁、借钱、经营实业、安葬死者时，我们就能知道（或能很容易地学到）如何去完成这些工作。我们能很容易地看到，如果我们试图在另一个国家（比如孟加拉国）进行同样的交易，制度也是不同的。用经济学的行话来说，制度确定和限制了人们的选择集合。" 节选自［美］道格拉斯·诺斯著，刘守英译：《制度、制度变迁与经济绩效》，上海：生活·读书·新知三联书店，1994 年版，第 17 页。

4. 朝贡程序性例令的增修

尽管成化、弘治年间，政府的政策逐渐趋向内倾和保守，朝贡贸易的规模不复永乐之盛。明廷仍然以朝贡贸易进行外交关系的维持。明政府经历了正统时期的土木堡之变，充分暴露了政府在军事上的战略缺陷和机动性问题，在此之后面临着外部危机和沿海地区的骚扰。但明政府对于外部局势，仍然没有形成清晰的认识，对于西洋的持续性东来及地方局势的变化也茫然无知。因此朝廷在朝贡制度层面，强调对旧有秩序的维持。朝贡制度也仅限于对此前律例条文的修正与具体化，整体的外交方针和原则并没有大的变化。

明初的朝贡贸易，是以明政府的巨大经济成本为代价，需要持续性的财力支出，因此这项政策只能在短期内收获成效，长期来看，是一种经济上的浪费。明初声势浩大的朝贡贸易，尽管在永乐以后急速收缩，仍然是一项重要的外交政策，为之后的统治者所因循。明政府始终遵守祖训，试图通过对具体条文的修正，以对这项已经流于形式、缺乏实际可操作性的制度注入活力。

明代中期对于朝贡贸易法令的修补，重在遵循祖制，强调对既有贡道、贡期的遵守，朝贡方需要严格按照一定的程序，才具有朝贡的资格。成化时期，仍然有使臣前来朝贡，明政府要求其继续遵守贡道、贡期的规定。且令地方官员严查番使的朝贡贸易资格，"果无虚诈，方许贸易"，敦促广东地方政府在办理朝贡事项时，敦促各国贡使务必遵守贡道的相关规定。①

弘治年间，朝廷再次向地方官员谕告，如广东地区的番使来贡，布政司务必先行查验勘合文书，严格比对，若字号相同，且

---

① 《明宪宗实录》卷六十六，成化五年四月，台北：中研院历史语言研究所，1962年，第1324页。

在规定的贡期之内，方准起程，并负责沿途运送事宜。[①] 对于勘合字号并不匹配，或者其他违碍情形，将相关人员捕获到官。

正德年间，对于未按贡期前来朝贡的番使，朝廷下令遣回。同时，明廷也严禁民间与外商私自贸易，对于私自下海的，以奸民处置："禁约番船，非贡期而至者即阻回，不得抽分以启事端，奸民仍前勾引者治之"。[②]

到了嘉靖时期，日本贡使前来朝贡并未严格遵守贡期，朝廷上奏皇帝，请求加强对日本朝贡程序的限制："请令布政司移咨本国（日本），今后遣使入贡，务遵定例。如违，定行阻回。仍令行巡海备倭诸臣，修战具，谨烽堠，选锋蓄锐，以戒不虞。"[③] 对日本朝贡做出的诸多限制，是基于形势的适当调整。明代中期以后，与日本贸易获利甚巨，引得走私海商争相赴继。东南沿海一带，走私风气盛行，朝廷的海禁法令实施起来有诸多因素的阻碍。加之日本以武力骚扰的方式，企图叩开民间自由参与海外贸易的大门，与明政府的一系列政策相抵触。

嘉靖时期，东南沿海地区常被进犯，朝廷收紧了民间市场对海外贸易的开放并重申海禁法令。《大明会典》记载，这一时期的朝廷试图恢复明初的朝贡秩序，规范日本使臣来华朝贡的程序：嘉靖六年奏准，凡贡非期及人过百、船过三、多挟兵器，皆阻回。二十九年，定日本贡船每船水夫七十三名、正副使二员、居坐六员、土官五员、从僧七员，从商不过六十人。三十年后，时入寇略，自是朝贡未有至者。

---

① 《明孝宗实录》卷六十八，弘治五年十月，台北：中研院历史语言研究所，1962 年，第 1299 页。

② 《明武宗实录》卷一百一十三，正德九年六月，台北：中研院历史语言研究所，1962 年，第 2297 页。

③ 《明世宗实录》卷八十，嘉靖六年九月，台北：中研院历史语言研究所，1962 年，第 1779 页。

　　除了严格规范朝贡的程序，明政府还对民间私自下海贸易的行为进行严厉打击。弘治年间的朝贡法令，规定可以于会同馆开市之日期内自由贸易，在此之外，严禁私相交易。这项规定在于使贡使外商所携带的贡物、商品，统统收归政府的监管之下，以抽分、征税的方式对外贸经济进行间接管理。在会同馆开市的期限内，对于非违禁货物，许其与民间商人两平交易。若外商私自潜入人户交易，则货物钱财没官，夷人被遣返。在遣返途中，由官府层层核验其是否携带违禁物品，如无夹带方准通行。对于私下与夷人交易的民间铺行商人，则以枷号处刑。

　　在形式层面上，明政府开放了会同馆这样一个对外贸易的窗口，使得民间可以参与到与外商的经济交易活动中。而在实际上，由于会同馆开设于两京，路途遥远，即使是一个对外贸易的合法渠道，仍然需要耗费大量的成本。因此，出于趋利的本性，民间的走私贸易并没有因会同馆开市而有所减少。

　　弘治年间修订朝贡法令，对于民间参与的合法对外贸易，进行了详细而具体的规定，如允许交易的物品种类、信用保障、处刑等。在刑罚的适用方面，为了加强海禁，对民间进行警示，处刑更加严厉。

　　弘治十一年（公元 1498 年），《大明会典》中定"交通朝贡番人禁令"，严禁商人与军民人等擅自与贡使交易：

　　"令迤北小王子等，差使臣人等赴京朝贡，官员军民人等交易，只许光素丝绢布衣服等件，不许将一应兵器并违禁铜铁等物，有违犯者处以极刑。"

　　"又令官员军民人等私将应禁军器卖于夷人图利者，比依将军器出境，因而走泄事情者律，各斩为首者，仍枭首（示）众。"

　　"又令夷人朝贡到京，会同馆开市五日，各铺行人等入馆两平交易染作布绢等项，立限交还，如赊买及故意拖延，骗勒夷人，久候不得起程，并私相交易者问罪，仍于馆前枷号一个月。若各夷故违，潜入人家交易者，私货入官，未给赏者，量为递减，通行守边官员，不许将曾经违犯夷人起送赴京。"

此后，明政府亦一再强调严禁民间涉足朝贡贸易："严加禁约，夷人留驿者，不许往来私通贸易，番舶非当贡年，驱逐远去，勿与抽盘。"①

嘉靖二十九年定的《问刑条例》中的"充军罪"中，则列举式地规定了朝贡贸易中会被判处"充军"刑罚的情形：

"军民人等，与朝贡夷人私通，拨置害人，因而透露事情者。"

"汉人冒诈番人者。"

"会同馆夫，五年以上不替役，及近馆军民用强揽当者。"

"会同馆内外四邻人等，代夷收买违禁货物，牙行及棍徒诓赊货物，年久无还，累死客商属军卫者。"

"私将应禁军器卖与进贡夷人图利，为从者。"②

开放民间的对外贸易活动，在法律层面给予合法性承认，从经济成本方面来考虑，是一种最适宜的策略。因之，到了隆庆时期，在内外要求开海的前提下，朝廷允许沿海地区的部分港口作为民间对外贸易的场所，朝廷通过征税的方式进行间接管理，对海外贸易经济提供官方层面的保护。

（二）海禁政策的修补与转向

海禁政策贯穿着明朝的始终，代表着明朝政府对民间私人参与海外贸易的不同态度。私人海外贸易从明初便被官方明令禁止，而此后明朝各君王继续维持海禁政策的目的却各有不同。与整个明朝历史始终相伴随的海禁政策，并不能仅用统治者闭关锁国、

---

① 《明武宗实录》卷一九四，正德十五年十二月，台北：中研院历史语言研究所，1962年，第3681页。

② 《明代条例》，嘉靖新例·私出外境及违禁下海。《中国珍稀法律典籍集成》乙编第二册，北京：科学出版社，1994年，第409页。

封闭落后的小农思想作祟这些因素来解释庞大帝国治理的复杂性。明朝君主推行的海禁政策，符合其维护统治安全的现实需求。

明初，洪武皇帝颁布谕令，派遣使者至海外，积极与外国政权建立朝贡关系，以此作为宣誓王朝正统性、合法性的标志。同时也试图以朝贡的方式，变四方局势对中央朝廷的威胁为边境稳定的策略，以避免外界对新生王朝的打击。在遵行"厚往薄来"的朝贡贸易的既定方针之下，政府相应地推行海禁政策，将与海外贸易的巨大经济收益牢牢占据在官方手中，同时也为王朝政府带来了丰厚的财政收益。

1. 明初的海禁政策及原因

元末明初，一批与朱元璋军队抵抗的势力分别退居沿海及边境地区。一方面，新生的中央政府尚无力对这些残余势力进行彻底清除，继续征战会招致民怨，使他们继续在沿海地区占有据点；另一方面，这些遗存的势力尚具备一定的军事实力，威胁到明王朝统治安全。因此，洪武皇帝通过对现实因素的综合考量，采取封闭边境及沿海的策略，严禁官民私自下海及出境，对于私人海外贸易严令禁止。这种封禁的策略，既使得王朝得以维持暂时的局势稳定，为发展国内生计创造了时间，同时也通过官方垄断的朝贡贸易为国库带来巨大的收益。

（1）明初推行海禁政策的原因

大明初立，在军事方面面临着多个方面的压力。在东南沿海一带，明初就已经有外寇侵袭，"杀略居民，劫夺货财，沿海之地皆患之"。不仅是外部势力的侵扰，内部的张士诚、方国珍余部，仍然在东南地区奋力抵抗，沿海地区，北自辽海、山东，南抵闽、浙、东粤，焚烧民居，杀人掠货，"滨海之区，无岁不被其害"。①

从明初开始，统治者对军事防卫极为重视。北部边境增筑城池，加强防卫，在东部自浙江至闽广的漫长海岸线，命当地人户组成民兵这种地方性防御组织，并编成各个独立的卫所，共同抵御外敌；在政治上实行朝贡政策，以怀柔远人、厚往薄来作为对外交往的基本原则；在经济上，严禁民间私自参与对外贸易，实行海禁政策，将与外通商的利益垄断在官方层面。实施这些政策，目的非常明确，都为了将民间与外邦私自联通的道路切断，进而减少一切内外势力勾结的机会，维持内部统治的稳定。同时招怀远人，在内外部安定的情况下，避免出现危及新生王朝的问题。

14世纪以来，日本的倭寇极为猖獗，屡次进犯。他们经常活跃在东部沿海地区，劫掠人口，抢夺财物。如洪武二年，仅数月间，倭寇就曾三次侵扰山东、崇明、淮安等地。在洪武三年，倭寇又进犯浙江、福建沿海，势焰嚣张。明太祖制定的朝贡政策，对日本相对而言要更为严苛，甚至一度拒绝与日本维持朝贡关系，进行贸易往来。沿海地区的持续骚扰并没有随着两国在官方层面的互通文书而有所减少。洪武十四年，在礼部与日本幕府将军的文书中，明政府要求日本政府对本国的倭寇势力进行打击，以中断其对大明的进犯，宣示王朝的国威。针对倭寇问题，明政府给日本以战争警示，若在海上开战，日本国四面环海，难以兼顾，战败的可能性极大。对外方面，同时以怀柔远人和武力准备作为手段，以维持和平关系，减少军费支出对财政的压力。对内方面，严禁民间私自对外贸易。

（2）明初的海禁法令

秩序的稳定，一直是明代统治者所关心的问题。政治体制、大政方针都围绕着这个目的展开。明初，在东南沿海地区，时常

---

① ［清］谷应泰：《明史纪事本末》卷五十五，沿海倭乱，北京：中华书局，1977年。

有倭寇进犯。洪武二年就有倭寇侵袭山东，劫掠当地财物，强抢民女；是年，倭寇又突袭苏州、崇明等地；之后，淮安、温州、台州、福建沿海等地，也遭到倭寇的骚扰。东部沿海地区的局势不稳以及倭寇的嚣张之势，让洪武皇帝大为光火。明政府与日本的朝贡关系若即若离，并且，随着倭寇的持续进犯，明政府与日本的关系开始疏远，出现了专门针对日本的下海禁令。

与日本的通关往来，是明政府极为重视的。日本与明朝在地理位置上相近，文化上常有交流，但军事上的持续侵耗，使得明政府对日政策反复无常。洪武年间，倭寇持续在东部沿海一带扰乱，给都城南京带来不小的压力。朱元璋对此极为重视，对民间海外贸易活动实行严格的管制。海禁政策一经施行，民间经济的活力大大减弱，对外贸易的利益都垄断在官方层面。于国库而言，垄断性经济利益有利于增加财政税收。海禁政策有利有弊，基于对形势的考虑，以及各项成本的综合考量，海禁政策作为一项重要国策，被之后的几位皇帝所继承。

《大明律》中的海禁法令较为具体。在"私出外境及违禁下海"条，明律规定了民间严禁下海贸易的物品种类，不同的违禁商品处刑不同。"马、牛、军需铁货、铜钱、缎匹、绸绢、丝绵"等类，一经发现，处以杖刑一百；若下海贩卖人口及军器者，涉及国家机密，处以绞刑；若走漏事情，处以斩刑。受限于交通工具的，其贩卖、经商的规模有限，较之于以船只出海者，罪减一等。主管官司放任不管，知而故纵，或者参与走私活动的，与犯人同罪。若其失察者，即不具备主观上的故意者，减等处刑。若其身份为军户者，则在此基础上较平人更减一等。明初的海禁法令较严，私自下海与番夷互市者，处以重刑。

2. 明中后期海禁法令的修补与转向

早在宣德年间，私人海上对外贸易已蔚然成风，沿海地区私自下海为商者甚众。及至成化、弘治年间，沿海地区如江浙、广东、福建一带，下至小户百姓、上至权豪富室及官员都参与了获利颇丰的海上对外贸易。中央政府一再申明海禁法令，禁止商民私自与外夷相贸易，一方面试图保护本国商民不被外夷欺诈交易，致使血本无归，钱财经年累月不能收还；另一方面将对外贸易的巨大利润牢牢掌握在统治者手中。

（1）概括性法令的适用

洪武年间，中央官府要求地方官员严格实施海禁，禁止民间私自出海经商贸易，而民间的走私活动屡禁不绝。地方官员对沿海居民私自下海走私贸易的参与者往往处刑较重，试图起到警示作用。但就地斩首等执行法令的方式，极易招致地方民众的反抗，并进而演化成大规模的抵制活动，甚至促使走私民众为了自保，纠集成可以与官府相对抗的武装力量，这样反倒不利于政府的管制。这样的一种法令执行方式，可以从明代中期到后期，海禁法令加强到松弛的变化轨迹窥得一二。

第一，刑罚的手段有所减轻。如："旧例，濒海居民私通外夷，贸易番货，泄漏军情，及引海贼劫掠边地者，正犯极刑，家人戍边，知情故纵者罪同。"[1]《大明律》中也有这样的规定："擅造违式大船，将带违禁货物，往番国买卖，潜通海贼，同谋结聚，及为向导，劫掠良民者，正犯极刑。""海防武职，听受分利，私通番货，贻害地方，及引惹海寇，戕害居民者，除真犯死罪外，边卫永远。"[2] 可见明初对于走私贸易的处刑之重，统治者不惜以极刑来禁绝民间私通外夷，这是出于政治安全的考量。

明中叶对违禁下海的刑罚较明初有所减轻。"外夷经过处所，务要严加体察，不许官员军民铺店之家私与交易物货，夹带回还，及通同卫所，多索车杠人夫，违者全家发海南卫充军。其该用人

① 《明英宗实录》卷一百七十九，正统十四年六月壬申，台北：中研院历史语言研究所，1962年，第3476页。

② 怀效锋点校：《大明律》，北京：法律出版社，1999年，第399页。

夫车辆，十分为率，军卫三分，有司七分。永为定例。"① 可见，违令与外私相交易者的处刑较之前有所减轻。此前的最高刑为死刑，此时则减轻为边卫充军。

第二，明政府在严格实行海禁政策的过程中，对民间私自与外交易的犯罪行为种类，也有着不同的处理。明政府最为严厉提防的，是军事武器的私自交易，这是对政治安全造成威胁的不稳定因素。明初统治者就注意到这一点。《大明律》中规定，"将应禁军器卖与夷人图利者，比私将军器出境，走泄事情者律……私自贩卖硫黄、焰硝，卖于外夷者，不拘多少，比私将军器出境律。""军官人等……将带违禁货物下海，前往番国买卖，潜通海贼，同谋聚结及为向导，劫掠良民者，正犯处以极刑，全家发边卫充军。""私卖硝黄与外夷及边海贼寇，为从者。"②

到了英宗年间，朝廷重申了私自与外买卖军器的禁令。"命刑部出榜禁约福建沿海居民，勿得收贩中国货物，置造军器，驾海交通琉球国，招引为寇。"③

走私军器以外的情形，明政府以连坐之法问罪。"禁沿海军民勿得私充牙行，居积番货，以为窝主。……违者一体重治。"④ "自后沿海军民私与贼市，其邻舍不举者连坐。"⑤ 一般来说，仅仅是普通货物的小规模走私，明政府对此仍较为宽容。"若止将大船雇与下海之人，分取蕃货，及虽不曾造有大船，但纠通下海之人，

---

① ［明］余继登撰，顾思点校：《典故纪闻》卷十二，北京：中华书局，1981 年，第 225 页。

② 怀效锋点校：《大明律》，北京：法律出版社，1999 年，第 399 页。

③ 《明英宗实录》卷二百一十七，景泰三年六月辛巳，台北：中研院历史语言研究所，1962 年，第 4685 页。

④ 《明世宗实录》卷一百〇八，嘉靖八年十二月戊寅，台北：中研院历史语言研究所，1962 年，第 2555 页。

⑤ 《明世宗实录》卷一百五十四，嘉靖十二年九月辛亥，台北：中研院历史语言研究所，1962 年，第 3488—3489 页。

接买蕃货，与探听下海之人，蕃货到来，私买贩卖苏木、胡椒，至一千斤以上者，俱发边卫充军，蕃货并入官。"即，民众与外商私自买卖上述商品，未达到一千斤者，不予处罚。而官员则以失职论处："凡番夷贡船，官未报视而先迎贩私货者，如私贩苏木、胡椒千斤以上例……各论罪。"①

明政府以严刑为手段来打击的走私活动，包括通同外夷形成武装进犯，积极作为外夷向导，同谋结聚，扰害沿海及边境居民者。"交结番夷互市、称贷、绍财、构衅及教诱为乱者，如川广云贵陕西例……各论罪。"② "前往蕃国买卖，潜通海贼，同谋结聚，及为向导，劫掠良民者，正犯比照谋叛已行律处斩，仍枭首示众，全家发边卫充军。"以及地方官员的包庇纵容：凡守把海防武职官员……许令货船私入，串通交易，遗患地方，及引惹蕃贼，海寇出没，害我居民，除真犯死罪外，其余俱问受财枉法罪名，发边卫永远充军。"

以上可见，明代中期政府陆续颁布的海禁法令，内容上有针对民间出海船只的式样及用途的规定、本国民众出海携带物品的规定，以及进口违禁物品的诸多法令。朝廷颁布的海禁法令，并不对一切出海行为进行禁止。对于小民自行驾驶小船，于近海处捕鱼打捞等非商业行为，政府并不将其纳入管制范围，并且要求地方官兵毋得侵扰此类渔民的小规模、出于生计所迫的出海行为。嘉靖年间陆续增补的海禁法令，较之前更为细密，且刑罚、处罚方面有增无减，要求地方政府加大执法力度，杜绝沿海地区的境外势力侵扰。

---

① 《明世宗实录》卷三十八，嘉靖三年四月壬寅，台北：中研院历史语言研究所，1962年，第956—957页。

② 《明世宗实录》卷三十八，嘉靖三年四月壬寅，台北：中研院历史语言研究所，1962年，第957页。

（2）正德年间广东地区海禁法令的调整

广东地区受寇患侵袭较少，因此较之东部沿海地区，在局势上较为安宁。正统之后，广东地区经济发展较为迟缓，而地方政府也面临着日益紧张的财政压力，不得不采取一些措施，增加地方财政收入。允许外来贡船、商船在广东地区停泊入港，对广东地区的外来商船进行抽分征税，这是缓解地方财政的权宜之举。此前，合法的对外贸易被垄断在官方政府手中，以朝贡贸易的方式进行，广东地区开风气之先，允许外国商船进入，并以征税的方式，将民间海外贸易在广东地区合法化。

早在正德年间，暹罗的商船因遇海上气候变化，漂流至广东境内避难。都御史陈金等人因此向中央政府请令，允许地方政府对外来商船加征税收。对外来商船进行征税，并非明朝所创，早在宋代，就已经行十分抽二。尽管明代的朝贡贸易以海禁政策作为必要手段，但外来的船只并非全部为贡船，贡船上所携带物品种类并非全部是贡物，自明初就已合法存在。外来贡船允许附载其他不用于上贡的物品，自正德年间始对这部分商品征税，并随着广东地区海禁的逐渐松绑，外来商船越来越多，本国商民争相赴此与外商贸易。此后民间对外贸易更加活跃，广东地区是海禁政策的例外性存在，是一种变通之策。而在此前，对番船附载的非用于上贡的物品，明政府一般采取"给价收买"的方式，或者允许番夷在会同馆交易。正德四年开始，都御史陈金上奏中央，对番夷来朝的商品，以十分之三进行抽分，其中"贵细解京，粗重变卖，留备军饷"[①]。地方官府获得对番货的处分权。正德十二年，朝廷修改抽分比率，由十分之三降为十分之二，并成为定例。

促成中央政府允许广东地区将民间海外贸易合法化的原因，一方面是日益严峻的财政负担，另一方面是世界局势的变化。明

---

① ［明］郭棐：《广东通志》卷六十九，外志四·番夷，济南：齐鲁书社，1996年，第700—701页。

朝中后期，航海事业的迅猛发展，将内倾化日益严重的明王朝拉入世界的发展大势中。西人东来，改变了亚洲地区的传统海洋格局，也动摇了边境地区的秩序安全。外夷的军事进犯，使得财政方面愈显疲态的明政府更加弊蠹丛生，应对乏力。因此，局部地区对海禁政策的调整，既可以增加税收，也能在一定程度上缓解对外的紧张局势，减少政治及军事上的压力。广东地区与其他沿海省份在民间私人海外贸易政策上的不同规则，反映了中央政府对外贸易管理法制方面的摇摆及暧昧。尽管朝廷开放部分港口，对外来商船征税，但究其根本，这是增加财政税收与疏散倭寇的权宜之策，其开放的区域与范围是相当有限的，并不能就此认为明政府厉行的海禁政策有所放松。

（3）隆庆以后稍有松动的海禁法令

嘉靖年间，鉴于东南地区局势的波动，朝廷出于政治安全的考虑，收紧了民间市场的对外交流。嘉靖新增的海禁法令，主要集中在以下几个方面：一是严控出海船只的用途及式样，对于违法建造、改造的船只，依律销毁，对于违反者，处以重刑。这样规定的目的在于从交通工具上，严格防范走私贸易。控制了最为基础的交通工具，可以在一定程度上降低民间私自出海的可能性。二是控制本国居民出海携带物品的种类，加大违禁货物的管制范围。严禁民间出海携带的物品，从先前的止于军器等威胁边防安定的武器类，扩展到日用生活用品类，管制力度加大，且处刑严厉。三是控制外来船只带入本国的物品种类。从法律的严密程度上来看，嘉靖时期颁布的海禁法令跟前代相比有所加强，是毋庸置疑的事实。

明朝后期，明政府对海外贸易管理的法令开始向民间市场倾斜。尽管朝贡贸易对于王朝权威的对外宣示起过重要作用，但随之而来的财政压力，迫使明政府不得不缩减朝贡贸易的规模，并转向经济贸易中的趋利行为。东南亚国家与明政府的朝贡贸易，实质也在于趋利，政治性因素逐渐淡化。随着航海技术的进步，西方国家也先后与明政府开展海外贸易，其目的也在于追求财富。内外部局势已经在酝酿着一场巨大的历史变革。仍然严守明初之法的明政府，在局势变化中，谨慎地探求着解决困境的良方。隆庆时期，明政府对外贸易活动的管理，出现过短暂的春天。

从嘉靖到到万历前期，是明朝历史上的又一辉煌时期。彼时，政治局势在各方角逐中实现了权力的平稳交接，政权结构也处于一个相对稳定的框架内。尤其是张居正担任首辅之时，大力整顿中央与地方的财政问题，使财政危机有所缓解。张居正主持的财政改革，充盈了府库税收，各地粮仓皆有盈余。到了万历年间，商税与盐税成为全国性财政收入中的第二大类，仅次于田赋收入。由此可见，隆万年间民间经济发展的势头之强劲。在代表着正统的官方层面，对经济活动的规制与管理也呈现出较为实用的一面。

在海外贸易方面，率先从广东地区开始的对外经济管理政策的调整，获得了地方官员的支持。隆庆元年（公元1567年），在福建地方官员的请求下，朝廷允许漳州、泉州两地的百姓出海贸易，解除当地长期以来的封禁。① 同时，以广东地区的实践为借鉴，朝廷在漳州海澄县设立督饷馆，负责管理本地方商民对外贸易事项。这一政策性转变，打开了始自明初在官方层面未能获得认可的民间对外贸易的缺口，使民间市场与海外的关系进入全新的历史时期。

万历年间，朝廷针对民间参与程度不断提高的对外经济活动，进行了法令上的修补与完善。在程序上，要求民间商人必须持有官府发放的文引，才准予赴东西洋贸易。出海贸易的手续并不烦琐，唯独限制商民赴日本交易。官府对民间市场参与海外贸易的

---

① ［明］张燮：《东西洋考》卷七，饷税考，北京：中华书局，1981年，第131页。

准入并不做严格的限制，而是严格督促官员查办抽分之职："其商贩规则，勘报结保则由里邻，置引印簿则由道府，督察私通则责之海防，抽税盘验则属之委官。"①

关于商税的征取，隆庆六年，在福建知府的建议下，漳州恢复税课司的设置，抽取来往商民货物。海外商人离开港口之时，同样抽取一部分费用。对于满足基本生活所需的日用品之类，税课司并不抽税。除了日用必需品，随番船装载而来的商货都需要征取一定比例的税收。而不同种类的货物，相应的抽取比例也各有不同。②

由此可知，隆庆年间稍微放松的贸易管制，仍然是一种局部性的开放。民间商人只允许从福建的漳州、泉州两个港口出海贸易，从而使民间市场与海外市场的联系仍然相对有限。同时，为了维持地方社会治安，朝廷要求赴海外经商的商户，需要在邻里之间相互保证，在提供保证的情况下，地方官府才发放印信文簿。这种监督手段，实际上是基层里甲制度的强化。

万历年间的对外贸易法制，更加细化了对外经济活动的具体层面。在法令的实施层面，如商引的填写规则，出海凭证信息的登记、勘合的查验等，更加完备。张燮的《东西洋考》中明确记述了船引的发放与使用规则："商引填写，限定器械、货物、姓名、年貌、户籍、住址、向往处所、回销限期，俱开载明白；商众务尽数填引，毋得遗漏。海防官员及各州县，仍置循环号簿二扇，照引开限定器械、货物、姓名、年貌、户籍、住址、向往处所、限期，按日登记。贩番者，每岁给引，回还赍道查复；贩广、

---

① 《明神宗实录》卷三百一十六，万历二十五年十一月，台北：中研院历史语言研究所，1962年，第5895页。

② 李庆新：《明代海外贸易制度》，北京：社会科学文献出版社，2007年，第319—320页。

浙、福州、福宁者季终赍道查复，送院复查。"① 各项信息需详细登载，如实向地方政府报备，方可出海贸易。

3. 海禁政策方向性转变中的成本因素

通过梳理明朝外贸管理方面的立法，可以清楚地看出王朝政府对外政策的方向性转变，即从王朝治理的政治性需求向经济利益倾斜。明朝初期，统治者通过立法，以朝贡贸易和海禁的方式，将官方与民间一切对外的合法性经济活动控制在官府手中，不承认民间海外贸易的合法性。这样的制度安排原因在于，新生的王朝面临着内部与外部双向不稳定的统治格局，从政治安全方面考虑，杜绝一切外部侵扰，官方控制对外渠道，具有经济与政治上的双重利益。而对内方面，通过对境内居民进行连坐的基层里甲制度，将民户登记在官府的户口登记簿上，劝民务农，回归田土，试图从根源上控制民户，以维持疆域广阔的王朝的秩序稳定。

明代前期的对外经济活动主要以官方的朝贡贸易为主，以"厚往薄来"为基本原则。拉拢域外政权承认王朝政府的正统性，是一种政治策略高于经济效益的手段。民间的私人海外贸易并不随着王朝政府的严厉打击而偃旗息鼓，甚至愈发强劲。朝贡贸易需要双方国家都持有本国政府发放的文书，从手续上来讲，相当一部分没有取得官方批准的商船不享有出海贸易的资格。私人海外贸易的猖獗，是商人降低经商成本而采取的手段，因为这样一来，出海贸易并不需要持有官方发布的文书，也不必上交税款。

到了明代中后期，基于路径依赖和祖宗之法不能轻易变动的限制，王朝政府依旧施行海禁。与明初不同的是，此时已经有地方官员参与到解除海禁的请求中，希望开放部分港口，以征税的

---

① ［明］张燮：《东西洋考》卷七，饷税考，北京：中华书局，1981年，第132页。

方式控制民间对外贸易，以减少走私活动对市场的破坏。明代中后期对外贸易管理法制的局部调适，是王朝政府应对危机、被动转变的尝试。从总体环境上看，终明之世，对外民间贸易的严格管制是主旋律，尤其是在海上贸易的船只、货物种类、规模等方面，较明初更为严格，海禁政策有所加强；而另一方面，局部地区，地方政府为了缓解地方上的财政困难和边境秩序稳定，请求中央政府开放部分港口，进行征税。如广东地区，地方官员获得开放的许可，将民间对外贸易合法化，在原有的程度上，扩充了地方政府的税源，民间社会的抵制程度减轻，海外势力侵扰来犯的可能性大大降低。将之前以走私形式出现的民间对外贸易合法化，比起一律禁止，官府以税收的方式，对民间海外贸易进行间接管理，实现了民间与官方利益的共容。

徒禁不足以实现对民众的有效管理，海禁越严而民间走私越猖獗便是最为明显的例证。明代中后期的对外贸易管理法制，是一种松严并济的时宜之策。从制度的总体结构上看，明代中后期依旧奉行海禁，这与王朝管理逐渐内倾化和财政愈显疲态有关，是王朝政府为了减少治理费用而采取的下策。至嘉靖年间，财政问题是摆在政府官员面前的一大难题。朝贡贸易日渐衰落，明王朝早已无明初那般的经济实力去厚赏来贡的使臣。因此，缓解财政困难是明中后期部分允许海外贸易的主要原因。

十六世纪大航海时代的到来，加速了世界范围内经济体系的建立。正是因为外部白银的大量流入，维持了正式货币体系崩坏后的财政、经济体系的持续运转。可以说，外部注入的白银，盘活了明政府的财政系统，使高度集权的专制政府得以延续其对社会的支配。朝贡贸易、港口税收、民间走私是白银流入国内市场的主要方式。事实上，明政府对民间自由参与的对外贸易的保护态度是消极的。明前期严厉的海禁政策，促使华商将贸易基地建在海外，并组织起自己的武装集团，以对抗明政府的剿捕。这些武装集团，亦商亦武，在明政府对商人保护缺位的情况下，主导着东亚与东南亚的贸易。如东亚海域最重要的海商集团郑氏集团，不仅对内与地方政府分庭抗衡，对外与荷兰、西班牙开展贸易竞争和武装抵御。"郑芝龙已控制了绝大部分华商的海上贸易活动，无数海商团伙聚集在他的旗帜下，按他的号令耕耘于包括印度洋的广大海域。"[①] "海舶不得郑氏令旗，不能往来，每一舶列入二千金，岁入千万计，芝龙以此富敌国。"[②] 英国、荷兰、西班牙商人的海外贸易以其本国的政治许可与武装保护为基础，明政府非但不能为华商提供军事上的保护，在法律上也趋向于禁止对外贸易。有文献记载，1603 年的马尼拉大屠杀时期，海外华商死伤15000—30000 人，明政府对此采取冷漠的态度。海商的生存压力，使他们趋向于联合，以形成更大的竞争力。海商集团不仅为华商提供了武装保护，也规范了私商之间的贸易竞争，同时是对外沟通的重要媒介。明政府对待海商集团，采取招抚的策略，化对抗为合作，降低了军事冲突所增加的成本。

四、明廷重新控制的禁榷领域

　　明代的禁榷政策是贡赋体制下国家与市场互相依赖、互为形塑的极佳例证。开中法的政策指引下，民间商人想要获得贩卖食盐的丰厚利润，需要将实物性质的粮草运输到政府指定的地区，方能支取到相应数量及价值的盐引，前往指定盐场支得食盐后，在市场上发卖。以这种方式吸引商人运输粮草赴边，节省了政府供应边境军队的费用。商人与政府对不同经济利益的追逐，推动了开中法的实施与运行。政府无节制地发放盐引，以及官员内部

　　① ［意］白蒂：《郑成功：远东国际舞台上的风云人物》，庄国土，等译，南宁：广西人民出版社，1997 年，第 30 页。
　　② 江日升：《台湾外纪》。转引自刘强：《海商帝国：郑氏集团的官商关系及其起源（1625—1683）》，杭州：浙江大学出版社，2015 年，第 10 页。

的腐败，致使商人逐渐疲于参与其中。根据万历年间户部尚书李汝华的记载，明代财政的主要来源，一是田赋，二是盐课。① 食盐买卖这样一个隐藏着巨大利润的市场，明政府自然不能放弃。适当的调整开中法，以吸引商人前来报中，使食盐买卖市场持续运转。

（一）明中叶纳粮开中与纳银开中并存

明初的开中盐法，到了天顺、成化年间，由于权豪势要的破坏，致使财力并不雄厚的商人报中困难。朝廷为了吸引商人参与其中，允许以纳银代替纳粮，获取盐引，一方面平稳不断下跌的粮价，另一方面得以从食盐贸易中继续获利。如此便形成了纳粮开中与纳银开中并存的局面。

以实物与银钱的形式报中的形式，在成化年间较为常见。如《明实录》所记载的，以银钱报中相比较于实物报中的折算比例："每引定价银一两三钱，本部差官会同巡盐御史，召商报卖，其银解部，转发太仓收贮，以备支用。"②

再如成化二十一年，根据户部的奏请，对存积未经开中报纳的余盐，若无人支领，则由地方官府确定时价，召商缴纳银钱并支付相应的对价，便可将这部分余盐带入市场自由买卖。③

以刑罚手段禁止金银等货币形式在市面上的流通，来推行统治者无视市场规律的宝钞制度，显然并没有奏效。至迟在成化年间，官府允许商人纳银报中，向官府缴纳银钱而不局限于粮食，

① 《皇明经世文编》卷四百七十四，户部题行盐法十议疏，北京：中华书局，1962年，第5203页。引自黄国信：《国家与市场：明清食盐贸易研究》，北京，中华书局，2019年，第39页。

② 《明宪宗实录》卷一百九十九，成化十六年正月庚戌，台北：中研院历史语言研究所，1962年，第3493页。

③ 《明宪宗实录》卷二百六十五，成化二十一年闰四月丁未，台北：中研院历史语言研究所，1962年，第4486页。

甚至没有要求用宝钞，并积极定银价，以加速盐业市场的流转速度。尽管政府的目的在于获取巨额的食盐销售利润，却在客观上将盐业市场拉入了逐渐进行货币白银化的民间市场，并不断向商业化靠拢。

食盐专卖领域的纳银开中制度，由于明政府在财政税收领域对白银的需求与依赖程度不断加深，税收结构开始受市场影响。食盐专卖领域对白银的依赖，不仅表现在商人以银缴纳给官府获取食盐买卖资格，食盐生产者——灶户同样对国家承担着盐课。灶户将食盐运至政府指定的仓场，领取政府发放的粮食，是一种以物易物的形式。灶户对国家上缴食盐，不仅是实物形式对国家承担义务，也包含着劳务付出，称之为"盐课"。[1] 明后期，商人不再只局限于食盐的售卖环节，而是开始参与生产环节，直接与灶户产生经济关系，政府的作用减弱。与此相对应的是灶户向国家承担的盐课开始以折银的方式缴纳，而不再全部以实物与劳务的方式承担。如，两浙于成化年间开始折银纳盐课，山东、福建两省的盐课折银始于弘治年间，两淮、广东、四川、云南于正德年间折银，长芦于嘉靖年间开始部分盐课折银。[2] 这是盐法改革过程中的一个重大变化。

（二）明后期禁榷领域的税收代理人制度

政府对盐商与灶户以实物与银共同征收的方式，到了万历年间，随着纲法的实施，二者并存的局面结束，货币取代实物，成为调整盐业市场运转的手段。万历四十五年，袁世振请令整顿盐法，次年，开始大范围推行纲法。万历纲法的推行，始于盐引的

---

① 黄国信：《国家与市场：明清食盐贸易研究》，北京：中华书局，2019年，第 47 页。

② 刘淼：《明代盐业经济研究》，汕头：汕头大学出版社，1996 年，第 215 页。

大量壅滞，直接影响边境地区的军饷供应，财政压力与日俱增。在此之前，盐商与地方官员沆瀣一气，倒卖、虚开盐引，使官府登记的数量与盐业市场的承载量出现极大的差异。纲法着重整顿盐引发放过程中的投机行为，将盐商按照资本的多寡进行排序登册。"以圣、德、超、千、古、皇、风、扇、九、围十字，编为册号。每年以一纲行旧引，九纲行新引。"① 若当年已发放的旧引未得支领，或旧引尚未发完，则仅仅收取旧引的本息，不再额外增加盐商的负担。同时严格鉴别新引与旧引，避免不法之徒利用旧引套搭。万历年间的纲法，其制度的初衷在于改善之前盐商与地方官员的勾结渔利，使盐业市场运转受阻。如今纲法一出，两不相涉，各得其利。②

纲法改革的核心在于承认盐商介入食盐生产环节的合法性，被编入纲册的盐商，凭此便拥有食盐运销的专营特权，③ 并且可以世代沿袭。没有被编入纲册的商人，则不具备行盐资格。明政府试图以此方式，杜绝盐业市场上的恶性竞争。然而在纲法改革之前，就已经有盐商自行向灶户收买食盐的习惯："盖商人执引下场支盐，必验以场官，此为旧例。近各支盐，绝不将引目投场司，径与场夫指引，任意筑买大包，场官全不与知，即分司官亦不与闻，则官可无设矣。"④

盐商绕过场官与灶户互相交易的习惯，在万历纲法得到合法的确认，从而将食盐的控制权由政府转移到商人的手中。灶户将

---

① 《明经世文编》卷四百七十七，纲册凡例，北京：中华书局，1962 年，第 5246—5247 页。

② 《明经世文编》卷四百七十七，纲册凡例，北京：中华书局，1962 年，第 5246—5247 页。

③ 黄国信：《国家与市场：明清食盐贸易研究》，北京：中华书局，2019年，第 54 页。

④ 《皇明经世文编》卷四百七十六，两淮盐政梳理成编·盐法议八，北京：中华书局，1962 年，第 5237 页。

不再向国家缴纳盐课，而是由盐商承担收盐的责任，将之市场化，并由盐商向国家承担盐课。这样一来，国家与灶户之间，存在着盐商这样一个税收中间人。政府利用盐商与市场的力量，协调盐业市场的运转问题，国家对经济活动的强制力逐渐减弱，让市场发挥越来越重要的调节作用。

在正式的律、例、令之外，官府通过经济纠纷的审理，为民间经济行为提供正式的指引与约束。此外，在律例条文、官员奏本、皇帝谕令、司法案例等正式制度之外，民间组织如商帮、行会、会馆等经济性组织的商业规则，同样对经济活动具有约束力。

第三节　明代市廛律例演变中的国家与市场

按照制度经济学对制度的变迁以交易成本的变动为视角的考察，在前现代技术条件下的中国，规模效益、抵御风险、协调外部性以及对统一市场的需求，使统一国家的收益高于分裂的收益。因此，分裂的小国得以重新走向统一。与此同时，在技术条件的限制下，面对疆域辽阔的统治区域，统治者实际上所能调动与运用的资源相当有限，治理的效果会受到交易费用的约束。如何在治理费用尽可能得到控制的情况下，维持秩序的稳定与臣民的服从，是统治者需要审慎思考的问题。由于种种因素的推动，明代统治者设计了一系列制度来加强对统治范围内人口和资源的控制。

统一王朝的治理目的在于以权力的方式，将资源收集于上，统一调度，征收税收劳役以维持官僚系统的运转，减少外部的军事威胁，提供稳定的秩序和交易环境，治水及修建水利设施，市场与贸易收益，等等。统一王朝的成本即治理的成本，主要表现为运转行政管理机器的成本，制约官僚的监督管制成本，商业信息获取成本，关于土地、人口与经济效益的信息获取成本，等等。

而随着王朝疆域面积的扩大，官僚系统不断发展壮大，农业生产水平提高，交易活动愈显复杂，人口流动更加频繁，王朝的治理成本上升。

制度本身所导致的一系列衍生成本，使得管制的力度和效果都不及王朝统治初期，严格科层制下的集权政府不得不采取修补性措施，更加强调权力的集中和管制的升级，以尽可能在治理费用未超出社会承载力的情况下，维持秩序的稳定。这些措施包括：控制经济资源、控制商业活动、控制官僚系统、控制人口流动、控制海外贸易。以成本变动为视角考察明代管制型政府的各项政策制度，可以发现制度的变化的确有这样一种规律。

食货体制之下，王朝政府的主要目标在于，在维持秩序稳定的基本要求之上，尽可能地保证政府对民间社会的财政汲取能力。至于商业的发展，以及工业化生产的进步，并非官僚体系所关注的。对民间社会的治理，社会产出与管制型政府的高度集权之间存在着矛盾。明代的制度设计，以登记人口的黄册和记录田土资产的鱼鳞图册为经纬，这是其他各项制度得以实施的基础。控制人口流动，将重要商品的流通纳入国家专营，排除民间私人资本介入和分享经济利益，朝贡贸易和海禁政策也是同样的目的，分割官僚的权力，使内部相互制衡，加强对官僚的监管，这些措施都旨在降低治理的成本，以维持秩序最低限度的稳定。

一、统一王朝的成本与收益分析

（一）明廷管理社会的成本分析

在前现代的技术条件下，国家形态从分散走向统一，有其内部驱动力，主要表现为：协作治水、军事保卫、抵御风险、统一的国内市场、对外抗敌的一致性等等。随着统治区域的扩大，必然会导致治理费用上升。而国家内部的均衡点，正处于国家范围的扩大所带来的收益和因范围扩大增加的治理费用在边际上相等的点上。超过此范围，国家规模、国家制度、秩序等即处在不稳定的状态中。①

统治者以有限的治理技术，对幅员辽阔的疆域进行统治，必然受到治理成本的制约。明初高度管制型的治理模式，即是统治者为了降低治理成本而设计的一系列制度。从短期而言，这样一套高度管制型政府的制度构建，提高了统治效率，具有极强的政治和社会动员力，有利于稳定秩序。就长期的效果而言，高度的管制，不仅抑制了社会的经济产出，制度内部也因监督官员等不断内生的费用，产生更多的成本。而在收益不变的情况下，成本的不断增加，使二者之间的均衡状态逐渐被打破，导致秩序的不稳定和国家形态的变化。明政府经济管理职能的设置和变化路径，基本符合交易成本的变动对制度的影响这一分析模型。

在运输能力、交通条件、信息传递效率、计算技术较为欠缺的古代社会，统一王朝维持对广大疆域治理的成本极为高昂。主要表现为：

第一，信息获取成本，包括对土地勘核、人口登记编册、财产估算、收入等信息的获取。明代仍然以土地作为生产的基本要素，依靠农业生产所得的赋税是王朝财政的主要形式。赋役税收都直接指向编订在王朝政府所掌握的户籍册上的编户齐民。民户对政府承担着实物赋税和亲身应役，统治者对民众具有较强的人身控制。统治集团对人口和财产等基层社会信息的获取，需要仰赖其代理人，即官僚系统代为进行。在当时的技术条件下，统治者很难获取关于人口和土地的精确信息，国家范围越大，获取的难度越大，征税的效率必然降低。如梁方仲认为，明代的黄册虽

① 郭艳茹：《经济史中的国家组织结构变迁：以明清王朝为例》，北京：中国财政经济出版社，2008年，第43页。

然十年一大造，但实际上，除了最初的两三次人口登记册具有一定的参考价值，其他大部分年份的黄册所登记信息，大多是编造出来的。

相较于人口，土地这一财产对王朝税收的意义不言而喻，勘察核算更加重要。洪武年间，朱元璋派国子监生到主要的赋税来源地进行田亩核查，以确保赋税的收缴。明初用以记载田亩情况的册籍，即鱼鳞图册，形成于洪武二十年。据何炳棣考证，明初的国子监生对田亩的核查造册，仅限于江浙地区，而不及于其他省份。除江浙地区外，其他省份的鱼鳞图册都由各地自行核查编订，而地方上应对朝廷的赋税负担时，通常会减少登记的田亩数量，以减轻本地的税额负担。何炳棣发现，除了万历三十年的统计数目外，从洪武三十一年（1398 年）到清代的同治六年（1867 年），各地自行编册的土地数量没有明显的增加，而人口数量则从洪武三十年的约 6500 万，增加至道光三十年（1850 年）的 4 亿 3000 万。[①] 这样看来，土地数量没有增加，而人口成倍增长，显然不符合逻辑。

第二，管理官僚系统的成本。高度管制型治理模式下，统治者需要依靠其代理人即官僚系统进行征税、维持治安、调集军队、征发徭役、执行法律等国家管理任务。官僚集团执行统治集团的意志，同时也需要被监督。这样一套庞大机器的运转，需要统治者所制定的法律既对民间社会进行管理同时对其代理人——官僚系统进行有效的监督，以规范权力的运行。统治者既需要给予官员一定的俸禄和社会地位，也需要对官员进行监督、考核，以维持观念认同。出于对官僚系统的警惕，永乐时期设置锦衣卫，作为皇帝的耳目，独立于官僚系统，代皇帝行监察之权。在后期，又在已有的监察部门之外，派生出东厂、西厂等内府性质的机构，

---

① ［美］何炳棣著：《明初以降人口及其相关问题（1368—1953）》，葛剑雄译，北京：生活·读书·新知三联书店，2000 年，第 117—1159 页。

层层叠加，监督成本不断增加。

第三，商业信息的获取成本。与农业生产相比，商业活动较难为政府所管控。与商业活动的模式相比，农业生产因其生产工具即土地的位置不变，依附于土地的人口较少流动，且农业土地的产出可以大致估算，因此，政府的征税成本较低。商业活动中，人口与商品的流动性较大。而市场的繁荣本身与贡赋体制不可分割，必然存在着物资与人口的迁移。民间市场上的流动性随着商业活动的发展而加强，政府较难管控。尤其是在前现代技术条件下，无论是民间市场还是官方层面，都尚未形成理性的计算，对商业活动的征税较难。且在另一方面，民间社会人口与物资的流动，本身代表着秩序的波动，更加为统治者所警惕。

（二）明廷调整法律制度的收益分析

国家形态从分裂走向统一，统治范围扩大，带来的除了成本的增加，也包括收益，主要表现在：

第一，统一有效的军事保护。从我国历史上看，农耕文明与游牧文明处于长期的军事对抗。在缺乏天然的军事屏障时，国与国之间在边界上的冲突具有极大的不确定性。朝代的更迭与不同文明间的军事冲突不无关系。游牧民族具有军事作战上的天然优势，农耕文明主导下的中原王朝必须调动更多的人口和资源，才能形成军事上的优势，并与之对抗。游牧民族将生活方式与军事作战的训练相结合，军事作战可以实现较多人口的调动，成本较低。农耕民族则与此相反，民众的生活方式与军事训练并不相同。农业生产的特性在于稳定，一旦发生战争，则需要与农业生产相剥离。从事农业生产的人数减少，国家所得来的财政税收相应减少，财政供给能力下降。因此，在前现代的技术条件下，只有人口众多、资源丰富的中央集权国家，才能提供一支专门用以军事保卫的常备军，与农业生产相分离，同时也为农业生产创造了条件。

第二，统一的市场。唐宋以来，经济中心与政治中心分离的倾向越加明显，这就要求以北方为都城的王朝政府，能够极大限度地调动经济富裕地区的资源与人口，以集中供应朝廷所需的用度。长江流域取代中原地区，成为重要的产粮区，商业中心南移，南北之间物资流转频繁，统一的市场环境有利于物资的供应。北方政权对南方经济中心的依赖程度逐渐增加，国家统一的经济收益必然越来越高。市场之间的依赖程度加深，与区域分工之间互相影响，有利于资源的利用效率，增加经济效益。同时，人口的增长，货币政策随市场的变动适当调整，最终统一了与市场规律相违背的货币形态。

第三，财政汲取能力。明政府对人口和资源的严格控制，目的在于在技术条件有限的情况下，尽可能地实现对较大范围的控制。以黄册和鱼鳞图册互为经纬的人口、田土控制，以及基层社会以里甲为组织的基本社会结构，将绝大多数人限制在稳定的农业生产中，从而源源不断地为王朝政府提供充足的税收。这样一种人口和财产安排，降低了政府维持基层社会秩序的治理费用。

第四，工程营建。历史上自然灾害频发，需要王朝政府能够及时地调动资源，进行粮食调拨、税收豁免、水利设施营建等。统一王朝可以通过常平仓进行粮食的补给协调，稳定粮价，避免市场的大幅波动，进而引发粮食暴动，危及秩序的稳定。大型公共工程的营建，从短期看来，需要人力和物资的充分供应；长远看来，它解决了王朝政府应对自然灾害的风险抵御能力，减少了因应对灾害和调配资源不足而引发的秩序危机。而秩序的稳定，是王朝统治的重中之重。

（三）明廷变革制度的必要性

明廷对社会的管理，经历了从严格管制到逐渐松动的变化过程。在王朝初期，实行严格的社会管控，经济增长服务于农业生产的目标而被压制，国家以强制方式，界定产权。国家疆域辽阔，军事力量强大，经济具有封闭性特征，因此，朝廷的高度管制、轻徭薄赋和财政集权，在短期内可以实现秩序的稳定。随着时间的推移，国家的控制能力减弱，社会产出增加。政府财政匮乏，权力被分割，官僚体制对社会统一提供法律保护及征税的能力大大降低，在重大危机如外部侵扰和内部反叛等重击之下，很容易秩序解体，造成王朝的崩溃。这种王朝政府"治乱循环"①的根本原因是统治者最大化汲取财政税收的能力与特定的产权结构、维持广大疆域秩序的治理费用之间的矛盾。也即国家权力和社会产出之间的冲突。在明朝高度集权的政治形态下，这些问题并不能被明政府妥善解决。管制型政府所界定的产权结构以及与之相适应的一套政治体制，在前现代时期，可以在短时间内维持秩序的稳定。而一旦用于维持秩序稳定的组织技术、军事供给的边际成本，超过了边际收益时，社会秩序就会处于不稳定之中，政府对社会的控制力必然降低。明代政府的经济管理职能的转变，可以为此提供例证。

在古代中国，保护的规模效益、协作治水、抵御风险、协调外部性以及对统一市场的需求，极大地促进维护了国家统一。但是，在获取资源的能力与技术手段受限制的前现代社会，统治者对大量人口与空间范围的统治，必然会受到治理费用的约束。对集权政府而言，权力的分散与高度的管制所导致的来自社会层面的对抗力量，会使管理费用增加。这部分增加的费用最终仍然由社会承担，如此形成一个恶性循环。鉴于前代的历史经验，明初统治者建立起一套对人口与资源严格管理的制度。该制度通过对社会的高度管制，内部对民众心理整合、规训教导，外部刑罚威

①　郭艳茹：《经济史中的国家组织结构变迁：以明清王朝为例》，北京：中国财政经济出版社，2008 年，第 3 页。

慑，降低治理的费用，并进而避免出现因治理费用的上升而导致秩序的不稳定甚至是暴乱。对社会的高度管制手段包括限制人口流动、抑制商业和贸易、实行思想控制等等。在短期内，这些严密的管制措施，确实可以对治理对象产生一定的威慑力，换取一定时间的民众服从。从制度运行的规律以及长期来看，这种高压的控制手段，不但抑制了经济增长与社会产出，而且，维持高度管制的成本，即制度的内生性费用也随着时间的推移不断增加。社会产出的减少，意味着国家统一所带来的收益降低，其提供军事保护和公共服务的能力随之受影响。因此，统一国家后所带来的收益，并不足以覆盖治理国家的费用，二者之间的差距越来越大。集权政府警惕权力的分散，必然要通过增加治理费用的方式，维持权力享有者的利益。在政治参与的可能性微乎其微的情况下，对抗性力量要大于合作的力量。与此同时，统一国家的收益降低，那么国家执行契约的能力势必随之降低，最终使统一国家走向分裂。在明代，王朝政府在隔绝政治参与的情况下，并没有能力解决统治资源少与统治范围大之间的矛盾。

明王朝初期的制度构建，旨在以尽可能低的治理成本，实现对幅员辽阔的人口与资源的有效控制。这套体制以国家的暴力执行为后盾，以严格限制人口流动的户籍制度，将大部分民众限定在农业社会的生产秩序中，以为政府提供源源不断地税收。城市里的商人铺户并没有被单列户籍，而是分散在四民之中，承担着相应的赋役。明初政府相对精简，王朝的统治费用相对较低，有利于快速集聚财富于中央。通过管理物价、商品质量、核验商户资质、控制货物运输和流通，使经济结构维持简单的交易模式，经济秩序、经济目标依附于管制型政府治理模式之下的政治目的。

国家面临着来自于内部与外部的压力。内部的压力促使统治者设计出一套更有利于社会良性运转的制度，并维持秩序的稳定，如限制人口流动、抑制经济发展的管制型模式。对于来自于外部的压力，明朝统治者采取的是以朝贡的方式垄断对外贸易的巨大利益，既增加了税收，也有利于控制军事技术的成本。这两方面的压力，都促使统治者对产权结构做出相应的设计。明代的朝贡贸易与海禁政策，都是王朝政府在获取税收与降低治理成本二者的驱动下所采取的政策。朝贡贸易旨在以经济利益代替军事支出，以减少外部环境的干扰，进行王朝政治正统性的宣示。尽管朝贡贸易有经济上的获利，但相比较于政治性目的，经济上的利益并非其主要目的。朝贡贸易到了明代中叶便逐渐减少。明初的厚往薄来给政府带来不小的财政压力，给价、赏赐不再如明初丰厚，来贡者减少。且民间私人性质的海外贸易，在成本与自由程度方面，都比官方朝贡具有更大的优势。

与日渐活跃的民间海外贸易相伴随的是官方明令的海禁政策。明代后期的海禁政策，因地区性差异和决策者意志的不同，在严禁与松弛之间摇摆不定。王朝政府在国库空虚、军费支出有限和税收能力减弱的情形下，禁止民间与海外的来往，以降低管理的成本。外部以军事力量迫使明政府开放个别口岸，作为缓解国内外局势的时宜之举，避免持续性封禁所带来的反抗，进而升级为军事冲突。因此，明后期部分开放港口，海禁政策的松弛与严密，是政府出于利益和管理成本的考量而进行的政策调整。

明代中后期，经济的发展促使商业关系不断复杂。在政府监管缺失的情况下，民间商业社会为了维持交易秩序的稳定，在国家设定的规范框架内，发展出一系列降低交易成本的规则。明代后期政府对经济活动的监管减弱，而市场又需要有一套稳定的信用体系和成本控制，催生出牙行代替政府管理市场、收税的职能。于统治者而言，在能力有限的情况下，利用牙行对经济活动进行控制，既为税收征取提供了便利，也在一定程度上使得秩序不至于失效。商人的正当经营所得获得政府保护，严禁权豪抢夺把持。而值得注意的是，尽管政府对商人的保护较明初有所增加，经商环境有所改善，本质上来说，并非政府出于提升经济效率、促进经济效益增加的目的，而是为政府提供税收。在这个方面，国家与市场的动态博弈过程清晰，互相塑造，互相促进。

在经济结构中，变动的主要力量是基于军事技术、要素价格、各集团力量的变化，使统治者所设定的产权结构发生改变，统治者的收益受到影响，迫使其做出相应的调整。而明政府经济管理职能从直接管理到间接管理的转变，便是经济史变迁中这一规律的体现。[①]

二、市廛法制对经济行为的激励

任何理性的政治行动进程，在涉及准备必要手段时，都会具有经济取向，而且政治行动始终都有可能服务于经济目的。同样，如果没有国家合法强制力对经济资源控制权的支持，亦即，如果形式上的"合法"权力没有暴力威慑的支持，任何经济系统都将难以为继，现代经济秩序更其如此。不过事实上，一个经济系统依赖于暴力的保护，并不意味着这个系统本身就是使用暴力的样板。[②] 因此，有权力介入的市场，并非必然对市场机制带来不利影响。但是，缺乏制约、且以强制与暴力为后盾的权力，一旦以非平等的市场主体参与经济活动以实现经济性的目的，必定是对既有市场秩序的破坏。

按照韦伯从社会学角度对政治行为的分析，政治行动的经济取向在明廷对经济管理的管理与限制中可以得到例证。

朝贡制度本身的政治性意义要大于经济意义。明初政府对社会极强的动员力，使得府库充盈，财政方面的收益，使永乐时期

---

① 郭艳茹：《经济史中的国家组织结构变迁：以明清王朝为例》，北京：中国财政经济出版社，2008 年，第 21 页。

② ［德］马克斯·韦伯：《经济与社会》第一卷，阎克文译，上海：上海人民出版社，2010 年，第 158 页。

耗费巨大、气势恢宏的朝贡贸易得以展开，引得外部国家纷纷与明政府贸易，扩大国际影响力。很快朝贡制度所需要的巨大财政支出，在永乐以后便使府库紧张，进而不得不缩减规模。对统治集团而言，朝廷在朝贡贸易中收益相比较于成本，并没有可观的增加。且出于降低管理成本、尽可能为统治集团收集财富的目的，严格限制甚至禁止民间商人参与海外贸易的巨大利润，短期而言，能取得极大的收益。

尽管短期内，对外贸易的收益掌握在统治集团手中，长期而言，明廷以强权所独占的市场份额，以及压制民间市场主体参与的非正常秩序，必然会产生更多的成本。正常的市场秩序，是因资源控制的差异性，基于双方和平的意思表示，进行控制权与处置权的交换。出于逐利的取向，市场上的竞争不可避免，并且是市场机制进行自我调整的有利因素。

明政府建立的朝贡制度，以海禁政策作为辅助。如此形成的对外贸易市场，并不具备理性的竞争因素，成本的收益并不完全由市场决定。不管对明政府还是民间社会，由官方所独占市场份额的朝贡制度，都不是一项理性的经济选择，随着时间的推移，必然会被市场机制所抛弃。

明廷推行的以朝贡制度和海禁政策为手段的对外贸易，在成本与收益上明显失衡，且成本远远高于收益。这种经济掠夺行为，是权力与市场的排斥性互动，各方都面临着经济上的持续损失。而从市场发展的必然趋势上看，权力的运行与市场机制之间，并不是天然的排斥关系。缺乏规制的市场在经济行为中对资源的控制与获取享有优势的参与者而言，会进一步扩大其效用，并为了限制其他人的参与机会，而趋向封闭，逐渐形成垄断性的支配地位。在市场内部，这种仅仅为满足一小部分人的效用而妨碍多数人的参与机会与效用的垄断行为，以及政治组织以强权抢夺市场利益，由此所形成的对抗形态，无法使被支配者出于习惯与内心的认同，接受经济利益上的损失，因而无法形成有效的支配。即使在现代，国家通过颁布反垄断法、反不正当竞争法等等一系列的经济立法，旨在解决市场机制所不能解决的经济的问题，因此，国家对经济活动的持续性调整，对于规范市场秩序、稳定经济发展方向是有必要的。

海禁政策对民间市场参与海外贸易活动的禁止，是明廷通过禁止性法律规范对社会的强制约束。沿海地区的私自出海现象屡禁不止，可见对外贸易的获利丰厚对民众的吸引力。而海禁政策作为对经济活动的实质性调整，导致走私日盛，出现了法律的规避现象，按照韦伯对经济活动诸范畴的论述，政府对这种经济活动的调整走到了极限。[①] 政府对经济活动的调整已不能发挥实质性作用，而缺乏管制的市场不一定会导致良性的竞争，使市场结构更加复杂。海禁政策也并没有将对外贸易的利润完全集中于统治集团，随着海禁愈严，反而走私愈盛，最终形成了对现有秩序产生强烈冲击的暴力性对抗。

相比较朝贡贸易和海禁政策，明代的专卖制度则在某种程度上，体现了权力与市场的良性互动。明初的盐专卖，吸引商人运输粮草至北方地区以获取盐引，进入买卖市场。这是一项较为经济的举措。明初的边境危机仍未消除，以发放专卖许可的方式，由民间商人解决粮草的运输问题，减轻了政府的军事支出。本该由政府承担的运输负担，转移到民间商人身上。路途较近的山陕商人较南方商人，凭借地理位置的优势，先一步抢占盐业贩卖的市场，不断累积资本，壮大其市场影响力。食盐在市场上的流通，由政府与商人共同合作。盐、茶等商品实行专卖，对这类资源的控制权始终掌握在政府手中，并未被其他主体所瓜分，市场并未出现较大的波动。

---

① ［德］马克斯·韦伯：《经济与社会》第一卷，阎克文译，上海：上海人民出版社，2010年，第171页。

　　海禁政策给明政府带来的财政利益与压制民间走私的军事成本要高于垄断性朝贡贸易给明政府带来的收益。走私愈演愈烈，东南沿海地区形势胶着的情况下，以已经形成规模的走私贸易据点为港口，将民间对外贸易合法化，缓解内外部的紧张局势。相比较于镇压，部分开放港口、以收税的方式间接管理对外贸易，对于明政府而言显然更加经济。对于外商而言，民间市场参与对外贸易，能够提供更多的商品种类，且为了吸引外商，在价格上形成优势，更有助于买卖双方做出理性的经济选择，因而走私之风盛行。对于统治集团而言，海禁非但没有威慑到民间的走私活动，反而使后者集结成组织性力量对抗政府，走向了政策的反面。持续性压制所需要的成本，使明政府在财政上捉襟见肘。政策与多数人的利益不相容，也无法获得有效的服从。不同的是，民间市场参与对外贸易的形式，并不是通过和平方式取得资源的控制权，而是与明政府的暴力相对应的暴力，因而不属于理性的经济行为影响下，市场机制通过自我调节发挥的作用。

　　权力结构通过法律的方式界定产权，影响资源的配置，即法律制度确立经济活动的框架与方向。受支配者在具体的经济活动中，或是出于本身的利益及对规则的接受而服从，或是出于利益的考虑而规避，都是被支配者对权力组织做出的相应选择。命令的妥当性，即命令对于被支配者而言，是否具有可接受性。任何支配的持续运作，都有通过诉诸其正当性之原则的、最强烈的自我辩护的必要。①

　　相反的，专卖制度在执行与调整上，更多是权力与市场的互相配合与良性互动。在明初，出于效益最大化以及控制成本的目的，统治集团允许商人部分地参与食盐贩卖。统治集团毫无节制的聚敛财富欲望以及官员的腐败导致盐法大坏，商人的经营周期

---

　　① ［德］马克斯·韦伯：《支配社会学》，康乐、简惠美译，桂林：广西师范大学出版社，2010 年，第 19 页。

变长，与政府配合的积极性大打折扣。

在法律环境难以为盐商提供有效保护的背景下，明代盐商主要从以下两个方面保护自己的产权：

第一种是通过结合成一定的组织，如商帮，增强集体行动力来维护自己的产权。因开中盐法而兴起的晋商、徽商等在市场上结成颇具影响力的商帮，就是为了抵御市场上的不确定性因素对成本的影响。

第二种途径是盐商通过捐纳、入仕、联姻、赈济等方式，积极与官府、地方权贵结交，以跻身于贵族阶层，巩固自身的社会地位，同时扩大社会影响力。如徽州歙县的汪氏家族，起于盐商，培养子弟科举入仕，成为在地方上颇具影响力的家族。

不同于西方的商人与商法在法律的近代化过程中扮演着重要的角色，明代的商帮与商人对市场的影响力，仍然处在权力的支配模式之中，并没有跳出既有的框架，与政府对立与抗衡。商帮这种民间自发产生的组织，是市场机制自我调节的必然阶段。

三、制度引导下的市场规范对经济秩序的修补

一个国家的运行过程、解决问题的能力与方式、应对危机的抉择、中央与地方政府间关系、国家与社会的关系、管理经济活动的方式，都表现为一系列的制度措施。这些稳定的制度安排塑造了解决问题的途径和方式，诱导了相应的微观行为。[1] 制度对被支配者的影响力表现为激励与否定性评价两种结果。被支配者基于本能、个体偏好、理性的计算、审慎的思考、观念价值上的惯性，对制度与权力表现出认同与规避，对制度产生影响；同时，制度通过调整个体行动的成本与收益，提供行为的激励与约束，

---

① 周雪光：《中国国家治理的制度逻辑：一个组织学研究》，北京：生活·读书·新知三联书店，1997年，第9页。

对个体的行为选择产生影响，使制度对个体具有持续的支配力。

市场上的价格机制并不是唯一发挥作用的协调机制，社会惯例和社会制度是更加重要的信息传递机制。资源禀赋的差异性及稀缺性，使参与逐利的交易主体存在着不同的经济优势。在缺乏第三方权威的限制与约束机制时，占据优势一方的经济权力必然会不断扩大，进而压缩劣势方的经济利益，使契约的执行变得不可预期，个体参与市场博弈的策略及选择处于不稳定中。这种不稳定的秩序状态，对于参与交易的各方而言，形成了额外的成本，对于长期、重复的契约活动而言，减少了各方的经济利益。如果没有市场惯例与制度，价格机制无从运转，而缺乏价格机制，市场也难以发挥资源流转的功能，也无所谓市场。① 从明代法律制度与市场互动演化的历史来看，这种逻辑判断是可以成立的。尤其是贡赋体制下，政府对市场的依赖，市场在法律制度的限制与指引下的自发调整，显示了制度变迁中，个体选择、群体行动的不同取向对制度的影响。

明代由政府与民间商人共同促成的盐业市场，倘若政府能够保证其发放的盐引数量与每年的食盐产出相适应，仍然是一个官府主导下公平竞争的市场。这一制度仅到明中叶就被破坏，盐引的数量与实际产出并不相符，导致购得盐引的商人并不能按时、按量支得食盐，而向官府购买盐引的数额却并未减少。结交官府的盐商、官势之家，以"占窝"、"卖窝"的方式，挤占其他盐商的参与机会，致使不少民间商人在漫长的支领食盐过程中家财耗尽。在政府指令下购买盐引，如果并不能带来相应的经济效益，甚至是领取空头支票，致使赔本，则商人的参与度必然降低。但是，食盐的生产、运输、流通等环节又不得不依赖民间商人的参与。

---

① 韦森：《哈耶克式自发制度生成论的博弈论诠释——评肖特的〈社会制度的经济理论〉》，《中国社会科学》，2003 年第 6 期。

守支问题及官员腐败导致盐法大坏，是不加限制的权力对市场的极大扰害，明廷与商人并没有达到利益上的共荣。国家财政的极大需求，使明廷不得不在万历年间整顿盐法，将盐业由官府专卖调整为盐商专卖，商人得以合法介入生产、流通的各个环节。拥有贩盐资格的商人由政府登记造册，且可世代沿袭。这项改革有助于梳理统治者与商人之间的关系，使二者继续达成利益上的一致。盐法的调整，使统治者退居幕后，不再参与市场上的资源利益争抢，而是以征税的方式进行财政汲取。

食盐专卖是明代贡赋经济体制下，国家权力拉动市场运转的鲜明例证。出于北方军事防御的现实政治需要，以及食盐买卖的巨大利润，政府控制了食盐的所有权及经济价值，以商人对利益的追逐为激励，开放食盐的运输和市场流通环节，允许商人凭政府许可进入。商人运输粮草至北方边境，替政府负担了大规模运输的成本，以获取进入食盐市场的资格。享有支配权的政府通过界定产权，形成一定的秩序与规则。在既定的产权结构下，政府对食盐这种资源的控制与处分，不需要支付相应的对价，商人为了获得许可进行实物与货币缴纳，对于政府来说，属于叠加的经济效益，既两次的经济利益。

与明政府强制推行宝钞而无视经济规律的政策一样，缺乏约束与限制的权力，对参与经济活动的各方而言，使处于劣势的参与者的经济利益被挤占，参与热情降低，难以发展出长期稳定的契约。政府发放的盐引数量与实际的食盐产量不相符合，甚至远远超出产量；同时，官员内部的寻租行为，使商人的成本投入与收益不相符，导致资源的浪费，经济增长的空间极为有限。市场的有效运转，需要商人的参与配合，商人参与的积极性下降，盐业市场也无从运转。不加节制的利益攫取，使契约处于不稳定的状态中。从效益最大化的角度考虑，缔结长期且稳定的契约关系，对于双方而言，才是最有利的。

　　明政府推行的专卖制度，在交易成本因素的制约下，直接导致地区性商人结成组织，发展出具有一定影响力的商帮。结成组织，有助于确定特定的交易信息、支付方式、信用担保等，从而降低了交易成本，使独立分散的小商人应对风险的能力增强，从而扩大其对市场上其他参与者的影响力。商人通过与监管盐场的官员结交，提供一定的经济利益，减去了购买盐引的手续与支领的不可期性。传统模式下，商人向政府购买盐引，之后前往政府指定的盐场兑领食盐，再自行发卖，手续烦琐，周期较长，且经常存在盐引难以兑付实物的情况，使商人亏损。很显然，前者所需要支付的成本更低，经济效益更为直观。而在统治集团的利益层面，商人通过贿赂、结交官员，获取竞争优势，从实际的财政收入上来看，导致了政府财政利益的流失。

　　万历纲法在于整顿盐业市场上官员寻租与商人的法律规避所导致的政府财政利益的流失。盐商资本已然介入食盐的生产领域，政府对此的支配在实际执行上，难以取得与法律表达相一致的效果。在盐场官员已经失效的情况下，明廷对此职位予以裁撤。商人更多地介入食盐买卖的各个环节，市场流通的阻力减小，运转速度加快，减少商人的经营周期和资源的浪费。万历纲法的调整，带动了商人参与的积极性，政府通过调整制度，对市场主体提供一定的激励。制度激励的手段，是将食盐的控制权让与商人，商人在经营方式上获得了更多的自由，从而节省了开中制下前期获取盐引的资本投入。激励的结果，是在经济能力上更具优势的商人，得以被登记在政府的许可经营名册上，从而获得进入市场的许可。市场的力量得以不受政府权力的限制，在参与者、竞争者对经济利益的追逐中，市场运转速度加快，资源更少被浪费，从而使经济更快地增长。

第四章　判牍与民间商业规则 对经济行为的约束

在正式的律、例、令之外，官府通过对经济纠纷的审理，为民间经济行为提供正式的指引与约束。此外，在律例条文、官员奏本、皇帝谕令、司法案例等正式制度之外，民间组织如商帮、行会、会馆等经济性组织的商业规则，同样对经济活动具有约束力。

第一节　判牍案例中所见明廷对经济行为的指引

一、司法案例中对势要、牙行的约束

商人、衙蠹、牙行的把持行为在明代判例案牍中并不少见，官员依律断案，以示惩戒。如《历代判例判牍》的明代案例中有这样一例典型：歙县县民吴某，通过买通本县官吏，在县衙求得巡阑一职。吴某及父兄"上恃官府之威，下怀肥己之奸"，长期为害乡里。乡民程某在客商处买牛，已有入官文契，吴某至其家强索税钱二十贯，程某不敢反抗；民人取自家山场木料盖建房屋，以安家眷，吴某逼要税钱八十贯；外地卖乾鱼之客商来本县贩鱼，本是四处挑担卖货，行走于乡村，对并无门店者，吴某亦强行索要门摊税，并限定贩鱼商人准许贩卖的数量为三十斤，民不敢言。后案发，吴某因倚势官威，剥尽民财，被处凌迟，其家中男丁皆

枭令示众。此则载于《御制大诰续编》的案例，记载了明朝初年的法律对衙蠹把持为私的严厉处罚，正是明大诰"惩治奸顽"的体现，作为对后世的警戒。

明初，官牙有司扰乱市场被处以重罚，而到了明朝中后期，法官对此类行为的处理却较前为轻。万历年间，上海县官吏囚盐收支的吏员，"给牙陈文显、曹科奚、吴仁立变易，久不偿价，则吏书之疏玩，牙役之拖延安所逃罪。当各姑拟杖严追，勒限二月不完，改拟侵罪另详。"①

官役与牙行通同勾连，暗中操纵食盐支领数额，使已购买盐引的商人不能如期、如数支领应得盐数，商人有的为领盐守候数年而不可得，此等相串为奸的行径，损害了商人的利益，同时影响了市场上食盐的供给数量与价格。

不仅对官蠹、牙行操纵把持行市的处罚较明初为轻，明朝中后期，对商人的态度也较之前温和。明朝中后期，商业发展日趋兴盛，商贾逐利不再是为人不齿的行为，农业的庄严安定逐渐为喧嚣狡诈的商业世界所忽视："出贾既多，土田不重。操资交捷，起落不常。"明朝一些通过商业发家的贾人，本身就熟读儒家经典，如万历年间极具地方影响力的盐商汪汝谦；一些巨富豪势培养子孙从小研习经典，以捐纳或是科举入仕，商人与官府结交日甚。加之商人在地方事务中发挥着作用，如在赈济、救灾、兴建、徭役等方面，另有为地方政府缴纳的地方政府各类名目的税收的加持，商人与官府之间的对立关系有所缓和，在遭遇诉讼时，地方官员出于对上述因素的考虑，往往对商人的处理较为宽松，或是不予处理。

如前引江南巨富邹望与大官僚荣僖争执互不相让，致使郡城内外十里集市皆停业，而即使造成这样的后果，地方政府并未就

———————

　　① 《四川地方司法档案之云间谳略》，杨一凡、徐立志主编：《历代判例判牍》第三册，北京：中国社会科学出版社，2005年。

此对二人进行责难，"衙侩胥役叹命不应，钞酒无灵"，最后反而是邹望暗中贿赂荣僖，才使案件平息："明晨再启，绵纸缄识，大书邹望封三字。荣僖惊骇曰：吾头可断也，即与之平。钱能使鬼如此。明代中后期，商帮的兴起使得商人的话语权逐渐加重，无论是在市场竞争还是在其他方面，商人都较之前更为活跃。万历年间，在杭州的徽商人多势众，纷纷在西湖南北二山下卜地下葬，"或毁人之护沙，或断人之来脉"，一旦与当地人形成诉讼，又必定"群起助金，恃富凌人，必胜斯矣。是以山川被其破碎，秀气致于分离，士夫胤嗣为之损伤，膏腴室家为之凌替"。① 当地民众因而深恶痛绝。徽商破坏了优美的自然环境，却仍然赢得了官司。该案例揭示了在杭州经商的徽州商人如何以群体的优势，干涉司法，足见其话语之分量。以上两则案例充分展示了明代地方官员在面对有权势的商人时，其法律执行的效用大打折扣。已形成垄断之势的商人，在市场上所占据的优势地位，并未像明早期那样被消解。

崇祯年间，广州推官颜俊彦判处牙行韩振海杖案：有陕西丝客吕鹏等投行发卖，韩镇海为之居停年月既久；散铺郭养锦等人与韩振海有买卖关系的，韩亦未能如期交付挂欠上所载明的钱物；其余客商来投于韩振海，韩收侵财货亦复不少，且在结付财货时极为苛刻吝啬，是牙行中的无赖。"蒙按察司批：韩振海为居停，而侵客帐，宁不负千里倚闾之人哉。应严比追给。依拟与逋欠之郭养锦，各杖赎发，余如照，各欠数追还。"② 此案的判决结果是牙行韩振海因侵吞客商财物，依"把持行市"相关条例入罪，即"邀截客商，指勒财物者，俱拏送法司问罪"，处以杖刑。

另有，倪启源赊欠客居广州的衢州纸商方礼六十余两，积久

---

① 《万历杭州府志》卷一十九，《风俗》。

② ［明］颜俊彦，《盟水斋存牍》，北京：中国政法大学出版社，2001 年，第 154 页。

未清。其弟倪心源还二十七两，并将倪启源名下二间房屋抵押于方礼，试图以此清偿债务。而此二间房屋仅值二十二两，倪氏弟兄所欠方礼余钱年久而不与归还。连同其他散铺欠方礼的钱，悉皆置之高阁，致使方礼血本无归，无奈向官府控告。审得多项账目皆有亲笔立约，一一可证。推官颜俊彦所批示的判语为"倪心源老奸巨猾，混推奸赖，应杖以惩，余免株究。"①

以上两则案例分别反映了牙行及普通商人在商品交易中进行的侵吞、赊欠其他客商财货的行为，明律的正律条文没有涉及此类行为的法律规定，官员对此类行为的处理则是依据明中期颁布的"把持行市"例中关于"揣勒财物"、"诓赊货物"的规定。

"把持行市"律文后新增条例，其调整的行为主体扩大，内容也相应增加。明弘治年间新增例文将货物运输途中因运费计算而产生的纠纷也加入"把持行市"条："在家包雇车、逼勒多出脚钱者，问追给主，仍发边卫充军。"② 发生于崇祯年间的一则案例便是依据这条例文断案。船户吴春，揽装监生程世憨运送瓷器往澳，合同中约定每担脚银六两五分，交银下货。至澳，吴春以货物粗重、花费较大为由，希望加脚银四钱，共计二百两。除了已经支付给吴春的七十两，余钱不足，吴春以此揣货取盈，程世憨欲执前议，遂告至官府。庭讯之下，准许吴春每担只加二钱。吴春过所船价，依拟折杖发落。这是明朝官员依据例条定罪处刑的体现，律文空缺，新增的例文对此类行为做了有效的补充。

二、兼顾情理与公平的产权保护

明代的地方官员在裁断田产纠纷时，在查明案件事实的基础

---

① ［明］颜俊彦，《盟水斋存牍》，北京：中国政法大学出版社，2001 年，第 135 页。

② 《大明律集解附例》，《附真犯杂犯死罪》，清光绪三十四年修订法律馆刻本。

上兼顾情理与公平，依法作出裁断。对于恃强夺人产业者，判令物产归还原主；田宅的物权流转重视民间契约，地方官员审查契约的真实性；田宅买卖所致物权流转，涉及小民的基本生存，因此不仅要求双方的真实意思表示，还对争议标的物进行勘明，使裁断有据可依，使裁判结果符合事实上的公平。

（一）恃强占人产业判还给原主

明代地方官员裁断田产纠纷时，一方面注重维护当事人之间的契约自由，另一方面，如果契约的真实性存疑，且契约订立的目的就是为了侵害他人的正当权益，则在兼顾公平的基础上，对民间契约不予以采信。恃强夺人田产者，即使有物权流转的意思表示，仍判令田产物归原主，维持原有的物权状态。

《盟水斋存牍》记载崇祯年间广州府推官颜俊彦审理霍彦雍父子强占何氏田产一案。霍彦雍倚势擅作威福，鱼肉乡民，其子霍达芳为生员，更是"为虎之翼、鹰之爪、蜂之虿也。何氏有尝田一十一亩，茕茕未亡人，与四子藐诸孤相依为命……彦雍遂串伊内侄周伯玄等捏造伪契称，系伯显生前所卖。当堂出其契验之，仅一空头白券，无金无证，不惟何氏母子契无点墨，即彦雍所援为见证、何氏所告为羽翼具无一人肯证此契之真者，而周伯玄之坚遁不出，梁奇勋之佃耕见在，历年何氏母子收租纳税，种种可凭，而仅恃其父子百长、一青衿，攫孤稚之血产而雄踞之，目中宁有三尺哉！"[①]

这个案件是一起百长、生员倚势指使帮凶伪造文契，试图强占何氏先夫遗留的田产的纠纷。何氏无奈之下状告至官府，颜俊彦经过审理，查明霍氏父子所递交的文契系伪造，因而不具备产权流转的法律效力。并依据证人佃户梁启勋之证言及何氏母子历

---

① ［明］颜俊彦：《盟水斋存牍》，谳略，卷四。转引自童光政：《明代民事判牍研究》，海口：海南出版社，第 35 页。

年的纳税凭证，判定霍氏父子为"强占民业"。案件的最终处理结果是"田听何氏照旧管业"；霍彦雍父子贪婪无度，被褫夺生员身份；霍氏父子的帮凶周子龙、黎育真被判处杖刑。

案例判牍中常有牙行串通打点，侵吞客商财货，致使客商无从追讨的案件。崇祯初年，广州府牙人冯敬涯、冯禧之父子，串通店主李湛然，侵吞商人廖淑吾等人的货款，有意赖账。事发后告至官府，李湛然仍狡辩称侵占的货款有一百八十两，而仅廖淑吾、周耀吾二人所出示的票据就有货款九十多两。除此之外，还有其他五名客商的票据有待核对。冯氏父子仍辩称欠款已结清，只是票据未收回销毁。而民间货款断无欠款已付、票据不收的习惯。广州府推官颜俊彦裁断牙人冯敬涯、冯禧之父子"惯局客银，杖不尽辜。李湛然以店主而为客不忠，并杖。"①

（二）重视民间契约

民间契约在物权流转中具有一定的公示效力，即判牍案例中所称的"照契管业"②。判牍中所载，何宪武垂涎高凤起、高凤柱之田产，"而以二十金饵其稚侄用熙，既而悔之，另变产作其银矣，乃勒契不还，肆其封钉，何为乎！果若明中正契，亦何所用封钉！况与其侄买田而不问其叔，且以叔之田卖也。以此法而得田，何患田之不千百顷乎！……田听凤起、凤柱管业无异。宪武侵占未至四十一亩之例，姑从薄杖。"③ 以欺诈手段订立契约，违背产业所有权人的真实意思表示，不发生物权转移的效果，因此地方官员裁断文契违法，产业仍归旧主。

---

① ［明］颜俊彦：《盟水斋存牍》，谳略，卷三，负骗冯敬涯等杖，第154页。
② 童光政：《明代民事判牍研究》，海口：海南出版社，第37页。
③ ［明］颜俊彦：《盟水斋存牍》，谳略署香山，卷一。转引自童光政：《明代民事判牍研究》，海口：海南出版社，第41页。

　　民间的商货承运，由运输方接受客商委托，负责清点货物，与客商订立合约，将货物运至指定地点或交给指定提货人，完成交货，并领取运费。客货运输合约在民间已发展出较为成熟的文本格式。如万历年间的《五车拔锦》就收录了一份客货运输文契的样本："某州某县某乡某都某图船户某人，今得埠头某人，系就某处河下，承揽到某客人某货并行李若干，载至某处交卸。议定每担水脚银若干，先借银若干，余银沿河支借，待载到地头结算清足。所载货物，须当小心看管搭盖，不致上漏下湿，或遇盘滩剥浅，批关纳钞，船户自当，如有疏虞，舡户甘当，照依地头买价赔还无辞。恐后无凭，立此文书为照。"① 这份运输合同清晰的列举了承运人的义务、委托人的义务，货物交付的方式，运输费用的承担及给付方式，风险的转移，明确了合约各方的责任。商业承运合同的格式化与规范化，是明中期以后商业发展水平提高的结果。

（三）产权保护中的礼法精神

　　经济发展水平的提高，需要配套的法律制度来引导市场的方向。明代地方官员在裁断经济争讼时，既要在公平的基础上维护正当的法权利益，也要依循传统的道德伦理和礼法精神，符合民众对经济秩序与习俗伦常的期待。

　　崇祯初年，客商黄贞与陈诚吾在广州合伙经商多年。后陈诚吾客死他乡，棺枢无处归葬，陈诚吾之姜冯氏赴官府状告黄贞。广州府推官颜俊彦审理明白后判令，出于情义与本分，先不论黄贞实应还陈诚吾之本银，黄贞应先追五十两白银给予冯氏，使其得以扶枢还乡，以告慰陈诚吾之家属。"黄贞薄于死友，应杖，张

---

① 《新锲全补天下四民利用便览五车拔锦》卷二四，体式门·舡户揽载货物式。转引自范金民：《明清商事纠纷与商业诉讼》，南京：南京大学出版社，2007年，第95页。

仁宇、钱太宇欠账无涉，祗因封券与处，故牵告之，免究。"①

在晚明官员眼中，整个明朝历史是一部无情的衰落史："风气渐薄，家无敝帚者，亦连车骑，饰冠裳，为富贵容"，"尔今且一切化质为文"。明初统治者所推行的稳定的道德秩序，在晚明已滑向一个堕落的社会——商业才是将曾经安定有序的中国改变成一个无序骚动的世界的罪魁祸首，在这个世界中，商业使人们不断地奔波、欲求不断地升级，使社会禁忌彻底颠覆。② 商业瓦解了只有在纯粹的农业社会关系下才能实现的道德团结。再如，明末官员颜俊彦在审理霍洪练讼债一案时，做如下批语："四民之中，士商原分为二，如洪练者，儒其貌而贾其行，犹然日门之子也，杖之以洗士林之秽"。洪练沾染商人奸诈习气，有损士人之风骨。商居四民之末，是传统道德的破坏者，为士人所排斥。

再如崇祯二年，徽州歙县汪春旸借女婿许三让白银一百一十九两，以作许三让外出经商之本银。双方先约定月息二分，后改为合本经营。之后在分配利润时，双方就本银、利润的分配产生争议。汪春旸并未与许三让按照合伙协议平分利润，而是试图按照之前借贷合约的二分取息，来分配经营所得。歙县县令按两人之间的约定，判令汪春旸除前给银二百六十两之外，再增付五十两于许三让。尽管汪春旸违背合约，但最后县官判定许三让有"犯分"之过，偏向汪春旸，未追究汪春旸违背合本经营合约的过错。可见，地方官员在裁断经济纠纷时，律条与礼法并重，维护尊卑长幼的伦常。

---

① ［明］颜俊彦：《盟水斋存牍》卷一，商人黄贞杖，第419页。转引自范金民：《明清商事纠纷与商业诉讼》，南京：南京大学出版社，2007年，第20页。

② ［加］卜正明：《纵乐的困惑：明代的商业与文化》，桂林：广西师范大学出版社，2016年。

第二节 作为民间规范性力量的商帮

明代中后期，随着长距离贸易的日益频繁，商人之间逐渐形成了以地缘、业缘以及血缘为纽带、以经济效用为目的商业组织。在商帮和行会内部，有一套自己的行业规则，出现纠纷时，内部的调处具备相应的支配效力。商帮、行会的出现，是市场在面对政府监管缺位时，为了降低经济活动中的成本，改善经济环境，而演化出来的一种民间自发救济。商帮以徽商、晋商为主要代表。

一、明代商帮兴起的原因

政府推行的政策，是明代中后期商帮兴起的重要原因。以徽商为例，徽商的兴起得益于明代的盐业专卖制度。早在明初，于边境地区行开中法之时，陕西、山西商人便凭借地域优势，成为盐业买卖的一支重要力量。因支领盐引的地方多位于北方边镇，距离山西、陕西较近，晋商便捷足先登，首先进入盐业买卖市场。《皇明经世文编》记载："延绥镇兵马云集，全赖商人接济军需，每年有定额，往往召集山西商人，领认淮浙二盐，输粮于各堡仓给引，然后前去江南盐运使司，领盐发卖，大获其利。"随着开中法的没落，朝廷于弘治五年改变专卖策略。户部尚书叶淇变法，以折色代开中，允许商人就近支取盐引，不必前往边境地区，且允许以钱钞代为缴纳，以获取盐引。以两淮为中心的商业市镇，集聚了来自于各地的商人。占据地利优势、携重资而来的徽商逐渐兴起，并成为盐业专卖中的一枝独秀。徽商所活动的区域主要集中于江南地区，淮扬社会受徽商影响颇大。嘉靖、万历年间，以盐商为主体的徽州商帮得以形成，并独执商界之牛耳。[①]

　　除了政策原因，文化背景也是商帮形成的关键因素。明代的商帮，并不仅仅是商人群体为了应对其他商人的竞争而采取的因血缘、地缘和业缘的利益结合，商帮所兴之地往往文化繁荣，如与徽商、江西商、江苏商、山陕商等商帮相呼应的，是书院较为兴盛的徽州、江右、东林、关中地区。区域社会的文化水平越高，则该地方有文化知识的商人就越多。另如文人迭出的洞庭东山、西山一带，虽地处狭小，然而明代中举登科却不乏其人。与徽州相似，因地理环境所造就的发展局限，致使本地人难以务农为继，读书取得功名的人毕竟也不多，因此大部分人以经商谋生。在该地的家谱中，常有"弃贾服儒"、"辍学治廛市业"等记载。具有一定文化知识的商人，在明代并不少见。因为经商不仅需要相当的财力，也须具备一定的知识，例如计算、管理账簿、文字知识等。此外，为了扩大商帮的影响力，在市场竞争中占据优势地位，商人还积极地与士人结交，通过捐纳、联姻、培养子弟入仕等等方式，以跻身士人阶层，如新安汪氏家族。

二、商帮的整合功能

　　商帮的出现，首先是规范了市场。商人群体的集合，最初来自于血缘关系的联结。中国人群体意识的认同标准，首先发端于以血缘为纽带的家族关系，其次是在血缘之外，因乡土而结成的地缘关系，再次是因业务种类而结成群体的业缘纽带。结为群体，是因为在外部市场中，经济交往如果突破了熟人社会，成为一种陌生人之间的相互博弈，成本必然相应增加。而为了使交易成本在可以控制的范围之内，结成群体更有助于抵御来自于外部的竞

[①]　唐力行：《商人与中国近世社会》，北京：商务印书馆，2017年，第45页。

争与风险。嘉靖、万历年间，随着长距离贸易的繁荣，全国性市场形成，商人的足迹遍布天下。在一些大都会，以血缘关系为纽带的家族性商人群体，尚不足以应对激烈的市场竞争，也难以应对经营中遇到的一些问题。此外，商人之间的联姻也是为了巩固群体内部的凝聚力，是血缘向地缘乃至业缘关系扩展的一个方面。

商人在经营活动中，要考虑的因素很多，如对市场需求的判断、钱货周转、价格影响、运输中的成本、交易信息和交易行为的成本等。而市场行情瞬息万变，要想控制成本以获取利润，仅仅依靠对行情的判断是不够的，结成群体，更有利于抵御不确定的风险，以提升自身的商业竞争力。同时，在面对纠纷时，商人内部较为团结，如《肇域志》记载"新都人……商贾在外，遇乡里之讼，不啻身尝之，醵金出死力，则又以众帮众，无非亦为己身地也。"商人出于联谊共同抵御风险的需要，在一些地方开设同宗或同乡会馆。有学者认为，开设于各地的会馆，实际上是祠堂的延伸。[①] 会馆最早出现于嘉靖、隆庆年间："尝考会馆之设于都中，古未有也，始嘉（靖）、隆（庆）间。"会馆不仅联结在外的同族同乡，也帮助商人摆脱牙行的控制和垄断，同时也提供金钱借贷、设立仓库、存储货物、订立帮规等功能。

其次是整合商人的价值观。商帮最初以血缘关系为纽带而形成家族、宗族力量的集合。在同姓宗族之外，大商大贾还通过与世家、富商的联姻，扩大血缘的影响力，使商人组织由血缘向地缘扩大。如新安的汪氏家族，在正德与万历年间，通过与大盐商的士人之家吴汝承的家族联姻，以及程氏、孙氏、胡氏等家族的通婚，以商业利益作为扭结，不但在商界占据重要位置，其后代也厕身于官仕之途，实现了阶层的跃升。这种结合的过程，使得商人的大团体意识增强，认同的范围由血缘扩大到地缘。商帮通

---

① 唐力行：《商人与中国近世社会》，北京：商务印书馆，2017年，第36页。

过建立会馆联结同乡，为在外地经商的同乡人办理善举，或是提供经济上的资助。以血缘为纽带的商人群体更多地以宗族的价值观为价值取向，以壮大宗族的影响力。

除了宗族内部的伦理，由血缘扩大的地缘性商帮内部也存在着价值的整合。商人心理的整合主要围绕着贾儒观、本末观展开。地方志所记载的嘉靖万历年间，社会风气都发生了变化，越来越多的人投身于商贾，风俗为之一变，即黄宗羲所言"天崩地解"、王夫之所称"天崩地裂"的时代。在晚明官员眼中，整个明朝历史是一部无情的衰落史："风气渐薄，家无敝帚者，亦连车骑，饰冠裳，为富贵容"，"尔今且一切化质为文"。明初统治者所推行的稳定的道德秩序，在晚明已滑向一个堕落的社会——商业才是将曾经安定有序的中国改变成一个无序骚动的世界的罪魁祸首，在这个世界中，商业使人们不断地奔波、欲求不断地升级，使社会禁忌彻底颠覆。[①] 而这个时代最为强劲的推手，便是自明中叶开始的因经济繁荣而形成的商人文化。

地方志中对弘治以后的社会风气之变的观察，更多地体现在商人对传统服饰礼制的僭越、民间崇奢弃俭、好奢成风。商贾凭借经商所得的资本积累，放纵声色，生活奢华。无论是衣着还是住所、出行，都达到了明初限定只有官宦之家才可使用的标准。成化、弘治时，"婚姻论门第，不论富势，宴会不务多品，率以醉饱阙略自快……自正德以来，里俗乃日日异者……衣冠日变，而头者方巾儒履几满市衢"。[②] 如果说成化、弘治年间仍保留着节俭的风气，那么到嘉靖、万历年间，体现身份尊贵的服饰于寻常百姓家已不少见。"人皆志于尊崇富侈，不复知有明禁，群相蹈

---

① ［加］卜正明著：《纵乐的困惑》，方骏、王秀丽、罗天佑译，桂林：广西师范大学出版社，2016 年。

② 嘉靖《耀州志》卷四，风俗。转引自唐力行：《商人与中国近世社会》，北京：中华书局，2017 年，第 184 页。

之……"可见当时人的价值观念已经发生了变化，传统的四民社会所尊崇的"礼"，到此时已经面临着危机，这危机便发端于愈演愈盛的商人文化。

明代的富商大贾尽管集聚了相当数量的资本，在传统四民社会的安排中，仍然在社会地位上处于末位。因此，在商人群体内部，对于接受了较好的文化教育的商人来说，他们通过自身的理论知识与道德素养，也构建起一套贾儒相融的观念，以对经商获利的行为在道德上正名，并进而在实践中通过捐纳和考试，跻身于官宦阶层。徽州之所以特殊，在于其因为独特的地利因素，而成为商贾辈出之地，在江南城镇中是一支较为强劲的商业力量。而徽商能够执商界之牛耳，除去地理与资本因素，还在于徽商在商人价值观整合上的成功。徽州是明清学术主流之理学的兴盛地，且有着理学传统的徽州，重视文化教育。仅仅在明代，见于历史记载的徽州书院的数量，就有五十四所。到了清代，徽州也是天下血缘兴盛之地，与东林、江右、关中齐名。在徽州，理学经过分流被熔铸入商人文化之中。这种文化现象，在近世中国社会颇有典型性，它显示了传统儒学的包容性、延续性和内在的转换机制，也揭示了中国近世先进的商人文化先天就缺乏独立的品格。①

徽商通过将理及欲之间相同的关系，引申到士商之间的关系上，提出贾儒相同的观念。例如，从传统礼制来看，儒者与商人处于不同的社会阶层中，儒者为高，商者为下。徽商认为，即使看似二者追求目标不同，实质上确是一致的。儒者逐名，商者逐利，名看似为高，其实也是一种利。且逐利的过程中，商人也可以做到重义，在人格上并不亚于士子。汪道昆言："大江以南，新都以文物著。其俗不儒则贾，相代若践更。要之良

---

① 唐力行：《商人与中国近世社会》，北京：商务印书馆，2017年，186页。

贾何负闳儒，其躬行彰彰矣。"① 徽州商人认为，在业贾与从儒二者之间是可以相互转换的，是两种功名，甚至可以集二者于一身。商人往往具有一定的文化素养，有翩翩君子之风，即使为贾，仍有儒风。贾与儒之间的对立被消融，在一定程度上，也可以实现身份上的相互切换，这是对传统"礼制"下的四民社会秩序的冲击。徽商的文化整合，是一种对传统义利观、四民观的重塑，是经济发展到一定阶段的产物，也是传统的以儒家观念所形塑的社会，所具有的在理论上和实践中的包容性的体现。具备一定文化素养和道德准则的商贾，并不是社会结构中的异化存在。徽商所形塑的价值观，兼具道德性与实用性，是一种有效且易接受的规训模式。

　　本身掌握一定文化知识和经商手段的商人，相比较于文化程度较低或者小商小贩，更具备话语优势。商人为了获利，结为群体性组织，进行价值整合，相互帮扶，提升竞争力，共同抵御外部风险，同时也随着自身力量的壮大，在地方性事务或经济纠纷中的调处中。或者结交官府以增强自身影响力，在地方市场占据优势地位。再或者通过捐纳或是考试进入仕途的商人子弟，享有对一定事务的发言权和决策权，改善商人的处境。总之，随着经济活动的繁荣，商人力量随之发展壮大，成为地方上一种有影响力的组织，冲击着传统的社会伦理与商业秩序，进而对国家法令的制定与施行产生影响。

---

　　① 汪道昆：《太函集》卷五十五，墓志铭七首·诰赠奉直大夫户部员外郎程公暨赠宜人闵氏合葬墓志铭，《续修四库全书·集部》第一千三百四十七册，第 415 页。

第三节　市廛法制变迁中的民间力量

一、商帮、会馆等经济性组织执行契约的能力

明代的商帮因开中专卖制度而兴，是市场交易主体为了降低个体所承担的风险与成本，进行合作共享，以便于传递市场信息。商帮、会馆等组织，最初由血缘作为连接纽带，进而扩展为以地缘、业缘为联系的排他性组织。占据盐业市场主要份额的徽商，对淮扬社会风俗习惯、社会风气、生活模式等带来了变化；同时，商人结成群体，在经济纠纷案件中，可以影响地方官府对案件的审理。

关于会馆产生的原因，明人刘侗在《帝京景物略》卷四"嵇山会馆唐大士像"条有相关的记载："尝考会馆之设于都中，古未有也，始嘉隆年间。盖都中，流寓十土著，游间厜士绅，爰隶城坊而五之，臺五差，衛五缉，兵马五司，所听治详焉。惟是四方日至，不可以户编而数凡之也，用建会馆，士绅是主。凡入出都门者，籍有稽，游有业，困有为也，不至作奸；作奸未形，责让先及，不至抵罪；抵于罪，则籍得之耳，无迟于补。会馆且遍，古法寝失，半据于胥吏游闲，三奸萃焉。继自今，内城馆者，绅是主；外城馆者，公车岁贡士是寓。其各申饬乡籍，以被五城之治。"①

可见，会馆的建立在于使流寓异乡的人之间形成一定的情感维系，如广东会馆、四川会馆、云贵会馆等。同业者行至外地经商或劳动的时候，为了应对当地土著及官府的刁难，保护自身的利益，遂组成商帮和会馆，如汉口的四川商人组成的药材帮、湖

---

① 全汉昇：《中国行会制度史》，台北：食货出版社，1986年，第96页。

南的竹木商人组成的竹木帮等。[①]

商人之间的争讼，会因商帮的作用而影响到官府对案件的裁断。如隆庆年间，徽州商帮因人多势众，在南直隶海州渔场口购买土地，建立街市，并以家乡"新安镇"命名客居地，招致地方土著的不满。万历年间，当地人见此镇商业渐成规模，欲改名并诉至官府。徽商出面应诉，使地方官府左右为难，僵持不下。至崇祯年间，知州陈维恭判定该地名为"新安镇"，以徽商胜诉告终。[②]

再如，万历年间，杭州的徽商人多势众，大多选择在西湖的南北二山下卜地营葬，"或毁人之护沙，或断人之来脉"，一旦与当地人产生纠纷，又"群起助金，恃富凌人，必胜斯已。"[③]

二、律例条文对经商环境的改善

明中后期，随着区域间经济合作的加深，远距离运输优化，人口、资源的流动加快，民间市场不再以供应上层社会的奢侈用品为主，而是更多的满足民间市场上的日用所需，提供如布匹、粮油等基本生活用品。与此同时，随着白银的大量流入，民间市场的承载力加强，政府对民间市场更加依赖。弘治以后，明政府对经济活动的管理，包括运输环节对交易主体的保护、限制牙行的垄断地位、保护商人的产权等方面。

运输环节中对交易主体的保护，体现为弘治年间新增的条例，对脚夫勒索商人的限制："杨村、蔡村、河西务等处，如有用强拦截民运粮船，在家包雇车辆、逼勒多出脚钱者，问追给主，仍发

---

① 全汉昇：《中国行会制度史》，台北：食货出版社，1986年，第100页。
② 王振忠：《徽州社会文化社会史探微·新发现的16—20世纪民间档案文书研究》，上海：上海社会科学院出版社，2002年，第64页。
③ 万历《杭州府志》卷十九，风俗。转引自范金民：《明清商事纠纷与商业诉讼》，南京：南京大学出版社，2007年，第397页。

边卫充军。"①

朝廷修订例文，使脚夫的搬运费标准规范化，可见民间大宗商品运输规模的扩大，物资流转频繁，市场上出现大量专门出卖体力劳动为生的人。正是因为体力劳动作为商品，在交易中发生的纠纷并非个例，而是长期、大量的存在，这种不规范现象对商人的合法权益造成了损害。

牙行作为民间财货流转的中转站，对商品的价格、数量、需求等市场行情最为清楚，因而极易凭借其市场优势，使其他交易主体增加交易成本。明后期，对于牙行欺欠于客商、囤积居奇等扰乱市场秩序的行为，官府在纠纷案件的司法裁判中，根据民间的交易习惯与交易双方的合意契约，判定牙行这一市场主体，在面对不特定的交易方时，由于牙行本身的市场优势，负有更大的责任，因而对牙行的处罚较商人为重：

"各处客商辐辏去处，若牙行及无籍之徒，用强邀截客货者，不论有无诓赊货物，问罪。俱枷号一个月。如有诓赊货物，仍监追完足发落。若监追年久，无从赔还，累死客商。属军卫者，发边卫；属有司者，发附近，俱充军。"②

"凡捏称皇店，在于京师内外等处，邀截客商，掯勒财物者，俱拏送法司问罪。就于害人处所，枷号三个月，发极边卫分，永远充军。"③

一般来说，类似这种经济活动中侵夺客商财物或民运粮船的案件，根据《大明律》"市廛"篇的罚则，对其处刑多在五刑中的

---

① 黄彰健：《明代律例汇编》，台北：中研院历史语言研究所，1979 年，第 577 页。

② 黄彰健：《明代律例汇编》，台北：中研院历史语言研究所，1979 年，第 577 页。

③ 黄彰健：《明代律例汇编》，台北：中研院历史语言研究所，1979 年，第 580 页。

"笞"刑与"杖"刑，且属于州县自理案件中的"细事"范围。[①]
弘治年间修改的例文，加重了刑罚的幅度，处罚为充军、甚至永
远充军，以维护市场上的"两平交易"原则。

三、民间契约在裁判文书中的规范效力

地方官府在处理商事纠纷时较为灵活，承认民间商人之间基
于合意订立的契约。如前述汪春旸与许三让一案的裁决即为此例。

商人为了降低货物运输中的风险，会在民间流传的经营手册
上互相告诫。如万历年间的《三台万用正宗》，就将雇船中的注意
事项告诫商人："且以雇船一事，必须投牙计处，询彼虚实，切忌
爱小私顾。此乃为客之第一要务也。"[②] 再如，天启年间流行的经
商手册《客商一览醒迷》中也有这样的记载："凡写船，比由船行
经纪，前途凶吉得以知之。间有歹人窥视，虑有根脚熟识，不敢
轻妄。倘悭小希省牙用，自雇船只，人面生疏，歹者得以行事，
以谓谋故，无迹可觅，为客者最宜警惕。"客商运货，如果为了节
省牙钱而自雇船只，则容易被勒掯欺诈，雇佣登记在官府册籍上
的船行经济代为包揽，一旦发生侵利之事，可以查究，不至于赔
利无还。

田宅买卖导致的产权纠纷，地方官员在裁判时尊重契约自由。
如《民事档遗存》所载嘉靖年间，胡仁贵、李松虚设继承关系，
"假契捏情妄告"买主同里民苏通谋占街基房，试图侵吞苏通已合
法所有的房产。因卖主李氏病故，所有权归属无所对证。经县、
州、布政司三级审理查明，"李氏所遗房屋苏通出价已买明白"，

---

① 邱澎生：《当法律遇上经济：明清中国的商业法律》，杭州：浙江大学出
版社，2017 年，第 43 页。

② 《新刻天下四民便览三台万用正宗》卷二一《商旅门》。转引自范金民：
《明清时期的商事纠纷与商业诉讼》，南京：南京大学出版社，2007 年，第 94
页。

因此"断令苏通照契管业"。① 可见，官府在审理产业纠纷时，除了注重保护已有的民间契约，也注重审查契约的真实性，从而将假契、违法契约排除在有效的法律关系之外。

四、民间资本的理性化计算

按照马克斯·韦伯对经济的社会学分析，"经济行动的形式合理性"需要在技术上与实际应用中，达到可以量化计算或者核算的程度。② 从技术的角度而言，经济行动必然以逐利为取向，而衡量经济效益的最有效手段，就是以货币作为经济计量标准，从而在形式上实现理性的经济活动。市场经营者的资本核算和计算，并不以边际效用为依据，而是以营利性为导向。在以市场机制为主导的经济形态中，任何形式的理性计算，尤其是资本核算，都是以对价格及其变化的预期为取向的，因为它们要取决于讨价还价中的利益冲突和竞争，以及这些冲突的解决。③ 韦伯认为，激发西方资本主义的因素，在于经济领域内理性的持久性企业、理性的簿记、理性的技术以及理性的法律、理性的精神、经济伦理。其中在形式上最为重要的是对资本进行的理性计算。对资本的理性计算，要求经济行动者以账面的形式，对收益与支出进行事先估计和事后核实，比较货币成本与货币回报，并以对这些数据为取向，安排消费。④

本部分无意按照韦伯的西方资本主义取向，对明中后期的经

① 中国社会科学院历史所藏：《民事档遗存》，嘉靖抄本。转引自童光政：《明代民事判牍研究》，海口：海南出版社，2208 年，第 38—40 页。

② ［德］马克斯·韦伯：《经济与社会》第一卷，阎克文译，上海：上海人民出版社，2010 年，第 182 页。

③ ［德］马克斯·韦伯：《经济与社会》第一卷，阎克文译，上海：上海人民出版社，2010 年，第 190 页。

④ ［德］马克斯·韦伯：《经济与社会》第一卷，阎克文译，上海：上海人民出版社，2010 年，第 184 页。

济形态进行简单的归类，以得出明代是否存在前资本主义形态的相关争论，而是参考韦伯"理性的计算"，分析明代民间市场上的自发性经济规则以及制度变迁的内部驱动力。如商人合伙的几种形态及内部规则，对成本、收益、利率、分成等进行具体规定的商人惯例。通过分析这些出现于明后期的经营方式，得出理性的计算能力并非资本主义的经济形态所独有，而是经济发展与市场扩展到一定程度的产物。

（一）家族内分产不分业与异姓合伙

分家析产古已有之，在明代比较有代表性的是经商家族内部的分家与分产。明代中后期，随着市场规模的扩大，江南地区商人数量与资产呈倍数增长。以淮扬地区为例，盐法改革后，大批的徽州盐商涌入淮扬地区，使当地的社会风气与风俗习惯随之改变。明后期，商人家族内部分家业，主要有分产分业与分产不分业两种。前一种是将家族资本与可期待的营利性收益在家族成员内部进行一次性分割，各成员自负盈亏；后一种是仅分割资本，对于家族经营的产业不分割，成员共同或是轮替经营，共担风险，共享收益。从经济效益的角度分析，分产不分业显然比分产分业更有利于获得收益。

《徽州千年契约文书（宋元明编）》所载崇祯二年休宁程氏家族的分家阄书，该阄书记录了自万历年间，程虚宇兄弟的家产分割及商业经营的情况。万历年间，程虚宇之父程林将其父所留家资、其亡妻奁仪及所收赠物，分给程虚宇兄弟三人各白银四千两。万历二十四年，程林又将其个人外出经商所得资产分给程虚宇三兄弟，此次各分得白银五千两。程林并未将家产一次性分给程虚宇兄弟三人，而是分批次分割。程虚宇得到父亲的部分资产后，存入家族经营的当铺以生息。程林则根据其子各自的业务能力与当铺生息，分别给以不同的补贴。如程虚宇就因多年经营家务及当铺所得利息，额外得到一千三百两。

崇祯二年，程虚宇已七十七岁，"将先世祖宗相传资产，并予续置产业，本息花利、金银铜铁锡、椅桌漆器什用等件，俱已品搭三股，分授孟仲季三房"，并"将各房历年所附本利逐一算明，批还完足"。程氏家族分产不分业情形至迟在万历年间程虚宇父亲分家时已经出现。家族成员共同经营典当铺，年获利要高于分散经营。

徽商合伙不限于家族内部成员的商业经营，明后期也出现越来越多的异性成员之间的合伙经营。如《万历程氏染店查算账簿》记录了万历年间，徽州商人程本修等合伙成立的染店的经营状况，包括染店的投入资本、利润盈亏、股东变动等情况。万历十九年，染店的投资者仅有程本修、吴元吉二人；到了万历二十一年结算时，投资人共有程本修、程观如、遵与、吴元吉、以超兄几人；到万历二十七年，投资者在之前的人数上又增加了邦显与彦生，突破了原有的规模。这些投资者的入伙时间不同，投资额各异，因而股权利益也不一样。

（二）理性化计算的几种方式

正因为合伙经营越来越普遍，投资人之间的利润分成及盈亏情况才有必要进行详细的计算与查核。明后期经商的资本投入、利润盈亏、利润分配、盈利率等等都反映在商人记载的账簿上。精细的商业账簿以及对经济成本与收益的客观计算是经济行为以盈利为导向的本质需求的体现。

明后期的商业账簿逐渐精细化，背后是经济活动中的个体，在面对不断扩大的市场规模的情况下，为了控制成本与增加效益而采取的必要措施。明后期的商业账簿关于利润分成的计算，可以细分为两种：正利制与余利制。

正利制即不问经营的盈亏，按照投资人的出资比率确定分成，并向合伙人支付一定的数额，是为正利。如前述万历年间的程氏染店，存在着多人合伙。在万历十九年到万历三十二年之间，该店共进行了十次核算。每次核算时都清楚地记录资本总数、借贷资本、合伙人各自的出资情况；合伙人的出资情况，有出资额、得利数、支出数、实在数，分门别类，细致清晰，记录了合伙人之间的资本与收益，以及店铺的收支情况。"实在四千九百二十五两二钱七分九厘，内原本三千五百九十九两三钱七分九厘，该正利五百七十五两九钱，二共该正本利四千一百七十五两二钱七分九厘。"其中，"（程）本修原本一千九百零八钱七分五厘，该正利三百零四两一钱四分"。可由此计算出，程本修的投资正利率为16％。超过明代商人对经商盈利率为10％的认定。可以认为，正利是合伙人之间在进行利润分成时先拟定一定的数额与比率，将盈利所得在合伙人之间分割。

余利制即将正利之外的盈利部分进行分割，不一定每一位合伙人都能分到余利。如程氏染店在万历二十七年的查算是其他人都有余利，以超娘则没有余利："以超娘原本九两八钱八分，该（正）利一两九钱四分，以超娘净本银十一两八钱二分。（吴）元吉原本一千零四十二两三钱五分，该（正）利一百八十七两六钱二分三厘，得余利六十六两，三共本利银一千二百九十五两九钱七分三厘。"程氏染店在利润的分成上较为灵活，以此激励合伙人。民间自发形成的理性的计算是一种脱离了家族本位、差序格局、人格属性、道德约束的经济规则。

结　　论

　　本书以明代市廛法制的演变作为线索，考察明代经济领域中国家与社会的互动关系，并挖掘出制度变迁中的"内在驱动力"。明代以市廛法为主要内容的经济立法，从明初到明后期，无论是从法律形式，还是从法律内容上，都经历了重要变化。

　　在法律渊源上，通过对明代市廛立法的梳理，可以看到，明代市廛法制在法律形式上的演变，遵循明代法律在体例上从"典令法律体系"向"典例法律体系"演变的方向。明初作为"典令体系"的市廛法渊源，以《大明律》"户律"中的"市廛"篇为主要框架，勾勒出明廷管理市场的基本内容。除了《大明律》，明初有关市廛的补充立法，还见于《御制大诰》、《大明令》、《诸司职掌》、《教民榜文》等国家重要的典章制度和皇帝诏令中。明初的立法实践就已具有极为灵活的特点，主要体现为"常经之法"与"权宜之法"并重，共同作为重要的法律渊源，以适应社会形势的变化。成化、弘治之后，随着朝廷颁布的条例、诏令不断增加，明廷着手整理、汇编明廷所颁行的典章法令、条例。明代中后期增修的市廛条例，可见于《大明会典》与成化、弘治、嘉靖、万历年间增修的条例中。条例中立法较为频繁的法律关系，主要涉及买卖关系、商货承运关系、借贷法律关系、田宅物权流转法律关系等方面。

在法律内容上，市廛法制从明初到明后期，在立法上逐渐完备，呈现出明廷对经济领域的重视与国家干预的不断强化，以发挥法律制度对市场的指引功能。

明初颁布的《大明律》中的"市廛"篇，是明廷管理市场的一部分。明廷对市场管理的法律条文，还可见于"市廛"之外的其他篇目中，如田宅物权流转法律、禁榷法令、朝贡法令、海禁法令、钱债法令等等相关立法。明中后期，经济领域的重大变革需要明廷通过增修的市廛条例进行相应的调整。伴随着明中后期经济环境的变化和文官系统的权力更迭，以市廛法为代表的经济立法，在法律形式与法律内容上，与明初相比都有了较大的变化。明廷通过一系列条例的颁布，着重规范市场上的牙行，约束势豪权豪对市场的扰害，积极保护商人的产权。明廷调整朝贡与海禁法令，并在禁榷领域灵活调整政策，放松了禁令对商人的约束，提升商人参与的积极性，维持市场秩序。

研究明代市廛法制的演变，除了从国家层面梳理正式制度的具体内容，还应当从社会层面，关注法律制度的实施效果，以及民间社会在制度的指引下，所自发形成的规范性力量。对市场主体具有约束力的，除了市廛律令与条例，还有州县官员对经济纠纷的处理所形成的判牍案例，和民间商帮、行会这类经济性组织所形成的商业规范。明代的经济纠纷判牍中，州县官员对纠纷的处理，体现了明廷对民间契约的重视和对产权的积极保护，以及对商业纠纷中情、理、法与经济伦理的兼顾。商帮这类经济组织，是民间自发产生，为了降低交易成本、维护商业信用、维持市场秩序而建立的民间规范性力量。商帮、会馆这类民间商业组织在执行契约、内部整合、重整市场等方面，在相关的法律制度缺位的情况下，发挥着重要的作用。在法律制度的引导下，民间资本发展出一种理性倾向的计算方式，是经济增长的必然结果。

明代市廛律例在法律形式、法律内容上的演变，反映出明代市场制度与法律规范之间的重要关系：一是市场制度因政府法令而不断完善，二是经济环境的变化和市场的发展，使明廷的法律制度有所调整。通过对这两方面的考察，得以检视明代国家与社会互动关系的重要一环。

参 考 文 献

一、古代典籍

[1] [明] 申时行等修，赵用贤等纂．大明会典 [M] //《续修四库全书》编纂委员会编．四库全书 [M]．上海：上海古籍出版社，2003．

[2] [明] 雷梦麟撰，怀效锋，李俊点校．读律琐言 [M]．北京：法律出版社，2000．

[3] [明] 李乐撰．见闻杂记 [M]．上海：上海古籍出版社，1986．

[4] [明] 颜俊彦．盟水斋存牍 [M]．北京：中国政法大学出版社，2002．

[5] [明] 余计登撰，顾思点校．典故纪闻 [M]．北京：中华书局，1981．

[6] [明] 李诩撰，魏连科校．戒庵老人漫笔 [M]．元明史料笔记丛刊，北京：中华书局，1982．

[7] [明] 周晖撰．金陵琐事 [M]．南京：南京出版社，2007．

[8] [明] 顾起元．客座赘语 [M]．元明史料笔记丛刊，北京：中华书局，1987．

[9] [明] 何尔健撰，何兹全，郭良玉编校．按辽御珰疏稿 [M]．郑州：中州书画社，1982．

[10] [明] 杨博撰，张志江点校．杨博奏疏集 [M]．上海：上海古籍出版社，2018．

[11] [明] 叶盛撰，魏中平点校．水东日记 [M]．北京：中华书局，1980．

[12][明]王锜撰，张德信点校. 寓圃杂记[M]. 北京：中华书局，1984.

[13][明]王士贞撰，魏连科点校. 弇山堂别集[M]. 北京：中华书局，1985.

[14][明]孙承泽撰. 天府广记[M]. 北京：北京古籍出版社，1982.

[15][明]谈迁著，张宗祥点校. 国榷[M]. 北京：中华书局，1988.

[16][明]陈洪谟、张瀚撰，盛冬铃点校. 治世余闻·继世纪闻·松窗梦语[M]//历代史料笔记丛刊·元明史料笔记丛刊. 北京：中华书局，1985.

[17][明]沈德符撰. 万历野获编[M]//历代史料笔记丛刊·元明史料笔记丛刊. 北京：中华书局，1959.

[18][明]焦竑撰，顾思点校. 玉堂丛语[M]//历代史料笔记丛刊·元明史料笔记丛刊. 北京：中华书局，1981.

[19][清]顾炎武撰. 天下郡国利病书[M]. 上海：上海古籍出版社，2012.

[20]天一阁藏明代方志选刊. 嘉靖江阴县志[M]. 上海：上海古籍书店，1963.

[21]天一阁藏明代方志选刊. 嘉靖温州府志[M]. 上海：上海古籍书店，1964.

[22]天一阁藏明代方志选刊. 嘉靖宁国府志[M]. 上海：上海古籍书店，1962.

[23]天一阁藏明代方志选刊. 万历黄岩县志[M]. 上海：上海古籍书店，1963.

[24]天一阁藏明代方志选刊. 嘉靖汉阳府志[M]. 上海：上海古籍书店，1963.

[25]天一阁藏明代方志选刊. 弘治黄州府志[M]. 上海：上海古籍书店，1965.

[26]［清］薛允升撰，怀效锋，李俊点校．唐明律合编［M］．北京：法律出版社，1999.

[27]［清］张廷玉等撰．明史［M］．北京：中华书局，1974.

[28] 怀效锋点校．中华传世法典：大明律［M］．北京：法律出版社，1998.

[29]［明］毛一鹭撰．云间谳略［M］//杨一凡、徐立志主编．历代判例判牍［M］．第三册，北京：中国社会科学出版社，2005.

[30]［明］祁彪佳撰．按吴亲审檄稿［M］//杨一凡、徐立志主编．历代判例判牍［M］．第四册，北京：中国社会科学出版社，2005.

[31]［明］李清撰．折狱新语［M］//杨一凡、徐立志主编．历代判例判牍［M］．第四册，北京：中国社会科学出版社，2005.

[32]［明］蒋廷璧撰．治体［M］//杨一凡主编．历代珍稀司法文献［M］．第二册，北京：中国社会科学出版社，2012.

[33]［明］吕坤撰．风宪约［M］//杨一凡主编．历代珍稀司法文献［M］．第二册，北京：中国社会科学出版社，2012.

[34]［明］佚名撰．牧民政要［M］//杨一凡主编．历代珍稀司法文献［M］．第二册，北京：中国社会科学出版社，2012.

[35]［明］佚名撰．锲御制新颁大明律例注注释招拟折狱指南（上）［M］//杨一凡主编．历代珍稀司法文献［M］．第四册，北京：中国社会科学出版社，2012.

[36]［明］文林撰．温州府约束词讼榜文［M］//杨一凡，刘笃才主编．中国古代地方法律文献第二册［M］．世界图书出版公司北京公司，2006.

[37]［明］袁黄撰，刘邦谟，王好善辑．宝坻政书［M］//杨一凡，刘笃才主编．中国古代地方法律文献第六册［M］．世界图书出版公司北京公司，2006.

[38]［明］郭应聘撰．郭襄靖公遗集所载地方法制资料［M］//杨一凡，刘笃才主编．中国古代地方法律文献第五册［M］．世界图书出版公司北京公司，2006.

［39］杨一凡，曲英杰，宋国范点校．洪武法律典籍［M］//刘海年，杨一凡总主编．中国珍稀法律典籍集成乙编第一册［M］．北京：科学出版社，1994．

［40］杨一凡，曲英杰主编．明代条例［M］//刘海年，杨一凡总主编．中国珍稀法律典籍集成乙编第二册［M］．北京：科学出版社，1994．

［41］杨一凡，田禾点校．皇明诏令［M］//刘海年，杨一凡总主编．中国珍稀法律典籍集成乙编第三册［M］．北京：科学出版社，1994．

［42］杨一凡主编．皇明条法事类纂［M］//刘海年，杨一凡总主编．中国珍稀法律典籍集成乙编第四册、第五册［M］．北京：科学出版社，1994．

［43］杨一凡，齐钧主编．皇明条法事类纂（附编）［M］//刘海年，杨一凡总主编．中国珍稀法律典籍集成乙编第六册［M］．北京：科学出版社，1994．

［44］杨一凡．古代折狱要览［M］．北京：社会科学文献出版社，2015．

［45］杨一凡．古代判牍案例新编［M］．北京：社会科学文献出版社，2012．

二、著作类

1. 国内著作

［1］韩大成著．明代城市研究［M］．北京：中国人民大学出版社，1991．

［2］全汉昇著．明清经济史研究［M］．台北：联经，1987．

［3］邱澎生著．当法律遇上经济：明清中国的商业法律［M］．杭州：浙江大学出版社，2017．

［4］范金明，等著．明清商事纠纷与商业诉讼［M］．南京：南京大学出版社，2007．

［5］唐力行著．商人与中国近世社会［M］．北京：商务印书馆，2017.

［6］杨国安著．明清两湖地区乡村社会史论［M］．北京：商务印书馆，2016.

［7］王振忠著．明清徽商与淮扬社会变迁［M］．北京：生活·读书·新知三联书店，2014.

［8］王汎森著．权力的毛细管作用：清代的思想、学术与心态［M］．北京：北京大学出版社，2015.

［9］邱澎生，陈熙远编．明清法律运作中的权力与文化［M］．桂林：广西师范大学出版社，2017.

［10］王毓铨主编．中国经济通史：明代经济卷［M］．北京：经济日报出版社，2000.

［11］傅衣凌著．明清社会经济史论文集［M］．北京：商务印书馆，2010.

［12］童光政著．明代民事判牍研究［M］．海口：海南出版社，2008.

［13］高寿仙著．明代农业经济与农村社会［M］．合肥：黄山书社，2006.

［14］田培栋著．明代社会经济史研究［M］．北京：北京燕山出版社，2001.

［15］全汉昇著．中国行会制度史［M］．台北：食货出版社有限公司，1986.

［16］何炳棣．明清社会经济史论［M］．徐泓译．台北：联经出版事业股份有限公司，2013.

［17］余英时著．中国近世宗教伦理与商人精神［M］．台北：台湾联经出版事业公司，1987.

［18］李伯重著．江南的早期工业化（1550—1850）［M］．北京：中国人民大学出版社，2010.

［19］何勤华．律学考［M］．北京：商务印书馆，2004.

［20］孙旭著．明代白话小说法律资料研究［M］．上海：上海古籍出版社，2017.

［21］吴艳红，姜永琳著．明朝法律［M］．南京：南京出版社，2016.

［22］柏桦主编．明清律例研究［M］．天津：南开大学出版社，2013.

［23］柏桦著．柏桦说明清律例［M］．沈阳：万卷出版公司，2017.

［24］杨一凡著．明代立法研究［M］．北京：中国社会科学出版社，2013.

［25］杨一凡，朱腾主编．历代令考：全二册［M］．北京：社会科学文献出版社，2017.

［26］怀效锋著．明清法制初探［M］．北京：法律出版社，1998.

［27］张乃根著．法经济学：经济学视野里的法律现象［M］．上海：上海人民出版社，2014.

［28］刘志伟．贡赋体制与市场：明清社会经济史论稿［M］．北京：中华书局，2019.

［29］王振忠．明清徽商与淮扬社会变迁［M］．北京：三联书店，1996.

［30］吴承明．中国资本主义与国内市场［M］．北京：中国社会科学出版社，1985.

［31］李伯重．江南的早期工业化（1550—1850）［M］．北京：社会科学文献出版社，2000.

［32］范金民．明清江南工商业的发展［M］．南京：南京大学出版社，1998.

［33］韦庆远．明清史辨析［M］．北京：中国社会科学出版社，1989.

［34］徐新吾．中国经济史料考证与研究［M］．上海：上海社会科学院出版社，1999.

［35］马小红．礼与法：法的历史连接——构建与解析中国传统法［M］．北京：北京大学出版社，2004.

[36] 张晋藩. 中国法律的传统与近代转型 [M]. 北京：法律出版社，1997.

[37] 陈春声. 市场机制与社会变迁：十八世纪广东米价分析 [M]. 广州：中山大学出版社，1992.

[38] 傅衣凌. 明清社会经济史论文集 [M]. 北京：人民出版社，1982.

[39] 傅筑夫. 中国经济史论丛 [M]. 北京：生活·读书·新知三联书店，1980.

[40] 童光政. 明代民事判牍研究 [M]. 桂林：广西师范大学出版社，1999.

[41] 樊树志. 明清江南市镇探微 [M]. 上海：复旦大学出版社，1990.

[42] 韩大成. 明代社会经济初探 [M]. 北京：人民出版社，1986.

[43] 韩秀姚. 明清徽州的民间纠纷及其解决 [M]. 合肥：安徽大学出版社，2004.

[44] 苏亦工. 明清律典与条例 [M]. 北京：中国政法大学出版社，2000.

[45] 谢国桢. 明代社会经济史料选编 [M] 上、中、下册. 福州：福建人民出版社，1980.

[46] 邱澎生. 当经济遇上法律：明清中国的市场演化 [M]. 新北：联经，2018.

[47] 郭艳茹. 经济史中的国家组织结构变迁：以明清王朝为例 [M]. 北京：中国财政经济出版社，2008.

[48] 周雪光. 中国国家治理的制度逻辑——一个组织学研究 [M]. 北京：生活·读书·新知三联书店，2017.

[49] 韦森. 社会制序的经济分析导论 [M]. 上海：上海三联书店，2020.

[50] 韦森. 经济学与伦理学：市场经济的伦理维度与道德基础 [M]. 北京：商务印书馆，2015.

[51] 刘强. 郑氏集团的官商关系及其起源（1625—1683）［M］. 杭州：浙江大学出版社，2015.

2. 国外著作

[1]［美］黄仁宇著. 十六世纪明代中国之财政与税收［M］. 北京：生活·读书·新知三联书店，2015.

[2]［美］黄仁宇著. 明代的漕运［M］. 张皓，张升译. 厦门：鹭江出版社，2015.

[3]［加］卜正明著. 明代的社会与国家［M］. 陈时龙译. 北京：商务印书馆，2014.

[4]［加］卜正明著. 纵乐的困惑：明代的商业与文化［M］. 方骏，王秀丽，罗天佑译. 桂林：广西师范大学出版社，2016.

[5]［美］黄宗智著. 实践与理论：中国社会、经济与法律的历史与现实研究［M］. 北京：法律出版社，2015.

[6]［美］黄宗智著. 明清以来的乡村社会经济变迁：历史、理论与现实：全三卷［M］. 北京：法律出版社，2013.

[7]［美］道格拉斯·C·诺斯著. 制度、制度变迁与经济绩效［M］. 刘守英译. 上海：生活·读书·新知三联书店上海分店，1994.

[8]［英］崔瑞德；［美］牟复礼. 剑桥中国明代史下卷［M］. 张书生译. 北京：中国社会科学出版社，2010.

[9]［美］科斯著. 企业、市场与法律［M］. 盛洪，陈郁译. 上海：格致出版社：上海人民出版社，2009.

[10]［荷］海思著. 对法、权利和自由的规范分析［M］. 席天扬，方钦译. 上海：上海财经大学出版社，2012.

[11]［美］孔飞力著. 中国现代国家的起源［M］. 陈兼，陈之宏译. 北京：生活·读书· 新知三联书店，2013.

[12]［美］彭慕兰著. 大分流：中国、欧洲与现代世界经济的形成［M］. 黄中宪译. 北京：北京日报出版社，2021.

三、论文类

1. 期刊论文

［1］杨一凡．明代典例法律体系的确立与令的变迁——"律例法律体系"说、"无令"说修正 ［J］．华东政法大学学报，2017，（1）；5-19.

［2］姜萍．《士商类要》与明代商业社会 ［J］．西南师范大学学报（哲学社会科学版），1996，（1）；67-70.

［3］范金民．把持与应差：从巴县诉讼档案看清代重庆的商贸行为 ［J］．历史研究，2009，（3）；59-81＋191.

［4］任晓兰．论明代商税征收及其法律控制 ［J］．历史教学（高教版），2007，（2）；25-29.

［5］童光政．明朝依律决讼载盐船沉没赔偿案 ［J］．中国审判，2007，（2）；76-77.

［6］童光政．明律"私充牙行埠头"条的创立及其适用 ［J］．法学研究，2004，（2）；116-125.

［7］唐文基．明代的铺户及其买办制度 ［J］．历史研究，1983，（5）；140-150.

［8］童光政，龚维玲．明代民事法律客体述论 ［J］．社会科学家，1998，（4）；91-96.

［9］范金民．明代地域商帮兴起的社会背景 ［J］．清华大学学报（哲学社会科学版），2006，（5）；79-92.

［10］周中云．明代牙行法律制度考评 ［J］．晋中学院学报，2008，（1）；91-94.

［11］范金民．明清地域商人与江南市镇经济 ［J］．中国社会经济史研究，2003，（4）；52-61.

［12］赵毅．铺户、商役与明代城市经济 ［J］．东北师大学报（哲学社会科学版），1985，（4），34-40.

[13] 侯欣一，高文和．浅议明代中后期商品经济及资本主义萌芽对法律发展的影响 [J]．研究生法学，1997，(3)；59-62．

[14] 范金民．清代徽州盐商的销盐纠纷与诉讼 [J]．中国社会经济史研究，2006，(2)；38-44．

[15] 李华瑞．宋、明税源与财政供养人员规模比较 [J]．中国经济史研究，2016，(1)；5-22．

[16] 邱澎生．由放料到工厂：清代前期苏州棉布字号的经济与法律分析 [J]．历史研究，2002，(1)；75-87＋191．

[17] 邱澎生．《大清律例》如何影响商业习惯——试析十八、十九世纪苏州的度量衡诉讼 [J]．法律史译评，2017，(1)；288-302．

[18] 邱澎生．市场、法律与人情——明清苏州商人团体提供"交易服务"的制度变迁 [J]．开放时代，2004，(5)；73-90．

[19] 李伯重．中国全国市场的形成，1500—1840 年 [J]．清华大学学报（哲学社会科学版），1999，(4)；48-54．

[20] 常文相．明代士大夫的"商人——商业"观 [J]．西南大学学报（社会科学版），2018，(5)；136-144＋192．

[21] 叶锦花．明代灶户制度变革与区域经济变迁——以福建泉州盐场地区为例 [J]．中山大学学报（社会科学版），2015，(6)；67-75．

[22] 吴艳红．明代法律领域中的游民 [J]．南京大学学报（哲学、人文科学、社会科学版），2012，(2)；113-125＋160．

[23] 栾成显．赋役黄册与明代等级身份 [J]．中国社会科学院研究生院学报，2007，(1)；89-96．

[24] 高寿仙．关于明代的均工夫役 [J]．北京大学学报（哲学社会科学版），2017，(7)；137-146．

[25] 栾成显．明代黄册制度起源考 [J]．中国社会经济史研究，1997，(4)；34-43．

[26] 李园．明初财政运作的货币考察——"洪武型财政"的再认识 [J]．西南大学学报（社会科学版），2018，(4)；165-172＋192．

[27] 卞利．明代户籍法的调整与农村社会的稳定 [J]．江海学刊，2003，(5)；130-136＋207．

［28］田培栋．明代前期至中期财政储存研究［J］．明史研究（第二辑）；65-72．

［29］栾成显．明代人口统计与黄册制度的几个问题［J］．明史研究论丛，第七辑；25-40．

［30］程利英．明洪武时期的田赋量考察［J］社科纵横，2019，（12）；97-101．

［31］唐文基．试论明代里甲制度［J］．社会科学战线，1987，（4）；中国政治经济制度史。162-169＋176．

［32］张志斌．明初赋役制度新探——关于户帖、均工夫和黄册［J］．松辽学刊（社会科学办版），1990，（4）；36-40．

［33］晁中辰．论明代的朝贡贸易［J］．山东社会科学，1989，（6）；79-85．

［34］魏华仙．论明代会同馆与对外朝贡贸易［J］．四川师范学院学报（哲学社会科学版），2000，（5）；16-21．

［35］李金明．明朝海外朝贡贸易实质初探［J］．中国社会经济史研究，1988，（2）．

［36］段嘉欣．试论明代的民间海外贸易——以月港的发展演变为例［J］．中国经济与社会史评论，2019，208-227．

［37］林仁川，陈杰中．试论明代漳泉海商资本发展缓慢的原因［J］．中国社会经济史研究，1982，（1）；94-100．

［38］洪佳期．试论明代海外贸易立法活动及其特点［J］．法商研究，2002，（5）；139-144．

［39］万明．《万历会计录》与明代国家和社会的转型［J］．史学月刊，2014，（7）；9-14．

［40］胡铁球．“歇家牙行”经营模式的形成与演变［J］．历史研究，2007，（3）；88-106＋190-191。

［41］万明．传统国家近代转型的开端：张居正改革新论［J］．文史哲，2015，（1）；12-26＋164．

［42］钱晟．论明末北京牙商的分布与经济地位——以买办、税收机构的相关史料为中心［J］．历史地理，第三十六辑．146-168．

［43］杨其民．买卖中间商"牙人、牙行"的历史演变——兼释新发现的《嘉靖牙帖》［J］．史林，1994，（4）．

［44］唐文基．明代的铺户及其买办制度［J］．历史研究，1983，（5）；140-150.

［45］唐文基．明代社会经济史研究的重要突破——评《明代黄册研究》［J］．中国史研究，1999，（3）；3-5.

［46］唐文基．明代赋役制度改革和社会转型［J］．史学月刊，2014，（7）；5-9.

［47］唐文基．明代"金花银"和田赋货币化趋势［J］．福建师范大学学报（哲学社会科学版），1987，（2）；78-84.

［48］唐文基．论明朝的宝钞政策［J］．福建论坛（文史哲版），2000，（1）；44-51.

［49］郭艳茹．明代海外贸易管制中的寻租、暴力冲突与国家权力流失：一个产权经济学的视角［J］．世界经济，2008，（2）；84-94.

［50］王磊．明代后期"金商买办"问题研究［J］．岭南师范学院学报，2016，（4）；109-114.

［51］方兴．明代矿监税使事件中的原奏官（民）、委官及参随［J］．中州学刊，2013，（9）；126-131.

［52］许敏．明代商人户籍问题初探［J］．中国史研究，1998，（3）；3-5.

［53］方兴．明代万历年间"矿监税使"研究的现状与问题［J］．江汉论坛，2014，（2）；128-132.

［54］黄东海．明清商牙纠纷类型及所见国家商业社会控制［J］．华东政法大学学报，2010，（6）；61-70.

［55］胡铁球．明清税关中间代理制度研究［J］．社会科学，2014，（9）；136-153.

［56］赵毅．铺户、商役与明代城市经济［J］．东北师大学报（哲学社会科学版），1985，（4）；34-40.

［57］钱晟．日本学界"牙行"研究述评［J］．中国史研究动态，2020，（3）；64-72.

[58] 邱澎生．市场、法律与人情——明清苏州商人团体提供"交易服务"的制度变迁［J］．开放时代，2004，（5）；73-90．

[59] 马超然．晚明南京的总甲役与铺行役改革［J］．经济社会史评论，2016，（4）；101-11-＋127．

[60] 胡海峰．徭役与城市控制：明代北京"铺户"内涵再探［J］．学术研究，2014，（11）；120-128．

[61] 邱澎生．由放料到工厂：清代前期苏州棉布字号的经济与法律分析［J］．历史研究，2002，（1）；75-87＋191．

[62] 李义琼．折上折：明代隆万间的赋役折银与中央财政再分配［J］．清华大学学报（哲学社会科学版），2017，（3）；37-50＋199．

[63] 白中林．"福柯与法律"研究中的两个问题［J］．法哲学与法社会学论丛，300-310．

[64] 李伯重．从"夫妇并作"到"男耕女织"——明清江南农家妇女劳动问题探讨之一［J］．中国经济史研究，1996，（3）．

[65] 李伯重．"男耕女织"与"妇女半边天"角色的形成——明清江南农家妇女劳动问题探讨之二［J］中国经济史研究，1997，（3）．

[66] 万明．《万历会计录》的重新认识与明史研究的新议题［J］．明史研究论丛第十三辑，25-42．

[67] 李伯重．"中华朝贡体系"得与失［J］．中国经营报，2018，（2）．

[68] 邱澎生．18 世纪苏松棉布业的管理架构与法律文化［J］．江海学刊，2012，（2）；143-157．

[69] 钱江．1570—1760 年中国和吕宋贸易的发展和贸易额的估算［J］．中国社会经济史研究，1986，（3）；69-78＋117．

[70] 万明．白银货币化视角下的明代赋役改革（上）［J］．学术月刊，2007，（5）；124-129．

[71] 万明．白银货币化视角下的明代赋役改革（下）［J］．学术月刊，2007，（6）；134-139．

[72] 万明，侯官响．财政视角下的明代田赋折银征收——以《万历会计录》山西田赋资料为中心［J］．文史哲，2013，（1）；72-88＋166．

[73] 张叶，吴滔．从淮仓到淮库：漕粮加耗折银与明代财政 [J] 史林，2017，（4）；71-83＋218-219.

[74] 李若愚．从明代的契约看明代的币制 [J]．中国经济史研究，1988，（4）；39-43.

[75] 苏新红．从太仓库岁入类项看明代财政制度的变迁 [J]．东北师大学报（哲学社会科学版），2013，（1）；78-83.

[76] 阳穆哲．腐败问题的三方决策模型——委托人、代理人与寻租者的行为分析及反腐败政策建议 [J]．经济科学，2001，（5）；35-43.

[77] 井润田，唐小我．腐败与寻租行为的分析 [J]．经济体制改革，1999，（2）；3-5.

[78] 李伯重．工业发展与城市变化：明中叶至清中叶的苏州（上）[J]．清史研究，2001，（3）；9-22.

[79] 李伯重．工业发展与城市变化：明中叶至清中叶的苏州（中）[J]．清史研究，2002，（1）；62-70.

[80] 李伯重．工业发展与城市变化：明中叶至清中叶的苏州（下）[J]．清史研究，2002；（2）；9-16.

[81] 潘洪岩．基于路径依赖视角分析明代朝贡贸易 [J]．经济师，2017，（10）；35-37.

[82] 段本洛．论明末清初苏松地区的棉纺织手工业 [J]．苏州大学学报（哲学社会科学版），1986，（4）.

[83] 陈蕴鸢．论明清松江府官布征解之变迁 [J]．中国农史，2012，（2）；72-81.

[84] 陈伟明，何兰娟．略论明代外交专职机构 [J]．广西社会科学，2004，（12）；145-147＋151。

[85] 高叶华．明代"牙人"、"牙行"考略 [J]．重庆师范大学学报（哲学社会科学版），2007，（2）；62-67.

[86] 吴琦、赵秀丽．明代财政的症结——中央与地方的政策执行差异 [J]．江西师范大学学报（哲学社会科学版），2004，（1）；112-117.

[87] 万明．明代财政的转型——以《万历会计录》浙江田赋为中心的探析 [J]．明史研究论丛，第十二辑.

［88］侯鹏．明代地方财政的形成与扩张——以浙江"均平银"为中心的考察［J］．历史档案，2013，（3）；59-71．

［89］李园．明代宫廷财政史研究回眸与展望［J］．故宫学刊，2016，（2）；395-419．

［90］肖立军，吴琼．明代鸿胪寺职掌演变对宫廷决策的介入［J］．故宫学刊，2015，（2）；183-191．

［91］李伯重．明代后期国家决策机制研究［J］．中华文史论丛，2019 年 1 月，总第 133 期。1-69＋395．

［92］秦海滢，赵毅．明代商税研究述评［J］．中国史研究动态，2016，（6）；37-45．

［93］赵小平．明代市场演变与货币流通格局的变化［J］．云南社会科学，2020，（4）；108-113＋178．

［94］陈蕴鸢．明代松江府布解考论［J］．中国社会经济史研究，2011，（4）；38-44．

［95］薛理禹．明代晚期地方财政探微——以泰昌《徽州府赋役全书》为核心［J］．地方文化研究，2014，（4）；49-56．

［96］夏维中．明代中后期苏州地区商业的发展及其评价［J］．明史研究，1997，28-36．

［97］郑振满．明后期福建地方行政的演变——兼论明中叶的财政改革［J］．中国史研究，1998，（1）；3-5．

［98］黄启臣，邓开颂．明嘉靖至崇祯年间澳门对外贸易的发展［J］．中山大学学报，1984，（3）；88-97．

［99］童光政．明律"私充牙行埠头"条的创立及其适用［J］．法学研究，2004，（2）；116-125．

［100］范金民．明清江南官布之征解［J］．西南大学学报（社会科学版），2017，（1）；168-179＋192．

［101］赵思渊，申斌．明清经济史中的"地方财政"［J］．中山大学学报（社会科学版），2018，（1）；67-78．

［102］范金民．明清时代的徽商与江南棉布业［J］．安徽史学，2016，（2）；117-129．

［103］傅衣凌．明清时代江南市镇经济的分析［J］．历史教学，1964，（5）；9-13．

［104］高寿仙．市场交易的徭役化：明代北京的"铺户买办"与"召商买办"［J］．史学月刊，2011，（3）；38-54．

［105］林仁川．试论明末清初私人海上贸易的商品结构与利润［J］．中国社会经济史研究，1986，（1）；73-85＋43．

［106］李伯重．中国全国市场的形成，1500—1840［J］．清华大学学报（哲学社会科学版），1999，（4）；8-54．

［107］梁方仲．释一条鞭法［J］．中国社会经济史集刊，1944年第7卷01期．

［108］李伯重．宋末至明初江南人口与耕地的变化——十三、十四世纪江南农业变化探讨之一［J］．中国农史，1997，（3）．

［109］李伯重．宋末至明初江南农业技术的变化——十三、十四世纪江南农业变化探讨之二［J］．中国农史，1998，（1）．

［110］李伯重．宋末至明初江南农民经营方式的变化——十三、十四世纪江南农业变化探讨之三［J］．中国农史，1998，（2）．

［111］李伯重．宋末至明初江南农业变化的特点和历史地位——十三、十四世纪江南农业变化探讨之四［J］．中国农史，1998，（3）．

［112］杨松．试论明清时期市场法的特点与功能［J］．社会学辑刊，1998，（2）；3-5．

［113］朱德贵．试论明代市场管理制度［J］．哈尔滨商业大学学报（社会科学版），2005，（5）；95-99．

［114］张明富．明清商人的商业行为与商品经济的矛盾性［J］．西南师范大学学报（人文社会科学版），2003，（6）；107-112．

［115］吴琦，周黎安，刘蓝予．地方宗族与明清商帮的兴起［J］．中国经济史研究，2019，（5）；139-158．

［116］范金民．明代地域商帮兴起的社会背景［J］．清华大学学报（哲学社会科学版），2006，（5）；79-92．

［117］杨一凡．明代典例法律体系的确立与令的变迁——"律例法律体系"说、"无令"说修正［J］．华东政法大学学报，2017，（1）；

5-19.

[118] 杨一凡 . 明代榜例考［J］. 上海师范大学学报（哲学社会科学版），2008，（5）；46-60.

[119] 赵毅 . 名店豪民私债论纲［J］. 东北师大学报（哲学社会科学版），1996，（5）；35-44.

[120] 刘秋根，刘春悦 . 明代高利贷者的社会构成［J］. 河北大学学报（哲学社会科学版），2001，（1）；30-35.

[121] 原瑞琴 . 张居正与万历《大明会典》纂修［J］. 江南大学学报（人文社会科学版），2013，（2）；41-46.

[122] 刘笃才 . 律令法体系向律例法体系的转换［J］. 法学研究，2012，（6）；178-187.

[123] 李贵连、程晶 . 从令到例：论明代律例法律体系的生成［J］. 学术界，2020，（10）；130-142.

[124] 张伯元 .《大明律集解附例》"集解"考［J］. 华东政法学院学报，2000，（6）；36-40.

[125] 周东平，李勤通 .《大明律》采六部体系编纂模式原因考辨［J］. 法律科学（西北政法大学学报），2017，（1）；40-49.

2. 学位论文类

[1] 郭婕 . 明代商事法研究［D］. 北京：中国政法大学，2002.

[2] 魏志静 . 明代茶法研究［D］. 北京：中国政法大学，2007.

[3] 明旭 . 明代徽商"贾而好儒"现象的研究［D］. 杭州：浙江大学，2012.

[4] 徐嘉露 . 明代民间契约习惯研究［D］. 郑州：郑州大学，2018.

[5] 王海刚 . 明代书业广告研究［D］. 武汉：武汉大学，2009.

[6] 鲍俊林 . 明清江苏沿海盐作地理与人地关系变迁［D］. 上海：复旦大学，2014.

[7] 胡铁球 . 明清歇家研究［D］. 上海：华东师范大学，2010.

[8] 王云 . 明清盐商行为管理研究［D］. 南昌：江西财经大学，2015.

［9］孙强．晚明商业资本的筹集方式、经营机制及信用关系研究［D］．吉林：东北师范大学，2005．

［10］黄阿明．明代货币与货币流通［D］．上海：华东师范大学，2008．

［11］胡克诚．明代江南逋赋治理研究［D］．吉林：东北师范大学，2011．

［12］江玉勤．明代课程制度研究［D］．厦门：厦门大学，2008．

［13］丁亮．明代浙江地方财政结构变迁研究［D］．吉林：东北师范大学，2014．

［14］侯鹏．明清浙江赋役里甲制度研究［D］．上海：华东师范大学，2011．

［15］方琳．明代人口政策研究［D］．郑州：郑州大学，2017．

［16］杨晓波．明朝海上外贸管理法制研究［D］．上海：华东政法大学，2015．

［17］李云泉．明清朝贡制度研究［D］．广州：暨南大学，2003．

［18］程利英．明代北直隶财政研究——以万历时期为中心［D］．厦门：厦门大学，2007．